中国政法大学外语教育论丛

顾 问
卢春龙　栗　峥　李国强
张法连　张艳萍　张　磊

编委会
张　清　田力男　王　敏
张文娟　张卓娟　李　昕

中国政法大学外语教育论丛

Theories and Practices in Foreign Language Education at
China University of Political Science and Law
(Volume I)

【第一辑】

主　编◎张　清
副主编◎张文娟

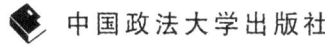 中国政法大学出版社

2019·北京

前　言

百年大计，教育为本。《国家中长期教育改革和发展规划纲要（2010—2020年）》对高等教育人才培养质量研究提出了明确要求，指出要"培养大批具有国际视野、通晓国际规则、能够参与国际事务和国际竞争的国际化人才"，提出要进一步明确高等教育人才培养目标、理念、社会需求、培养模式、教学内容方法、质量保障与评估体制等。中国政法大学作为法学优势专业型高校，于2012年被教育部遴选为复合型、应用型、涉外型三种类型的"卓越法律人才"教育培养基地。2017年，教育部、财政部、国家发展改革委联合发布《关于公布世界一流大学和一流学科建设高校及建设学科名单的通知》，中国政法大学被遴选为一流学科建设高校，踏上了体现法学优势学科的特色发展之路。

中国政法大学外国语学院适应国家战略、服务法大发展定位，将一流的外语法律交叉学科作为学院建设的切入点，致力于培养具有国际视野，同时具备专业知识与语言能力的复合型人才。为此，学院以提高人才培养质量为目标，在培养模式、课程建设、教学评估等方面进行了全面的改革和创新。早在2012年，公共外语教学就在全国范围内率先进行学术英语教学改革，创建了以学术英语为核心、以分科英语为特色、兼顾语言能力和跨文化交际能力培养的教学体系，而今，各课程改革也初见成效，课堂内外、线上线下的立体课程体系也在完善中。与此同时，中国政法大学外国语学院三个本科专业（英语、德语和翻译）以及外国语言文学硕士点也与时俱进，立足于"外语+法律"的特色人才培养目标，积极探索新型人才培养模式，引进先进的外语教育教学理念和方法，加强法律翻译、法律语言学、法律文学等特色学科建设。2018年11月，教育部召开了公共外语教学改革会议，要求示范高校充分发挥其专业特色和语言优势，培养一大批"一精多会"（精一门外语，会多门外语）、"一专多能"（懂专业，能多语种沟通、写作）的高素质国际化复合型专门人才，为深入推进"一带一路"建设、为国际组织人才培养提供支撑。为实现这一目标，中国政法大学外国语学院在新修订的培养方案中明确了加强非外语专业学生第二、第三外语公共课程建设工作，公共外语教学语种将涉及英语、日语、俄语、法语、德语、意大利语和西班牙语等7个语种。培养新时代具有法律专业知识、外语学术表达能力、跨文化法律事务沟通能力的"专业+复语（多种外语）"的人才将成为学院建设的新方向和新课题。

本书正是对新时期外国语学院全面改革的成果的总结，收录了教育教学研究论文43篇，分为"培养模式""课程建设""课堂教学""教学管理"四大篇章："培养模式"篇包括新时期"法律+外语"人才培养模式创新、课程设计及为之服务的教育教学举措；"课程建设"篇是对改革后新课程建设的理论与实践探索，涉及多语种、多类型的课程教学与测评模式探究；"课堂教学"记录了近八年来一线教师的教学实践探索和实证研究，既有立足于教学目标的教学模式和方法的探索，也有基于课堂实践的学生能力、学习动机等实证研究；"教学管理"篇着重讨论新教学模式下的教师角色、服务教学的实验室建设方案、法律外语实践基地建设以及国外教学管理启示。

在本书出版之际，感谢中国政法大学教务处、科研处领导对中国政法大学外国语学院教学改革给予的大力支持，感谢中国政法大学外国语学院老院长李立教授对改革事业的掌舵和敦促，感谢全院教师的辛勤工作和锐意进取，感谢中国政法大学外国语学院各办公室的支持，感谢张文娟老师为论丛做出的努力，也感谢中国政法大学出版社细致的审定与校对工作。本书作为《中国政法大学外语教育系列论丛》的第一辑，我们期望它在呈现过去教学改革成果的同时，也能为未来的外语教育教学事业发展带来启示。随着中国政法大学外语教育教学改革的不断深入，我们还将继续探索、实践和总结，今后将在本系列论丛中呈现更多、更新的外语教学理论和实践成果。

中国政法大学外国语学院　张清
2019年6月20日

目 录

一、培养模式:"法律+外语"人才培养创新

田力男
浅谈涉外法律人才培养方案中外语课程设置方案与依据
——以中国政法大学涉外法学实验班为例 ... 1

王 芳
法律翻译质量的整体研究法:以充分性策略为视角 ... 10

赵静静 金 鑫
"一带一路"倡议下"法学+法语"复合型人才培养模式研究 ... 18

丛凤玲
俄语法律翻译教学研究
——以中国政法大学俄语专业为例 ... 24

魏 渐
法律翻译硕士人才能力培养 ... 31

陈志豪
苏格拉底式教学法在"法学+西语"复合型人才培养方案中的应用
——以"法律西班牙语"课程为例 ... 38

杜一雄 王卉妍
布朗芬布伦纳生态分析法视域下的涉外法律人才法语教学模式探究 ... 44

张文娟
卓越法律人才外语实践能力培养模式探究 ... 52

涂新燕

行稳致远　敢于创新　"一带一路"倡议下研究生公共外语教学改革与建设探究

——以中国政法大学为例 … 59

张文红

人文教育视阈下的大学英语教学改革：以中国政法大学为例 … 65

段　敏　叶　洪

法律语言研究：从经典走向现代 … 73

二、课程建设：理论与实践

张立新

法律文学特色化课程建设的研究与实践 … 87

王　敏

基于建构主义理论的大学英语影视文化教学 … 96

李小龙

德语专业教学中的中国文化意识与跨文化能力培养

——以德语旅游口语为例 … 101

李　烨

基于 Blackboard 网络教学平台的《德语高级听力》课程教学研究 … 107

闫　琛

旨在培养思辨能力的英语专业知识课多维度教学与测评模式

——以《西方思想经典导读》课程为例 … 114

谢　娟

英语名著选读课程建设初探 … 122

吴康平

教改背景下的翻译本科口译教学定位 … 129

霍颖楠

基于篇章语用学的德语听力课程 … 137

张春阳

本地化市场分析与 MTI 本地化课程探究 … 144

郝轶君
通识教育视点下对大学日语教学的再认识 ... 151

范小菊
《英文纪录片制作与赏析》的课程构建 ... 158

郝瑞丽
塞尔的言语行为理论视角下大学英语课堂教学探析 ... 163

三、课堂教学：模式与方法

张鲁平
涉外法律人才培养视野下的法律英语教学方法探究 ... 173

陈　晖
慕课视域下外国文化融入大学外语课堂教学模式研究 ... 182

刘　艳
大学英语口语自主学习模式研究 ... 188

辛沂君
英语专业开放式听力教学法研究 ... 195

蔺玉清
大学英语中的英美文学探究式教学思考 ... 201

赵洪芳
非英语专业本科生跨文化交际能力现状与培养策略实证研究 ... 207

李　昕
一项《学术英语》教学中课堂讨论和学习体验的调查 ... 218

张卓娟
二语写作中的母语迁移和个体差异：对三个大学生的个案研究 ... 223

李　丹
分级任务教学法在民族班英语精读课上的实验研究 ... 231

高　莉
语篇分析方法在法律德语教学中的应用 ... 238

雷 佳
国情文化课对第二外语学习动机的影响及其教学启示
　　——以中国政法大学意大利语言文化课程为例 ... 245

刘乐然
专门用途西班牙语教学在中国的现状
　　——以中国政法大学法学西语实验班为例 ... 252

史红丽
学术英语小论文写作中的几个问题
　　——以法律话题小论文为例 ... 258

李秀丽
学术英语教学中批判性阅读能力的培养 ... 265

李 昕
浅析大班教学中的课堂讨论 ... 273

郝瑞丽
塞尔言语行为分类标准与大学英语课堂教学 ... 277

四、教学管理：新角色、新技术、新建设

孙晓磊
"输出驱动假设"视域下学术英语课程教师的角色转换 ... 287

高 静
英国大学英语教学管理调研及启示
　　——以金斯顿大学为例 ... 295

付 瑶　薛羽晨
翻译专业实验室建设和管理方案初探
　　——以中国政法大学翻译实验室为例 ... 302

田力男
校内法律外语实践基地建设路径探析
　　——以中国政法大学为例 ... 309

一、培养模式:"法律+外语"人才培养创新

田力男[*]

浅谈涉外法律人才培养方案中外语课程设置方案与依据

——以中国政法大学涉外法学实验班为例

涉外法律人才的培养是新形势下国家对外经济贸易和外交的需要，也是促进我国"一带一路"倡议顺利实施的重要保障。如何在高等教育阶段通过外语课程的学习拓宽涉外法律人才所需的国际视野、提高他们通晓国际规则和参与国际法律事务的能力是各政法院校和其他院校法学专业所面临的共同问题。本文以中国政法大学涉外法学实验班培养方案修订为例，剖析了该类实验班现行外语课程设置的出路及依据，指出涉外法律人才培养方案中外语课程设置要依照国家发展的要求，结合国内外涉外法律人才指标，注重建立语言与文化交叉、法律与外语结合、学生与教师互动、线上与线下互联的多模态课程体系。

一、涉外法学实验班基本情况及其培养方案的基本要求

中国政法大学涉外法学实验班源自教育部、中央政法委员会联合实施的教育战略计划中的"卓越法律人才教育培养计划"，该计划旨在适应世界多极化、经济全球化深入发展和国家对外开放的需要，培养一批具有国际视野、通晓国际规则，能够参与国际法律事务和维护国家利益的卓越法治人才。在该计划的促进下，我校于2012年被教育部遴选为复合型、应用型、涉外型三种类型的"卓越法律人才"教育培养基地，并在原有的四大法学专业的基础上相继建立法学人才培养模式改革实验班（法学实验班）、涉外法律人才培养模式实验班（涉外法学实验班）、法学专业西班牙语特色人才培养实验班（西班牙语法学实验班）、法学学术精英人才培养实验班（法学学术精英实验班）。

中国政法大学涉外法学实验班自2013年招生以来，已有六届学生共298人，

---

[*] 田力男，女，中国政法大学外国语学院教授。

每届招生计划人数50人，其中三分之二（约30人）生源来自自主招生。自主招生考核的一个主要指标是考生的英语口头表达能力和综合阅读写作能力，也就是说，涉外法学实验班大多数学生入学时已经具备较高的英语水平。

中国政法大学本科生人才培养方案每2年修订一次，六届涉外法学实验班已经经历了2013级、2015级和2017级三个版本的培养方案。每个培养方案对人才培养目标的定位都特别强调处理涉外法律事务的能力。法律专业课程的设置以国际法相关课程为主，但是，与其他法学专业课程迥异的是，其用英语授课的法律专业课程所占比例较大。为了配合实现涉外法学专业人才培养目标，学校允许该专业单独设立外语课程，但是考虑到该专业学生英语水平较高，在专业课时紧张的情况下，大学英语课程必修课总课时为162学时，9学分，低于同年级的大学英语课程必修课总课时216学时，12学分。同时，从2015级开始增加了该专业语言类基本专业选修课程。大学英语课程从2013级的《英语读写》《英语听说》修订为2015级的《英语读写》《英语听说》《法律专业英语》，其中，《英语听说》课程由外教教授。语言类基本专业选修课程组中开设了德语课程、法律英语写作课程。[1]

总的来说，涉外法学实验班培养方案对学生英语水平的提升有一定的要求，根据人才培养目标和课时实际，设置有专门的外语课程。但是，随着国家经济文化和高校办学的国际化程度的提高，对标涉外法律人才指标，该培养方案及培养方案中外语课程的设置需要进一步修订完善。

二、涉外法学实验班外语课程设置方案修订的依据

泰勒在开发课程和编制课程计划的论述中，将教育目标作为首要步骤。选择教育目标的关键在于所参照的信息。[2]根据泰勒所论述的原理及现代社会影响人才观的因素，涉外法学实验班外语课程设置方案修订的指导思想及依据主要来自以下几个方面：

（一）国家涉外法律人才培养规划

国家对涉外法律人才培养的重视和规划主要体现在几次标志性的会议和文件

---

[1]《中国政法大学本科培养方案》，2015年，第42页；2017年，第169页。
[2] [美] 拉尔夫·泰勒：《课程与教学的基本原理》，罗康、张阅译，中国轻工业出版社2014年版，第12~16页。

中。首先是 2011 年 12 月，教育部、中央政法委员会联合下发《关于实施卓越法律人才教育培养计划的若干意见》［教高（2011）10 号，以下简称《意见》］，要求实现"经过 10 年左右的努力，形成科学先进、具有中国特色的法学教育理念，形成开放多样、符合中国国情的法律人才培养体制，培养造就一批信念执着、品德优良、知识丰富、本领过硬的高素质法律人才"的总体目标，分类培养应用型、复合型法律职业人才、涉外法律人才、西部基层法律人才，探索"高校—实务部门联合培养"和"国内—海外合作培养"的卓越法律人才培养机制。与之对应，《意见》又将"卓越法律人才"分为三类，即应用型、复合型法律职业人才，涉外法律人才，西部基层法律人才。在法治国家建设的大背景下，当前国家已经依托高校在全国范围内建立了 59 个应用型、复合型法律职业人才教育培养基地，24 个涉外法律人才教育培养基地，12 个西部基层法律人才教育培养基地；同时，各地高校相继同法律实务部门建设了法学实践教学基地。

2014 年 10 月，党的十八届四中全会通过的《中共中央关于全面推进依法治国若干重大问题的决定》对发展涉外法律服务业作出了重要部署，提出建设通晓国际法律规则、善于处理涉外法律事务的涉外法治人才队伍。2016 年 5 月，中央全面深化改革领导小组会议审议通过《关于发展涉外法律服务业的意见》，提出建立一支通晓国际规则、具有世界眼光和国际视野的高素质涉外法律服务队伍，为"一带一路"等国家重大发展战略提供法律服务。2017 年 5 月，司法部联合外交部、国家发改委、教育部、商务部、全国律协等 13 个部门召开了第一次发展涉外法律服务业联席会议，号召加快培养通晓国际规则、善于处理涉外法律事务的涉外法律人才。由此可见，我国现代化建设、国际竞争力的提升急需涉外法律人才。

（二）国际一流大学/学科建设和卓越法律人才国际化标准

国际一流大学/学科已成为我国高等院校建设和发展的目标。在国际一流大学和一流学科的建设内容和标准的论述中，不可或缺的是对人才的国际化和外语能力的要求。加拿大的一流大学在高等教育国际化方面有以下四点考虑：一是通过国际化发展提升大学的国际竞争力；二是明确定位为全球性大学；三是要把学生培养成全球公民；四是要以杰出的研究来创造知识，不仅服务于本地、本国，而且要服务于全世界。[1] 我国高等教育专家、高校校长（黄进 2016，蒋后强

---

［1］ 黄进："世界一流大学建设与一流本科教学的创新"，载《中国高教研究》2016 年第 6 期。

2015 等)[1]将国际一流大学和学科建设中的国际化要求诠释为：国际化不是简单的"与国际接轨"，而是通过国际交流与合作，着力培养师生的国际视野、世界眼光、国际交往能力和国际竞争能力，推进优秀学术成果和优秀人才走向世界。

许身健教授对卓越法律人才培养的国际化标准归纳为：至少掌握一门国际主要语言，特别是英语；能够熟练运用一门外语作为学习、工作语言，包括对话、阅读、写作等方面；对国际组织规则、世界主要国家立法有一定的了解并且能够结合具体问题寻找到所需规范；对联合国、WTO 等国际组织规则，以及英美等世界主要国家法律有基本的了解，并掌握查询方法；对主要国际组织、国家的争端解决程序有一定的了解；对主要国际组织、国家的争端解决程序（包括司法程序）有所了解。[2]可见，外语能力培养对造就新时期法律人才具有重要作用。

（三）国家教育纲要及教育部教学指南

《国家中长期教育改革和发展规划纲要（2010—2020 年）》（以下简称《规划纲要》）对高等教育人才培养质量研究提出了明确的要求：要求对高等教育人才培养现状进行分析，特别要分析本科教育人才培养存在的主要问题；要求明确高等教育人才培养目标、理念、社会需求、培养模式、教学内容方法、质量保障与评估体制等，并对高等教育人才培养进行国际比较研究，制定提高人才培养质量的政策与措施。《规划纲要》尤其指出，要"培养大批具有国际视野、通晓国际规则、能够参与国际事务和国际竞争的国际化人才"。涉外法律人才是现今社会进行法治建设急需的主力军，结合《规划纲要》，我们可以确信，涉外法律人才的培养应该成为人才培养的重点研究内容。

2018 年 11 月，教育部召开了公共外语教学改革会议，会议确立了改革示范院校名单，要求各高校主动服务"一带一路"建设，加强国际组织人才培养工作，加强非外语专业学生第二、第三外语公共课程建设工作，培养更多懂专业、会外语的高素质国际化复合型人才；充分发挥其专业特色和语言优势，充分发挥其国别和区域研究优势，以 5 年为周期，实施面向非外语专业学生的公共外语教学改革，提高学生第二、第三外语综合应用能力，培养一大批"一精多会"（精

---

[1] 黄进："世界一流大学建设与一流本科教学的创新"，载《中国高教研究》2016 年第 6 期。何勤华："推进法治中国建设中的法律人才培养"，载《中国高教研究》2013 年第 3 期。

[2] 许身健："卓越法律人才教育培养计划之反思与重塑"，载《交大法学》2016 年第 3 期。

一门外语、会多门外语)、"一专多能"(懂专业,能多语种沟通、写作)的高素质国际化复合型专门人才,为深入推进"一带一路"建设、为国际组织人才培养提供支撑。我校作为法学优势专业型示范院校,面对这项教学改革任务所要做的就是探索如何培养"一精多会""一专多能"的涉外法律人才。

目前,高校涉外法律人才的培养途径可分为:培养法学专业人才的外语能力;丰富外语专业人才的法律知识。相应的,英语专业教学大纲和大学英语教学指南为上述两个途径提供了政策支持。《高等学校英语专业英语教学大纲(2000年)》中要求英语专业人才应具有扎实的英语语言基本功,宽广的专业和相关专业知识面,较强的跨文化交际综合能力与素养,并能熟练地运用英语在外事、教育、经贸、文化、科技、军事等部门从事翻译、教学、管理、研究等工作。《英语类专业本科教学质量国家标准(2017年)》指出,要以市场需求为导向,服务国家与区域经济社会发展需要,建立多元化创新人才培养模式和机制。2017年教育部高等学校大学外语教学指导委员会正式发布了《大学英语教学指南》,确定大学英语教学目标是:"培养学生的英语应用能力,增强跨文化交际意识和交际能力,同时发展自主学习能力,提高综合文化素养,使他们在学习、生活、社会交往和未来工作中能够有效地使用英语,满足国家、社会、学校和个人发展的需要。"[1]这版教学指南在强调人文性的同时,强调工具性,并且将跨文化能力的提高作为大学英语教学的目标之一。

(四)涉外法学专业人才培养方案要求

通过对中国政法大学涉外法学实验班2017级培养方案即现行培养方案的研究,我们发现学生的外语能力(尤其是英语能力)是保障该培养方案顺利实施的基本条件。以下黑体部分是该方案所体现出的对外语/英语能力的重视和依赖:

培养目标:本专业旨在培养厚基础、宽口径、高素质、强能力、**国际化的全球治理法律人才**。通过特色鲜明的课程设置与人才培养模式,经过4年左右的系统学习,毕业生应具有扎实的法律理论基础和**突出的外语能力,既谙熟我国法律,又通晓国际规则**,并适应全球化深入发展和国家对外开放战略的需要,**能够参与国际法律事务和全球治理**,维护国家利益的高素质法律人才。[2]

培养要求:学生通过学习应掌握法学的基本理论和基础知识,具备涉外法律

---

[1] 教育部高等学校大学外语教学指导委员会:《大学英语教学指南》,2017年,第1页。
[2] 《中国政法大学本科培养方案》,2015年,第42页;2017年,第169页。

工作的专业知识和技能;能够熟练使用所学法律知识**解决涉外法律实务问题**;具有较强的分析问题和解决问题的能力;**熟练掌握一到两门外语,具有较好的外语沟通能力和跨文化交流能力**;拥有诚实守信的职业道德和健康的身心。[1]

三、2019级涉外法学实验班外语课程方案形成过程及主要内容

依照以上国家、教育部和学校的相关政策规划和指导思想,我们明确了我国卓越法律人才外语能力指标在我校涉外法学人才培养中的重要地位,确立了我校涉外法学实验班外语培养目标。为了提高学生主体性及课程设置的科学性,我们在培养方案修订之前,以调查问卷的形式开展了面向学生和教师的课程设置意见的收集,调查结果显示出学生的两大主要需求:一是对学习第二门外语(尤其是法语)的迫切愿望;二是对于学习学术英语和法律英语的需求。根据调查结果,课程组进行了多轮次的研讨,在该实验班培养方案中建设起旨在培养涉外法律人才外语能力的"一精多会""一体两翼"型外语课程体系,其中包括学术英语+法律专业英语课程组、法语复语课程组、专业语言拓展课程组。

(一)学术英语+法律专业英语课程组

该课程组包括《学术英语读写》4学分、《学术英语听说》4学分和《法律专业英语》3学分,分三个学期完成。《学术英语读写》课程和《法律专业英语》课程由具有双专业背景(法学专业和英语专业)的教师教授,使法律特色从一开始就渗透到英语学习中。《法律专业英语》课程在第三学期开设,以满足学生未来从事法律实务时所需的法律术语和概念的英语表达为目标。《学术英语读写》为该课组核心课程,所使用的教材为教学团队自主研发编写,教材选取社会热点话题为各单元主题,课文题材和单元技能突出学术性。《学术英语听说》教材选取外研社出版的《学术英语听说》教材,辅以外籍教师自编材料。

(二)法语复语课程组

根据高考及入学考试的英语成绩,我们在涉外法学实验班遴选部分英语成绩优秀并且有学习法语意愿的学生,在学好英语的同时必修法语课程。涉外法律人才实验班法语课程充分满足培养方案对公共外语类课程的规定,专业必修课只设置9个必修学分,分三学期完成,涵盖法语学习的所有基础性课程:《法语精读(一)》《法语精读(二)》《法语精读(三)》《法语视听说》《法语写作》。

---

[1]《中国政法大学本科培养方案》,2015年,第42页;2017年,第169页。

在此基础上，为满足学生语言进阶的需要，弥补必修课程课时少的弊端，法语研究所又为学生开设大量通识选修课程，无强制学分要求，学生可以自由选择自己感兴趣的课程。可供选修的法语课程为：《法语精读进阶（一）》《法语精读进阶（二）》《法语精读进阶（三）》《高级法语视听说》《法语精读（四）》《法语语法》《法律法语》《DELF考试辅导》《法语国家法律制度概况》。课程全部为中法双语课程，尽力为学生打造最优的法语语言学习环境。

（三）专业语言拓展课程组

该课程组课程包括《英语名著选读》《法律时文选读》《法律术语翻译》《法律英语视听说》《法律翻译》《法律案例选读（英语）》《学术英语写作》《西方主要国家社会与文化》《法律题材英语影视欣赏》《全球化与跨文化交际》《中华文化概览》。该课程组课程主要为了满足学生通识英语教育和深入学习法律英语的需求，结合涉外法律专业人才培养目标，在课程人文性、工具性和文化意识培养方面拓展外语必修课程所教授的知识和能力。按照培养方案要求，学生应修满该课程组8学分，课程全年开设。

结语

经过比较充分的调研、探索和实践，涉外法学专业外语课程设置团队分析了涉外法律人才指标中与外语能力相关的因素，归纳、总结、细化了涉外法学实验班外语课程应该实现的语言知识内容、语言技能指标和学术能力指标，依照调研结果对旧的培养方案中的外语课程设置进行了改革，在原有的英语课程基础上建设了学术英语课程，平行增加了法语必修课程，在外语必修课程基础上建立了专业外语选修课程，从而全面修订了2017级涉外法学实验班专业培养方案中的外语课程设置，使其能够更好地服务于涉外法学实验班专业人才培养目标，更好地满足新时代对涉外法律人才的需求。

中国政法大学涉外法学专业人才培养方案中的外语课程设置从国家需求、学校人才培养目标、专业培养方案和学生学习愿望出发，在学术英语教学和复语法学人才培养方面进行了探索。该课程设置较好地满足了新时代国际化法律人才指标中所规定的法律专业知识、外语学术表达能力、跨文化法律事务沟通能力的培养需求，突出了法律复语（英语+法语）特色。在课程设置的带动下，教学模式和教学手段也将进行革新，线上线下教学、师生互动将成为该课程体系教学常态。

王 芳*

法律翻译质量的整体研究法：
以充分性策略为视角

一、引言

翻译市场的译文质量一直是学界争论的话题，特别是关于如何准确界定何为高质量的法律翻译的问题，其中，尤其重要的是关于如何保证译文质量以及谁有资格进行质量评估的问题。对通常意义上的法律确定性而言，不尽充分的法律翻译所产生的后果极其可怕，这说明了法律翻译领域对译文质量的高度期待，而这种期待是由于法律翻译要求译者在翻译能力的所有方面都具有丰富的专业知识，特别是在法律专业或法律领域能力方面。此外，由于法律制度和文化的复杂性以及所涉及的法律语言不同，也要求译者具备跨文化交际能力方面的知识。

法律翻译的质量一直是法律翻译研究的核心内容。20 世纪初对瑞士民法典翻译进行的讨论；20 世纪 70 年代为提高法语立法的质量，加拿大联合起草制度的建立；加拿大司法语言学派先驱们的努力；等等，都是法律翻译研究的早期例证。第三届国际翻译者联盟大会（1959 年）是第一个以职业译者专注翻译质量为主题的国际会议，经过几十年的发展壮大和学术巩固，质量提升仍然是法律翻译领域面临的主要挑战，法律翻译领域仍然缺乏具体的质量评价标准。

尽管有大量学者撰文探讨过翻译的质量标准，各种行业协会也制定了详细的翻译质量标准，但是可以适用于普通翻译的质量标准未必适用于法律翻译。在法律翻译中，充分性或准确性问题远远超过语言问题，更受到文本语境的影响，法

---

* 王芳（1979—），女，河南济源人，国际法学博士，中国政法大学外国语学院副教授，硕士生导师，研究方向为法律翻译、法律语言、英美法律制度、国际仲裁法。本文是中国政法大学 2018 年校级教育教学改革项目"学位评估语境下法律翻译质量评价标准探究——以中国政法大学本科生合同翻译实践文本为例"结项研究成果，是 2018 年中国政法大学研究生教改项目"研究生法律翻译教学与识别信息需求关系探究——对教学中'基本法律知识'概念的批判性描述"的研究成果。

律翻译行业正面临着建立质量标准的挑战。为了应对法律翻译领域的特殊性，本文以充分性策略为视角探讨翻译质量的整体研究法。忽视决策过程会使翻译评估缺乏客观性，如果不考虑译者解决问题的过程，那么任何试图通过比较分析源文本和目标文本来评估译文的做法一定会偏离准确性。整体研究法将贯穿翻译过程不同阶段的法律变量、语境变量、宏观文本变量和微观文本变量整合到一起，对翻译充分性进行再定义。本文也将探讨整体研究法对质量评估和质量管理实践的影响。

二、建立法律翻译质量标准的必要性

自20世纪70年代以来，国内外有关翻译质量评估标准和模式构建的理论观点不断得到深化和完善。中西翻译家们关于译文质量的评判标准各不相同，从翻译批评的历史和现状看，至今为止还没有形成一个科学客观的、统一的评估模式。具体到法律翻译领域，法律翻译质量具有何种特征、影响法律翻译质量的因素是什么、谁有权评估质量标志、如何改进这些标志等问题，一直困扰着学者和法律翻译实践工作者。

（一）法律翻译质量行业标准的不适用

将语言服务提升到国家战略的高度来制定语言战略，是贯彻落实中央关于构建融通中外的话语体系、加强国际传播能力建设的战略部署而开展的基础性工程。《2016中国语言服务行业发展报告》指出，当今社会，国家语言能力已成为国家实力的重要组成部分。近年来，翻译及语言服务行业界人士对国家相关部门出台翻译行业的整体规划和指导意见的呼声日益高涨，他们希望通过有序的行业规划以及建立相应的行业标准和规范，培养高素质语言服务人才，更好地服务于国家对外交流的大局。法治是国家对外交流的重要保障，作为大力发展涉外法律服务业、培养高端涉外法律人才的重中之重，法律翻译和法律话语传播事业必将不断发展。

与高端法律翻译人才需求并存的是急需建立一套科学的法律翻译质量评价标准。虽然国内外翻译行业质量标准的出现可能对翻译质量的整体产生积极影响，但并不一定能确保翻译质量，特别是法律翻译的质量。例如，为翻译服务供应商颁布的最具影响力的质量标准是EN15038：2006（2006），该标准依靠校对来检测译文的适宜性。根据此标准，校对者"应具备该研究领域的翻译经验"。但是，该标准并未详细说明使用何种参数检测翻译决策的"适宜性"，也未说明使用何种参数来检测翻译能力和校对能力的相关性。美国测试与材料协会 2006 年颁布的《翻译质量保证标准指南》ASTM F2575-06 更侧重于翻译服务管理，而不是产品质量评估，该指南也并未提供具体的质量要求准则。[1] 汽车行业的翻译质量度量标准 J2450 和本地化行业的 LISA QA Model 3.1 虽然解决了产品评估中的误差分类问题，但与发展法律翻译质量模型几乎不具关联性。我国制定的翻译服务规范 GB/T 19363（翻译服务规范 第一部分：笔译）虽然把翻译服务看作"为顾客提供两种以上语言转换服务的有偿经营行为"，但在对翻译服务的判断标准上，又以"翻译服务译文质量要求"所提出的"忠实原文、术语统一、行文通顺"为依据。因此，一方面，翻译被定性为服务；另一方面，对这种服务的判断标准却把翻译看作一种语言操作，又回到了对翻译的传统抽象认识上。[2]

国内外现存的行业翻译质量标准对法律翻译质量的评估并没有产生实际有用性，因此，我们需要通过法律翻译研究探讨合理的方法论模型并检测该模型对法律翻译成果的影响。

（二）理论界对翻译"充分性"的笼统界定

House[3] 指出，"对翻译的不同理解导致了翻译质量的概念有所不同，由此产生了不同的质量评估方式"。目前，学术界大多数提高翻译质量的方法均提及"充分性"这一笼统的概念，在实际应用中仍要依靠译者和修订者的判断。这主要是因为大多数质量模式是基于文学翻译、广告翻译和新闻翻译发展起来的，这些原则未必适用于其他类型的翻译，比如法律翻译。

翻译研究学派的创始人 Gideon Toury 指出："充分性"指的是译作对源语文本规范的再现，"可接受性"是指译作为迎合目的语规范而做出调整。Toury 认为，译者总是在翻译的"充分性"和"可接受性"之间有所妥协，他们或力图再现原意，或以读者的接受为主要考量。[4] 作为语用翻译的一个重要领域，法律翻译几乎不允许掺杂创造性和主观性。Stejskal[5] 指出，在文学翻译的创造性

---

[1] 郑丽、黄德先："中美翻译服务标准的比较与启示"，载《外国语文》2013 年第 4 期。

[2] 郑丽、黄德先："中美翻译服务标准的比较与启示"，载《外国语文》2013 年第 4 期。

[3] House, Juliane, *Translation Quality Assessment: A Model Revisited*, Tübingen: Gunter NarrVerlag, 1997, p. 1.

[4] Toury, G., *Descriptive Translation Studies and Beyond*, 上海外语教育出版社，1995, p. 56.

[5] Stejskal, Jiri, "Quality assessment in translation", In CIUTI-Forum 2008 (*Enhancing Translation Quality: Ways, Means, Methods*) ed., Martin Forstner, Hannelore Lee-Jahnke and Peter A. Schmitt, Bern/Berlin/Brussels/Frankfurt am Main/New York/Oxford/Vienna: Peter Lang, 2009, pp. 291-300.

特征和语用翻译更为规范化的参数之间,仍然存在着巨大的差异。法律翻译要凭借法定情形、比较法和法律解释规则来实现准确性和充分性。在法律翻译工作中,这是关乎法律一致性和法律确定性的问题,而不是个体选择的问题。所以,我们无法对法律翻译中哪些方法可能产生更高质量的译文作出绝对断言,除非这些方法适用于特定情节中的特定问题。法律翻译中对质量的期望越高,对专业知识的要求就越高,这不仅需要专业知识去实现充分性,也需要专业知识对翻译充分性做出评估。

因此,如果不凭借专业能力检测误差并处理翻译中出现的问题,那么任何一种评估标准都是无效的。这进而说明需要为法律翻译量身定制质量模型,这些模型可以将相关决策参数和能力要求整合起来,运用这些参数在宏观文本和微观文本层面评估译文的充分性。

(三)现行译文评估方法的复杂性

目前,很多学者都为翻译质量评估方法设定了不同的评估项目和标准,提供了语言和文本类型供一般性修订和评估译文时进行检测。例如,Al-Qinai[1]的标准包括:文本类型和语旨;正式性;主位结构(thematic structure)的连贯性;粘连性;文本—语用对等;词汇属性;语法/句法对等。Colina[2]的标准包括:译入语;功能和文本充分性;非专业内容;专业内容和术语。Angelelli[3]的标准包括:源文本含义;风格和粘连性;情景得体性;语法和结构;翻译技巧。

翻译质量评估有益于规范翻译行为和翻译市场、提升翻译教学质量以及完善译学理论体系。但上述学者的评估标准显示,尽管以目的为导向的提高翻译质量的方法取得了长足的进步,这些标准可能有助于将对任何译文的一般状况进行的评估系统化,但是其在实际应用中仍存在不适用性。首先,现有研究很少提出明确的评估模式,而是停留于评估参数和框架的设立,缺乏必要的理论思考和实际意义。其次,法律术语是法律翻译理论与实践的核心组成部分,因此也是质量评估的核心组成部分。法律术语概括了法律翻译概念上的挑战,要求译者兼具专业

---

[1] Al-Qinai, Jamal, "Translation quality assessment. Strategies, parametres and procedures", *Meta: Translators' Journal*, 45 (3) (2000), pp.497-519.

[2] Colina, Sonia, "Translation quality evaluation: Empirical evidence for a functionalist approach", *The Translator*, 14 (1) (2008), pp.97-134.

[3] Angelelli, Claudia, "Using a rubric to assess translation ability: Defining the construct" in *Testing and Assessment in Translation and Interpreting Studies: A Call for Dialogue Between Research and Practice*, ed., Claudia V. Angelelli, and Holly E. Jocobson, Amsterdam/Philadelphia: John Benjamins, 2009, V, pp.13-47.

主题能力和包括法律比较分析能力在内的方法论能力。术语决策评估是法律翻译质量评估模型的基础,证明了普通翻译质量评估模式和法律翻译方法论之间存在的差异,但我们在学者的分类标准中并未发现将其视为策略充分性的核心要素。

三、法律翻译质量的整体研究法

如果不将翻译文本视为一种决策过程以及语言使用者之间的交流实例,那么对翻译本质的理解就会受损。本部分将对基于翻译过程的质量实现方法进行描述,并分析其对法律翻译质量保证、评估和管理的影响。

(一)翻译过程的四个阶段

我们将翻译概括为一个由界定充分性策略、分析源语文本、再形成译文、修订译文四个阶段构成的循环过程。在这个过程中,从对整体翻译策略的定义到在修订阶段检验翻译决策与该策略的一致性中,对充分性的孜孜以求指导着整个翻译过程。因此,要解决的关键问题是不同法律交际变量之间的相互关系,因为这些变量发挥作用实现了充分性并对充分性与否进行了评估;也要解决如何将这些变量整合到一个方法论框架下的问题,使之能够用于法律翻译所包含的多种翻译情景和文本类型。

在第一个阶段,整体翻译充分性策略的要素是通过一个双重过程来界定的:分析翻译要求和交际情境过程,翻译过程宏观的法律语境化。其中,分析翻译要求和交际情境过程指的是翻译的类型和条件,以及源语文本交际情境和目的语文本交际情境之间的关系。翻译过程宏观的法律语境化则考虑了三个参数:所涉法律制度,所属部门法,法律文本类型和受推崇的体裁惯例。在分析源语文本阶段,译者还要检查专业文本的连贯、衔接和文体特征,并在微观文本层面检查翻译中出现的问题。尤为重要的是,译者要确定涉及文本主要法律功能的法律概念和其他语篇惯例具有的关联性和制度上特有的本质,了解起草者意欲表达的法律含义,作为法律专家查阅相同的法律渊源和解释标准来解决包括模糊性在内的所有语义问题。在译文再形成阶段,首先要为文本微观层面的充分性界定优先事项或替代策略。源语文本和目的语文本各部分之间优先考虑的对应类型取决于各部分在文本内的功能和关联性、任何影响这些部分的法律约束机制、接收者抱有的需求和期待。其次,为了应用最恰当的翻译技巧,要对可能符合目标文本微观层面优先顺序的那些表述的可接受性进行分析。在修订阶段,要在文本宏观和微观层面根据翻译策略的所有要素对相关法律交际情景下目标文本的充分性加以验证。

（二）翻译成果

根据这种方法，由于翻译充分性的程度要从整体翻译策略和文本微观层面从属的优先事项的组成部分来衡量，因此，指导翻译产品质量评估的参数与指导决策制定和能力要求的参数是相同的。在文本宏观层面和微观层面对充分性进行的验证不仅包括对专业要素的检验，也包括对翻译评估中所有非专业内容和一般语言要素的检验。

每种要素的重要性都是由充分性策略和文本在微观层面的优先事项本身来决定的。例如，在对一份由国际法庭作出的判决书进行文件翻译的时候，最大程度的准确性以及遵守相关法律文件和判例中既定的术语和规则是翻译策略的核心要素，因此成为重要的评估标准；然而，为外国当局翻译检察官的证据请求书时，严格辨识源语法律制度和目的语法律制度下的司法机关和刑事立法成为文本微观层面的优先事项。总的来说，译者不能随意颠覆原文本的"模糊"或"清晰"。译文能够在多大程度上对原文作出改进很多时候取决于法律准确性，也取决于对各种语境下翻译策略的不同忠实程度。

对译文质量所作的专家评估不能以流畅性和可读性这样的全面性印象为指导。Gouadec[1]指出，一篇"中等品质的"译文应该是"正确的、可读的，甚至读起来令人愉悦的"，而"质量上乘的"译文应该是"流畅的、有效的、可读性最强的，而且能发挥读者最大的效能，因为内容和形式在两个方面都要相当充分"。这些标准并不能有效指导专业法律翻译。例如，在贸易纠纷解决诉讼中对一份执行反补贴措施的法律报告进行文件翻译，或者在遗嘱检验程序中对一份财产处分的公证文件进行制度间的文件翻译，这些译文无法"读起来令人愉悦"，然而却可能是高质量的翻译作品。从某种程度上来说，清晰流畅程度与原文的起草和质量关系更大。这说明，根据法律翻译研究的成果对法律翻译质量进行评估仍然没有为有些学者完全认可；这些学者提高译文质量的途径部分是基于翻译行业通用的观点，而不是法律翻译方法论和充分性参数。

（三）对法律翻译质量保证、评估和管理的影响

建立质量保证机制并由翻译服务供应商对执行情况进行监控建立在一种基于过程的保证翻译质量的方法的基础之上。从自我修订到后来的质量控制，决策参

---

[1] Gouadec, Daniel, "Quality in Translation", in Handbook of Translation Studies, Vol. 1 ed., Yves Gambier, and Luc van Doorslaer, Amsterdam/Philadelphia: John Benjamins, 2010, pp. 270-275

数的可预测性使人们能更好地追踪翻译方法的适用，以及这些方法与相关法律交际情形的适合度。考虑到文本外的制约因素，不同的目的和组织结构会支持不同的程序及指南来提高翻译质量。本文关注的是在法律翻译中适用这类程序时发挥作用的那些影响：质量测量指标、评估者的能力和管理中面临的挑战。

首先，只要各种质量指标体系遵守法律翻译方法论的变量，也就是说，如果这些指标体系明确描述出可以预测的基于决策参量的评估标准，而且质量评估者具有相关专业知识来评估这些标准，那么这些指标体系就与上文提出的整体方法相一致。

在法律翻译中，核心评估变量可能的模板包括三大类的质量检测：法律语义准确性和法律一致性；对法律言语特征作出翻译决策的充分性；一般性的语言准确性。由此产生的等级可以用各种各样的分类标准来表示，只要认为合适，可以包括多种分类。从法律翻译研究的角度来看，灵活选择和改编评分体系不会歪曲充分性的真实程度。Lauscher[1]认为，翻译质量评估从根本上说就是"交际、合作和达成一致的问题"；根据这一观点所适用的方法，不管评估者达成的评分体系如何，根据法律翻译中共享的决策参量，核心的评估标准仍然是可预测的、客观的。

其次，法律翻译中对质量的期望越高，对专业知识的要求就越高；这不仅需要专业知识去实现充分性，也需要专业知识对充分性作出评估。谁有资格对法律翻译质量的各个方面进行评估呢？我们认为，应该对评估小组的人员组成进行审查，增加更多通过课程考核的毕业生，减少没有获得正规口笔译资格证书的从业人员。

人们通常期望，修订人员和其他质量控制人员的跨学科专业知识水平应该高于译员，这样才能够检测出译文中存在的问题，并改进和评估对这些问题的解决方案。然而，在交稿前的质量控制中，译文修订者的输入只是一般性的预防措施，并不能在最大程度上保证质量。修订者的专业能力和文本外的限制性条件是关键因素。同样，不具备法律翻译专业知识的专家对有关法律概念和法律语言的建议对于译者来说可能颇具价值，但是，这些专家通常没有掌握比较语言的手段和方法论上的手段，因此不能代替翻译专家对翻译决策过程和译文进行评判。同

---

[1] Lauscher, Susanne, "Translation Quality Assessment: Where Can Theory and Practice Meet?" *The Translator* 6 (2) (2000), pp. 149-168.

时，大多数客户对什么是翻译几乎一无所知，客户所作评估的相关性以及评判法律译文的能力也更为有限。培训人员有责任使其专业能力达到根据课程和专业期望值评估受训者所要求的水准。只有在指导学生的情境中掌握质量标准，培训人员才能够成为有效的评估者。

此外，提高翻译质量也是管理上的挑战。在任何一个提供有组织的翻译服务的公立或私立机构中，管理者在提升整体品质以及处理所有文本外因素和现实约束条件方面都扮演着重要角色，而文本外因素和现实约束条件对特定翻译任务的工作流程和产品质量有着潜在的影响。

在国际组织提供的大型翻译服务常常适用的质量保证程序中，管理者依据文件的重要性将文本分配给若干译者，并使其接受不同程度的修订。在这种语境下，制度性文本中最多的是法律文书和有约束力的判决，而有关法律实施或监督程序的文本通常要少一些。在多语种法律情境下，要保证达到文件翻译的最高质量标准，不仅要确保每个语言对的一致性和准确性，也要确保所有真实语言之间语际语言最大程度的一致性。如果是私立机构承担翻译任务，那么出于营利目的或预算限制，质量控制系统化的实践常常更加不规范。

四、结论

追求法律翻译的质量一直是法律翻译研究的核心内容，保证翻译质量的一般方法达不到法律翻译的交际条件所要求的标准。为了实现法律翻译产品的充分性并对这种充分性作出评估，上文勾勒的整体方法不但将附随的能力要求整合起来，也将决策过程中的语境变量、宏观文本变量和微观文本变量整合到了一起。

这种整体性的剖析方案有助于揭开对目标文本质量过于简单化的认知，尤其是在没有专家参与的翻译中更是如此。这不仅要对片面的翻译保证实践提出质疑，也需要努力实现法律翻译变量的系统化。在这一方面，*CEFR*（欧洲语言共同框架）认为，形成一种将译文、翻译过程和能力连接在一起的综合质量标准可能有用。然而，由于仍存在许多急需解决的问题，所以要实现这一目标还非常遥远。虽然这个领域的观点不断趋同化，但是，期望值和处理方法的多样性，以及大部分翻译服务项目缺乏质量管理，这些都使得质量等级和认证问题非常敏感。尽管如此，通过提出合理的方法论模型并检测这些模型对翻译成果的影响，特别是在译文质量格外受到重视的情境下对翻译成果的影响，法律翻译研究仍然有助于提升质量标准。因此，法律翻译研究与专业实践的相关性将会得到加强。

赵静静* 金 鑫**

"一带一路"倡议下"法学+法语"复合型人才培养模式研究

随着"一带一路"向纵深发展，中国正大步走向世界舞台的中央，与世界各国在政治、经济、文化和外交各方面的交流合作空前频繁，涉外法律案件和法务活动日益增多。培养更多通晓国际规则、具有世界眼光和国际视野的高素质涉外法律人才，是中国适应世界经济全球化进程、形成全面开放新格局、促进国家发展繁荣的需要，对于增强中国在国际法律事务中的话语权和影响力，维护中国公民、法人在海外及外国公民、法人在中国的正当权益具有重大意义。目前在中国，既精通法律、又熟悉外语的高素质国际化复合型人才稀缺，存在较为严重的供需缺口，这在很大程度上影响了中国在国际舞台上的法治话语权和主导权的发挥。法语作为全球交往十分重要的交流语言，随着国际关系迈入新时代，既精通法律、又熟悉法语的高素质国际化复合型人才将成为国家交往的重要推动力。

鉴于此，本文结合实际教学经验，以中国政法大学为例，详细论证"法学+法语"复合型人才培养模式的必要性和可行性，系统提出"法学+法语"复合型人才培养目标、培养思路、改革方案和相关保障建议，积极探索精准对接"一带一路"、改革开放等国家战略需求的高端涉外法律人才培养模式。

一、"法学+法语"复合型人才培养的必要性和可行性

（一）培养"法学+法语"复合型人才是积极服务"一带一路"倡议、深入开展国际合作的现实需要

法语是联合国和欧盟等重要国际组织的工作语言之一，在全球拥有2.74亿

---

* 赵静静，女，比较文学与世界文学博士，中国政法大学外国语学院副教授，中国政法大学法语语言文学研究所所长，硕士生导师，研究方向为法语文学、法律与文学、法律翻译。本文系2017年中国政法大学跨学科研究生教育教学改革项目"法律与法国文学研究及课程建设"（KXKJGLX1709）的阶段成果。

** 金鑫，男，中国政法大学硕士研究生，研究方向为法律与文学、法律翻译。

使用者，是全球使用人数排名第五的语言，广泛地分布在五大洲。目前，有四十多个国家和地区把法语作为官方语言，法语成为世界上最有影响力的语言之一。

法国是大陆法系的代表国家，也是第一个与中国建交的欧洲国家。近年来，中法全面战略合作伙伴关系持续高水平发展，更加成熟稳定、富有活力。马克龙总统在 2018 年访华时，表示将响应中国"一带一路"倡议，加强与中国的交流合作。他指出，"一带一路"是中国向世界提出的倡议，而"一带一路"从一开始就属于欧洲和中国，这是一个分享性的倡议，也应该是一条双向的道路。随着中法两国在政治、经济、文化和外交等领域的合作交流不断扩大，急需大量"法学+法语"复合型人才。

非洲是当前世界政治格局中的重要一极，也是中国建设"一带一路"的重要辐射带动区域，而非洲有 21 个国家将法语作为官方语言。2018 年，中非合作论坛在京召开，中非将通过"一带一路"建设开拓合作创新的新局面。在中非关系驶入"快车道"、中非贸易额不断攀升的背景下，中非之间的法律对话与合作将是未来构建中非命运共同体的重点领域，"法学+法语"复合型人才培养模式将为中非法治建设源源不断地输送符合需求的高素质人才。

（二）培养"法学+法语"复合型人才是中国政法大学培养高端国际化复合型人才的战略举措和创新探索

中国政法大学是法律人才培养的重要基地，一直以来精准对接"一带一路"、改革开放等国家战略需求，积极探索培养既懂外语又精法学的高端国际化复合型人才的有效路径。2011 年 12 月，国家教育部、中央政法委员会联合发布《关于实施卓越法律人才教育培养计划的若干意见》，着力培养造就一批信念执着、品德优良、知识丰富、本领过硬的高素质法律人才。中国政法大学据此提出"卓越法律人才教育培养计划"，推动高端法律人才培养工作稳步和持续向前发展。

2017 年，中国政法大学在全国率先开设了涉外法学法语实验班，在涉外法学班中选拔英语基础较好，并有意愿选择法语作为第二外语的同学进行双语培养，以增强学生的核心竞争力和国际竞争力。在外国语学院和国际法学院的共同努力下，涉外法学法语实验班至今已招收 2 届学生，约 30 人。学生从大学一年级开始便从零开始学习法语语言和法国法律课程，包括 9 学分的法语专业必修课、20 学分的法语通识选修课，以及暑假小学期法语国家和地区教授开设的法国法律课程。中国政法大学以此为契机，根据教育部公共外语教学改革要求，按照 2018 年 1 月教育部发布的《普通高等学校本科专业类教学质量国家标准》，持续发力，陆续推行了一些复合型涉外法律人才培养的新举措，不断为高端涉外法律人才培养做出积极贡献，也为开展"法学+法语"人才培养模式积累了有益经验。

（三）培养"法学+法语"复合型人才是提升学生核心竞争力和国际竞争力的客观要求

此外，在新时代背景下，各个学科的发展不断交融，单一的学科背景已无法满足解决复杂问题的需要。中国政法大学作为法律人才培养的摇篮，培养了大批具有系统扎实的法学专业知识的法律人才，其中不乏英语能力突出、雅思和托福等英语水平测试成绩优异的佼佼者。这些佼佼者如果能在精通法律和英语的基础上再精通法语，无疑会获得更大的核心竞争力和国际竞争力，成为国家发展所需要的高端涉外法律人才。毋庸置疑，"法学+法语"复合型人才培养工作有助于进一步拓宽学生视野，提高学生能力，增强学生自信，为在新时代背景下顺利解决复杂法律问题提供充足的人才储备。

法语作为精确严谨的国际通用语，是联合国、欧盟和奥运会的第一语言，世界贸易组织、联合国教科文组织、国际红十字会等国际组织的官方语言之一，也是多个国际司法机构的工作语言之一。目前中国籍法语人才在这些国际组织中所占的比例较小，随着中国国际地位的不断提升，国际交往的不断深入，"法学+法语"复合型人才培养模式将帮助学生在全球人才竞争中抓住机遇，实现人生价值。

二、"法学+法语"复合型人才培养目标和思路

（一）人才培养目标

以习近平新时代中国特色社会主义思想为指导，全面学习贯彻党的十九大和十九届二中、三中全会精神，深入落实教育部关于加强公共外语教学改革的要求，坚持世界眼光、国际标准、高点定位，坚持主动服务"一带一路"建设，培养既掌握中外法律知识、具备法律服务能力，又精通法语的涉外法律人才，使中国政法大学成为全国培育高端涉外法律人才的重要基地，为祖国不断拓展国际交往领域、深化国际交往程度贡献力量。

（二）人才培养思路

基于国家公共教学改革的迫切需要，立足中国政法大学的学科优势，结合以

往的教学经验,"法学+法语"复合型人才培养的具体思路如下:一是试点推行法学和法语本科双学位,让学生学习法学专业知识的同时掌握法语技能,达到法语专业水平;二是扩大校内法语教学的覆盖面,让更多的学生通过选修课程掌握法语基本口语、阅读、翻译和写作能力;三是为满足"一带一路"建设的相关专业需求,在全校范围内推广法语必修课程;四是选定并开辟更多的法语国家和地区,与其进行深入合作,鼓励学生到"一带一路"沿线法语国家和地区实习或学习一年,从而实现理论教学和实践教学的有机结合;五是采取"走出去"和"引进来"相结合的方式,加强法语国际生源的培养。

三、"法学+法语"复合型人才培养具体方案建议

(一)试点推行法学和法语本科双学位

学校可为学有余力的法学专业学生提供双学位培养方案,学生从大学二年级开始可以申请攻读法语专业第二学位。法语课程一共延续4个学期,学生于大四下学期进行实习与论文的撰写和答辩。除了法语基础课程之外,法语语言文学研究所还可针对培养"法学+法语"复合型人才的需要,开设法律法语、法律翻译、新闻法语等特色课程,提升课程的实用性。在学生通过专业技能考核后,学校为其颁发法学和法语语言文学两个学位证书和毕业证书,以期提高学生自身素质能力以及就业竞争力。

(二)扩大面向全校的"4+X"选修模式

"4"指的是主修法学专业的4年制本科,"X"指的是法语科目设置的学分选择。中国政法大学法语语言文学研究所在面向全校本科生提供4门选修课,硕博研究生提供一门选修课(部分专业增一门必修)的基础上,面向全校学生提供菜单式学习模式。学生在4年内可以根据自身情况自主选择法语课程,修满学分就可以发放法语选修课时证书。

(三)推广"涉外法学法语实验班"的必修模式

目前,中国政法大学涉外法学法语实验班已经开设了英语和法语的必修课程。从学习成效来看,涉外法学法语实验班的生源质量较高,学生学习态度端正,学习目的明确,学习刻苦勤奋,学业成绩优良,取得了理想的教学效果。根据教育部的改革要求,结合中国政法大学与"一带一路"建设急需的相关法学专业,可以考虑增设更多的实验班,或者针对一些法学专业,在不减少其原有学分的基础上,增加法语教学学分,设立相应的必修课。

（四）增设面向全校的国际交流"3+1"模式

建议针对法学专业学生，开设法语学习课程，建立"国内3年+国际1年"的学习模式。"国内3年"是指学生从大一开始，在巩固提高英语水平的同时，同步学习3年法语。"国际1年"指的是到国际组织或者"一带一路"沿线法语国家和地区实习或学习1年。

鉴于法语和英语都是联合国官方使用语言，特别是法律问题在涉外交往中居于基础性、关键性地位。如能采取基于英法双语的这种"3+1"模式，将为中国培养更多懂专业、通外语、可成熟运用国际规则的国际化复合型人才，有利于中国政法大学在服务"一带一路"建设中发挥独特的作用。

（五）设立面向法语系国家地区的培训进修国际班

建议学校面向法语国家和地区的法学专业留学生开设国际班，并提供奖学金。同时，招收具有一定法语基础、达到法国工商会和法国法语联盟联合主办的TEF水平测试B1等级的本校和国内学校学生。法语国际班开设大量双语课程，培养具有国际视野、专业知识深厚、精通英法双语的高素质国际化复合型人才。国际班对国内学生属于自愿报名、单独收费的培训进修课程。

四、"法学+法语"复合型人才培养模式的相关保障建议

推进公共法语教学改革将扩大教学辐射面、增加教学工作量，还会涉及更多专业，需要更多的资源配置，加强多方协同协作。鉴于此，提出如下具体保障建议：

第一，坚持引进和培养并举，加强师资力量建设。教师是推进"法学+法语"复合型人才培养模式的关键力量。建议根据课程建设需求，招聘适量的法语专业教师，并从校外招聘兼职教师和外教，同时着力培养一批具有复合专业能力的教师，建设一支"法学+法语"专业教师队伍，助力复合型人才的培养。

第二，围绕提高教师的能力和素质，设立外语教师培养培训专项资金，资助教师参加技能培训、学历深造、继续教育等活动，形成培养培训长效机制，推动外语型教师向专业复合型教师的转变升级，以适应"法学+法语"国际化复合型人才培养的需求。

第三，大力拓展国际交换项目，通过整合利用社会力量，将正常学期和寒暑假时间相结合，开展多种形式的国际交流培训实践项目，为学生提供更丰富的海外交流活动机会，走出国门，走入海外课堂，提升语言水平，提高专业技能，服务"一带一路"建设。

第四，采用座谈会、调研、论证等方式，建立科学合理的人才培养方案，不断优化课程设置，使开设的课程符合人才培养需求，让学生们以相对较小的投入获取较大的产出。与国内外其他高校联合构建课程资源共享机制，充分利用高校之间的优质资源，避免资源浪费，节约课程建设成本，集中精力打造本校的精品课程。

第五，完善现代化教学配套设施。充分利用现代化教育信息技术，引进先进硬件设备和多样软件平台，完善教学手段。建设法语同声传译实验室、计算机辅助翻译实验室、多功能教学和实训实验室。法语同声传译实验室可以为学生们提供良好的语言运用模拟平台，帮助同学们通过高仿真、高频率的实操练习，形成科学的同传思维，掌握灵活的同传技巧，积淀扎实的同传素养。计算机辅助翻译实验室可以为学生提供思维训练和技能训练的专业化环境，帮助学生熟练掌握各类专业翻译类辅助工具，熟悉现代翻译实务流程，促进翻译领域产学研相结合。多功能教学和实训实验室可以为日常法语专业教学提供优质多媒体环境，定期举办模拟法庭辩论赛、配音比赛和演讲比赛等活动，丰富校园活动，增添学习的乐趣。

五、结语

新时代呼唤新型人才，党的十九大报告对未来人才发展提出了新时代宏伟目标，将人才作为实现民族振兴、赢得国际竞争主动的战略资源。我们必须紧紧抓住新时代的发展机遇，精准对接国家战略需求，努力构建培养新型人才平台，以创新的理念与先进的教学模式培养既精通法律、又熟悉法语的高端国际化复合型人才，为"一带一路"建设源源不断地输送高素质对口人才。"法学+法语"复合型人才培养模式紧贴国家"一带一路"和改革开放战略发展需求，为祖国输送建设未来的有用之才，也帮助学生在更广阔的国际舞台上实现人生价值。

丛凤玲*

俄语法律翻译教学研究
——以中国政法大学俄语专业为例

中俄两国战略协作伙伴关系的不断加深和"一带一路"倡议、"中国企业走出去"战略的逐步推进,为中国与"一带一路"沿线诸多俄语国家的交流合作提供了前所未有的机遇。各层面合作项目的贯彻落实离不开法律的保驾护航,对各对象国法律法规的了解又离不开"翻译"这样的媒介,这必然使得对法律俄语翻译人才的需求将呈持续增长趋势。依托本校强势的法学资源,培养既精通俄语又懂法律的复合型翻译人才显得尤为重要。

一、背景与意义

我校面向俄语专业研究生的俄语法律翻译教学自 2012 年开展以来,已走过七个年头,培养了五届毕业生。总体上来看,教学效果可圈可点,大部分毕业生通过三年的学习可以具备语言和法律的双重能力(截至 2019 年 7 月,共有毕业生 12 人,其中 6 人通过了司法考试),部分毕业生在大型企业的涉外法律岗位上担当重任。尽管如此,一个不容忽视的事实是:任课教师虽然译著等身、法律翻译经验丰富,但法律翻译教学经验相对欠缺,在实际教学过程中仍存在一些不尽如人意的地方。

针对国内俄语法律翻译实践和翻译教学相对薄弱的现状,笔者结合自身近几年从事俄语法律翻译教学的心得和多年从事俄语法律翻译实践的经验,重点从理论教学和实践教学两个方面对教学过程和教学内容等进行反思、总结,探寻能够适应 95 后研究生群体和更好地满足新形势下国家对外语人才需求的课程体系,进一步提升教学效果,提高研究生培养质量。

---

* 丛凤玲,中国政法大学外国语学院俄语语言文学研究所所长,副教授,硕士生导师,主要研究领域为俄罗斯法律、翻译理论与实践。

二、理论教学部分

通过对本专业历届研究生本科阶段学习内容的调研，我们发现，大部分俄语专业本科生在大学阶段对翻译理论的学习基本仅仅局限于掌握一定的翻译技巧，缺乏宏观上的理论素养，因此在研究生阶段有必要对翻译理论（尤其是法律翻译理论）进行深入系统的学习，促成学生翻译理念的转变，深化并拓宽其对翻译的认识，从而更好地指导翻译实践。

法律翻译理论教学的任务性模块可以归纳为以下几个部分：

（一）梳理俄罗斯翻译理论，重点借鉴俄罗斯语言学派翻译理论

学界对翻译学和语言学的关系有不同的论述。按照俄罗斯学者巴尔胡达罗夫的分析，翻译理论属于广义语言学和应用语言学。[1] 从20世纪50年代开始，在俄罗斯翻译理论中出现了文艺学派和语言学派之争。在法律翻译的上下文中，语言学派的翻译理论无疑更能有效地指导法律翻译。在俄罗斯语言学派翻译理论的发展历史中，费道罗夫的《翻译概论》（《Введение в теорию перевода》，1953）、巴尔胡达罗夫的《语言与翻译》（《Язык и перевод》，1975）、科米萨洛夫的《当代翻译学》（《Современное переводоведение》，2004）三部经典著作创作于不同的年代，分别从语言学、语用学、语义学等角度对翻译理论进行了探索，具有极大的参考价值。其中，费道罗夫的翻译理论专著经过三次修订再版（1958、1968、1983），内容丰富详实，对西方翻译理论产生了重大影响。俄语专业的研究生必须精读其中的一两部著作，领会作者的相关理论或立场。

（二）梳理借鉴英语法律翻译的基本理论

尽管在法律方面有大陆法系和英美法系的区别，但是在法律翻译理论方面却不应该有语种国别的界限。因此，在法律翻译理论的教与学的过程中，任课教师和学生都不能把目光仅仅停留在俄语相关文献上，还要阅读大量法律英语翻译、法律法语翻译等方面的著作和论文，更何况在法律翻译领域，法律英语翻译始终走在最前列，很多研究成果和视角可以为俄语法律翻译所借鉴或者放在俄汉法律翻译的语境下进行考察。

在西方发达国家，法律翻译理论的研究成果较为成熟。作为联合国和欧盟译员的萨尔切维奇教授，在其专著《法律翻译新探》中引述了西方众多翻译学家

---

[1] Бархударов Л. С. *Язык и перевод*. М., Междунар. Отношения, 1975. С. 30.

的观点,其研究思路、研究范式及研究内容为法律翻译研究的学者提供了重要指导。奈达教授的"功能对等"理论以及韩礼德教授的功能语法理论也在不少法律翻译理论与实践中得到运用。

当然,近几年国内的法律英语翻译研究也开展得如火如荼。程乐和冼景炬教授在法律翻译和符号学领域有诸多专著和论文问世,为法律翻译理论与实践提供了新思路。我校张法连教授、华东政法大学的屈文生教授作为拥有英语和法律的双学科背景的领军人物,在法律翻译的许多问题上都有论著出版,其中不乏真知灼见。

(三)探究法律翻译理论中普遍存在的法律翻译原则、法律翻译方法、法律翻译标准等值得研究的问题

长久以来,学界对译论中的许多问题争论不休。在法律翻译中,这些问题也同样难以回避。以法律翻译原则问题为例,法律翻译原则与普通翻译原则有何区别?泰特勒的三原则和多雷的五原则在多大程度上可以为法律翻译所采纳?尽管近代中国著名翻译家和学者严复提出的"信、达、雅"长期以来已经成为翻译界的一个普遍接受的准则,而且可以作为法律翻译的一个参考原则,但在某种程度上它并不能完全适用于法律翻译,这是法律翻译的特征所决定的。米健教授认为,法律翻译的准则应该是:信、准、达。第一要件"信",意味着法律翻译必须是原本的,没有任何附加的和再创造的原意表达,译文自身有完全信用,读者对之亦有完全信任的境界;第二要件"准",意味着法律翻译必须精准确切,其内涵不能有所不及或缺失偏离;第三要件"达",意味着要能包蕴所译之文的背景内涵,包括文化、制度和民情。[1] 应该说,这样的总结是相当到位的。

(四)延伸学习

对研究生的研究性学习能力的培养应贯穿于所有课堂教学过程中。在理论教学部分尤其应组织学生围绕翻译理论中一两个感兴趣的问题展开深入研究,查阅文献,以问题促学习,形成阶段性理论研究成果,从而为第二阶段的法律翻译实践环节乃至学期论文和毕业论文的撰写提供必要的思路和理论支撑。

三、实践教学部分

法律翻译作为一门应用学科,更强调翻译实践。广义上的法律翻译所涉及的

---

[1] 米健:"法律翻译的现状与问题",载《法制日报》2005年11月24日,第11版。

对象不仅包括法律文本，也包括法学著作，而其中的法律文本不仅包括宪法、法律、法规、规章等普遍适用的规范性法律文件，也包括仅仅对特定当事人具有约束力的诉讼文书、律师文书、合同等非规范性法律文件。

法律翻译实践教学的任务性模块可以归纳为以下几个部分：

（一）梳理中华人民共和国成立以来俄语法律的汉译历史，学习借鉴不同年代法学家和翻译家的翻译经验

对苏联的法律法规和法学著作的介绍，大约始于 1949 年中华人民共和国成立前夕，一直持续到 1963 年左右，其中最主要的是 1949 年至 1958 年这段时间。据不完全统计，在这段时间内仅翻译的苏联法律法规和法学著作就达到近 300 种，可谓社会主义法学全面输入的黄金阶段。1964 年以后，翻译的社会主义国家的法律有所减少，特别是 1966 年之后，由于国内政治形势的影响，对苏联等社会主义国家的法律引进基本上处于停滞状态，法律翻译也几乎停止。改革开放后，百废俱兴，尤其是 20 世纪 90 年代实行市场经济以后，中国的法制建设迅速发展，不断突破。法学界向西方展开了全面的法律借鉴和移植，法律翻译也由此得到了蓬勃发展。进入 21 世纪以后，法学译著的数量更是以惊人的速度增长。

且不论 20 世纪 50 年代对苏联法学著作的翻译是否属于当时全方位学习"苏联老大哥"过程中的一种应景文章，[1] 单从译作价值的角度来说，毫无疑问的是，半个多世纪以来，不同知识背景的法学家和翻译家在宪法、刑事诉讼法、民法、商法、经济法等方面的蔚为大观的译作，不仅为中国法制建设提供了借鉴，也为俄语法律翻译学习者提供了丰富的学习材料。

（二）以主要实体法和程序法为切入点，通读中国法律，对法律概念形成基本认识，对中文法律语言的风格和特点有基本了解

显而易见，俄语专业的学生在研究生学习的开始阶段，对法律的了解与其他非法学专业的学生相同。以这样的知识背景从事法律翻译，很容易将法律术语等专业词汇翻译成普通词汇，或者使用不准确、不规范的语言。鉴于此，我们鼓励学生在课余时间通过各种力所能及的方式学习主要部门法，积累一定的法律基础知识。此外，在涉及某一部门法的翻译时，一定要通读中国相关法律，对比学习相关法律的权威译本。

---

[1] 贺卫方："1949 年以来中国的法律翻译"，载《中国政法大学学报》2007 年第 1 期。

(三) 选择切实可行的工具书

法律文本中有大量的法律术语，正确理解这些术语并为其选择恰当的译文是法律翻译成功的一半。由此可见，工具书的选择对法律翻译尤为重要。到目前为止，国内出版的两本法律词典疏漏较多（例如，"Представительство в силу неопровержимой правовой презумпции"被译为"不容辩质的合法的可做无罪推定的代理",[1] 正确的译法应该为"表见代理"；"Предвари-тельное следствие"被译为"预审",[2] 正确的译法应该为"侦查"），仅具有一般的参考价值，应理性使用。在遇到不熟悉的法律术语时，我们建议使用原版字典[3]、网络字典与汉译词典等相结合的方式，在遇到没有把握的词语时，更要多方面查证，确定译法，必要时还需要向专家学者请教。

(四) 对同一部法律的不同译者的不同翻译版本进行横向比较，各取所长

进入21世纪以来，俄语法律翻译也呈现出"百花齐放"的态势，译作数量众多，但质量参差不齐。在任何网络书店中进行搜索都会得以印证，有的书甚至同时存在多个不同的中文译本。例如，《俄罗斯联邦刑法典》就有四个不同的翻译版本（黄道秀：《俄罗斯联邦刑法典释义》，中国政法大学出版社2000年版；黄道秀：《俄罗斯联邦刑法典》，北京大学出版社2008年版；赵微：《俄罗斯联邦刑法》，法律出版社2003年版；赵路：《俄罗斯联邦刑事法典》，中国人民公安大学出版社2009年版）。将对法典的修订和增补排除在外，对相同内容的翻译，不同知识背景的人会有什么异同，确实值得深入对比研究。对此，读者（译者也好，法律人也好）更有发言权。

(五) 对同一译者不同时期的近似译著进行纵向比较，分析对同一内容采用不同译法的原因

以《俄罗斯联邦刑法典》中的"刑种""обязательные работы"为例：在《俄罗斯联邦刑法典释义（上）》中，黄道秀教授将这一术语译为"强制性工作",[4] 而在《俄罗斯联邦刑法典》中，在原文法条内容没有任何修订的情况

---

[1] 林春泽主编：《俄汉法律常用语词典》，商务印书馆2012年版，第435页。

[2] 黄东晶主编：《俄语常用法律术语词典》，黑龙江大学出版社2010年版，第206页。

[3] 如 Популярный юридический энциклопедический словарь. Научное издательство 《Большая российская энциклопедия》, 2001.；Краткий юридический словарь. М., Издательство 《Дело и Сервис》, 2012.

[4] [俄] 俄罗斯联邦总检察院编：《俄罗斯联邦刑法典释义》，黄道秀译，中国政法大学出版社2000年版，第126页。

下,该术语又被翻译成"强制性社会公益劳动"。[1] 应该说,后一种译法更为准确,原因在于,2011年12月7日,真正意义上的"强制性劳动"作为新刑种被纳入《俄罗斯联邦刑法典》。由此可见,对一些相近的术语,一定要从内容上进行细致区分,只有这样才能得到尽可能准确的译文。

(六)选取大量相对规范的法律文本翻译成果、学术论著翻译成果作为学生进行课堂演练的材料

在法律文本翻译方面,我们推荐学生阅读俄罗斯"友谊勋章"获得者、我国俄语法律翻译界前辈——黄道秀教授的系列译作。黄教授具有法律和语言的双重素养,语言精练、表达规范。2000年以来的译作主要包括:《俄罗斯联邦刑法典释义》(2000)、《俄罗斯联邦民事诉讼法典》(2003)、《俄罗斯联邦仲裁诉讼法典》(2005)、《俄罗斯联邦刑事诉讼法典》(2006)、《俄罗斯联邦民法典》(2007)、《俄罗斯联邦刑法典》(2008)、《俄罗斯联邦刑事执行法典》(2015)、《俄罗斯联邦行政违法行为法典》(2015)、《俄罗斯联邦仲裁法》(2016)、《俄罗斯联邦行政诉讼法典》(2018)、《俄罗斯律师法汇编》(2018)。可以说,这些译著凝聚着她老人家的智慧和汗水,虽然个中疏漏在所难免,但依然代表最高水平,具有很高的参考价值。

在学术著作翻译方面,本专业教师团队的联合译作也具有较高的参考价值。例如,《俄罗斯刑事诉讼教程》(2007)、《中国与俄罗斯犯罪构成理论比较研究》(2008)、《俄罗斯联邦民法》(2011)、《俄罗斯刑事诉讼律师违法活动面面观》(2013)、《二十世纪犯罪》(2015)、《犯罪与刑罚哲学》(2016)等。

当然,已出版的译作也不能作为绝对的权威,有时一本译著的出版因为时间紧、任务重等原因,有一些疏漏也是难以避免的,所以,在对比学习的过程中,也要对那些译作持一定的怀疑态度,必要时应"勇于拍砖"。我们提倡法律翻译领域的批判精神。

百看不如动手一译。亲自动手翻译的重要性自不待言,学生需要进行大量的笔译练习,在此基础上,通过教师批阅学生的译作练习,总结提炼经常出现的问题、遇到的难点,分析出现误译的原因,寻找解决问题的方法。

---

[1] 黄道秀译:《俄罗斯联邦刑法典》,北京大学出版社2008年版,第9页。

(七）以创新思维为导向，对词法、句法、篇章等各个翻译层面的问题进行专题研究

结合第一部分的理论，组织学生围绕其中一两个感兴趣的问题展开深入研究，形成基于一定理论的阶段性实践研究成果。同时将课堂学习扩大化，结合本专业研究生培养方案中对笔译数量的要求，通过为各社会单位进行笔译实践，对课堂教学成果进行巩固，不断总结提高，争取经过两年左右的训练使学生的法律翻译水平实现由量变到质变的提升。

四、结束语

法律翻译理论与实践课程群是我校俄语语言文学俄罗斯法律翻译方向的主干课程，对学生法律翻译能力的培养发挥着重要作用。通过梳理，我们明确了从理论到实践、从简单到复杂、从一般到具体的总体原则，梳理了可以在实际课堂教学中进行操练的模块，使学生在理论和实践方面均有所收获。当然，对法律翻译教学的研究不能仅仅局限在上述两个方面，还可以借鉴国内其他高校或国外相关高校的法律翻译课程体系，思考、尝试优化现有的课程体系，构建更加科学合理、行之有效的俄语法律翻译课程群，切实提高本专业研究生在法律翻译方面的理论与实践能力。限于篇幅，不再赘述。

我们相信，对俄语法律翻译教学的研究会有效优化我校俄语法律翻译教学过程，显著提升教学效果，提高我校俄语专业研究生的培养质量，为中国与"一带一路"沿线俄语国家的交流合作输送合格的复合型翻译人才。

魏 蒝*

法律翻译硕士人才能力培养

自 2007 年教育部批准招收翻译硕士（MTI），迄今已有 12 年。全国翻译硕士专业学位教育指导委员会指出，MTI 定位于"培养德、智、体全面发展、能适应全球经济一体化及提高国家国际竞争力的需要、适应国家经济、文化、社会建设需要的高层次、应用型、专业性口笔译人才"。截至 2016 年 11 月，获准开办 MTI 的高校已达 215 所。办学单位各展所长，利用各自专业优势，办出特色以满足社会各领域对翻译人才的需求，例如，中央民族大学的翻译课程充分体现了该校民族文化特色，西南科技大学则体现其科技、国防工程特色，而中国政法大学和华东政法大学的课程均体现了两校的法学特色。为实现人才培养目标，教育界和翻译界一直在探索翻译人才培养问题，并不断改进人才培养模式。

目前 MTI 教学体现了两个比较突出的问题：一是课程设置如何满足译者综合能力的培养，包括译者的翻译能力、职业素养、翻译技术和管理能力等；二是特色学科如何与翻译学科的课程衔接，如何合理安排它们的学缘结构。本文以中国政法大学为例，就这些问题探讨具有法学特色 MTI 的人才能力培养。

对于翻译人才的培养，20 世纪 70 年代至 21 世纪初，学术界探讨的核心是翻译能力的本质属性，因此，翻译教学理论围绕翻译能力展开。多数研究将翻译能力抽象为一系列知识组合，[2] 国内学者姜秋霞、权晓辉、杨晓荣、文军、苗菊、王树槐等均对此有论述。Neubert 提出，翻译能力包含五个要素：语言能力、语篇能力、主题知识能力、文化能力和转换能力。PACTE 科研组[3]则对翻译能力

---

* 魏蒝（1974—）女，中国政法大学外国语学院副教授，博士。主要研究法律翻译、法律语言、比较法。

[2] Neubert A, "Competence in Language, in Languages, and in Translation", in Schäffner, Christina and Adab Beverly ed., *Developing Translation Competence*, Amsterdam and Philadelphia: John Benjamins, 2000, pp. 3-18.

[3] PACTE Group, "Investigating Translation Competence: Conceptual and Methodological Issues", *Meta*, 50 (2) (2005), pp. 609-619.

习得提出了三点假设性结论：①翻译能力的习得需要通过整合学习能力、发展和重构陈述性知识和程序性知识；整个过程是由初级知识向专家知识不断转变、螺旋上升的过程；②重点发展程序知识，最终形成策略能力；③翻译能力习得是重构和发展翻译能力的过程。PACTE 对翻译能力的定义为"翻译所需的知识和技能的基本体系"[1]，具体而言，整个翻译能力体系还包括了以下几个子能力[2]：

双语能力：即语用知识、社会语言学知识、词汇语法知识。

语言之外的能力：包括百科全书式的广博知识、某个领域知识以及文化知识。

翻译知识：即翻译方法、过程、理论知识，翻译职业知识。

掌握工具的能力：翻译辅助工具、信息技术等。

策略能力：即翻译任务整体规划能力，包括翻译程序规划、任务分配与整合、译文修改校订等。

生理心理能力：即行为和认知方面的能力，包括记忆、注意力的持续时间、毅力、批判性思维等能力。

Gutt[3] 认为，翻译是跨语言交际行为，并且是以能力为导向的，即用一种语言表达另一语言所述内容的能力。他着重于分析人在不同环境的认知过程，翻译在人类心智世界的发生机制，并提出了译者应关注一系列思维的元表征，而不是某一事态（state of affairs）的表象。Risku[4] 也认为，翻译是一种认知活动，具有交互性、自我组织性和经验性。由此，翻译活动是通过译者经验和社会环境因素决定的。因此，翻译是以新的方式理解原文，以有意义、情境化的方式生成译文的能力。

20 世纪 70 年代至 21 世纪初，学界对能力的认识集中在解析翻译能力，而这

---

[1] PACTE Group, E. Alves ed., *Building A Translation Competence Model. Triangulating Translation: Perspectives in Process Oriented Research*, Amsterdam: John Benjamins, 2003, p. 43-66.

[2] PACTE Group, "Results of the Validation of the PACTE Translation Competence Model: Translation Project and Dynamic Translation Index", in O'Brien, Sharon ed., IATIS Yearbook 2010, 2011, Londres: Continuum.

[3] Gutt E. A., "Challenges of Metarepresentation to Translation Competence", in E. Fleischmann, P. A. Schmitt and G. Wotjak ed., *Leipzig International Conference on Translation Studies* 4, Stauffenberg: Tübingen, 2004, pp. 77-89.

[4] Risku H., "A Cognitive Scientific View on Technical Communication and Translation: Do Embodiment and Situatedness Really Make A Difference", *Target*, 22 (1) (2010), pp. 94-111.

些能力均和理解文本、解读原文、传递信息、交流思想紧密相关，是为达到翻译目的而需要的能力。随着翻译研究的推进，译者因素逐渐进入研究者视野，对翻译能力的研究也逐渐推进到译者能力的研究[1]。译者能力是指作为职业译者应具备的高效完成工作的能力。译者能力主要通过职业培训，即模拟职场现实、角色扮演、学习职业技术、参观实习、参与项目等途径得以提高。研究者对译者能力培养初步达成共识：译者能力应该在实践中培养，应符合职业市场需要，而且应培训学生适应职场工作。[2]

互联网时代，翻译产业发展迅速，并展现出职业化、翻译市场全球化、翻译工作专业化的特征。[3] 就翻译专业化而言，翻译过程不再仅是文本的语言转换，而是涉及复杂技术，如软件的本地化就需要懂得如何创建符合目标语读者习惯的交互界面。再有，翻译内容专业化要求译者了解某一领域的专业知识。因此，各国家地区对翻译的专业领域做了区分，例如，美国翻译协会把专业分为11个，英国翻译及口译学会有30个主类别。在诸多分类体系中，法律翻译都是其中一个大类。

从翻译实践看，无论从事何种翻译，如自由职业、公司专职，或从事科技、医疗、商务、法律某一专门领域翻译，译者能力的要求是相似的，但不同领域的翻译所需的翻译能力相差很大，适用的翻译理论、策略大相径庭，因此，讨论翻译能力和译者能力有必要根据翻译的领域分别进行。法律翻译硕士的培养方案科学与否，也要从培养学生的翻译能力和译者能力两方面评估。从能力培养的过程来看，翻译能力培养是核心，需要长时间全方位的知识和技能的训练；译者能力培养需要贯穿整个培养过程，并在实习阶段加以强化。

中国政法大学 MTI 培养方案要求学生修满 4 门专业必修课和 6 门专业选修课，各课程讲授内容如下：

一、专业必修课

1. 英译汉。讲授内容包括翻译导论、翻译的文本分析、文学翻译、文件材

---

[1] 李瑞林："从翻译能力到译者素养：翻译教学的目标转向"，载《中国翻译》2011年第1期。

[2] Kelly Dorothy, *A Handbook for Translator Trainers. A Guide to Reflective Practice.* Manchester: St. Jerome, 2005.

[3] Biel Łucja, "Professional Realism in the Legal Translation Classroom: Translation Competence and Translator Competence", *Meta*, 561 (2011), pp. 162-178.

料、科技体裁、应用文体、新闻稿件等题材的翻译。

2. 汉译英。讲授内容包括中国经典外译、"两会专题——经济""两会专题——政治""两会专题——法律"国际法翻译、文学翻译等。

3. 法律翻译（英汉）。讲授内容包括宪法、刑法、程序法、商法、经济法、国际私法领域的翻译。文本涉及法律法规、判例、合同、学术文章等。

4. 法律翻译（汉英）。讲授内容包括法律翻译相关问题（术语及常用词语的翻译）、宪法、合同法、知识产权法、行政法、刑法、民法、侵权法、国际商事仲裁法等主题的翻译。涉及法律各类文本。

二、专业选修课

1. 法律术语翻译。讲授内容包括法律术语汉译英、法律英语语言特点、中文法律术语、法律术语翻译常见问题、对等理论、功能翻译理论、比较法方法、客观评估术语翻译、术语的理解与阐释、术语翻译与法律文化、法律术语英译汉。课程涉及法学各领域知识和翻译理论知识。

2. 法律文书翻译。讲授内容包括民事起诉书、一审民事判决书的写作特点及翻译、二审民事判决书的写作特点及翻译、刑事起诉书的写作特点及翻译、刑事判决书的写作特点及翻译、法院传票、公告、仲裁条款、仲裁裁决等文件翻译。涉及民事、刑事等法学领域。

3. 法律案例阅读与翻译。讲授美国案例、欧盟案例、民法案例、刑法案例、行政法案例、海商法案例翻译。主要文本为判决书，涉及各类法学领域。

4. 法律专题笔译。主要讲授国际公约、国际组织法律文件、海关业务文书、上海自由贸易区文书、商标代理文书、企业并购上市文件、民事诉讼文书、刑事诉讼文书、人权法论文等文件翻译。文本类型包括国际公约、法律法规、诉讼文书、律师文书、学术文章等。法学领域包括国际法、海商、民商、诉讼法、宪法等。

5. 合同翻译。主要讲授合同翻译的特点和基本原理、合同翻译概述、中外企业经营合同、劳动合同、佣金协议和租赁协议、商标许可合同、销售合同和采购合同、独家经销协议、公证书等翻译。主要涉及民商经济法领域。

6. 英美法律制度（双语）。主要讲授英美国家历史、政府结构、法学方法、司法体系、民事程序、刑事程序、各部门法介绍、模拟法庭等。本课程为法理、法学背景知识类课程。

7. 同声传译。主要内容包括课程介绍和预备练习、"SI Preparatory Exercise：Elementary Shadowing""SI Principle 1：顺句驱动""SI Technique：Segmentation""SI Principle 2：酌情调整""SI Technique：Anticipation""SI Principle 3：适度超前""SI Technique：Addition and Simplification""SI Principle 4：信息重组""SI Technique：Conversion""SI Principle 5：合理简约" "SI Technique：Emergency Strategies""SI Principle 6：信息等值""Conference Preparation"。课程涉及各类题材，属口译类基础课程。

8. 交互传译。课程内容包括交互传译导论、基本技巧介绍、人口与老龄化、"一带一路"、中国宏观经济、AIIC、政治经济等主题翻译。

9. 视译。讲授内容包括视译概论、经贸、医疗改革、金融改革和互联网金融、模拟会议、妇幼健康、公司治理、气候变化、环境保护等主题翻译。

10. 法律专题口译。讲授内容包括法律职业与律师制度改革、法律记者招待会（两会专题）、金融仲裁（美国）、金融仲裁（中国）、法典翻译（比较法角度）、法史翻译与汉学。涉及法学领域包括法律职业、金融、法史等。

11. 法庭口译。讲授内容包括法庭口译简介及记忆训练、法律词汇、句型互译、涉毒案件开庭阶段庭审、涉毒案件法庭调查阶段、驱逐出境案件聆讯及涉毒案件法庭辩论阶段、轻微违法及涉毒案件被告人最后陈述阶段、庭外取证及涉毒案件宣判阶段、诈骗案常用句型、直接询问及交叉询问阶段及诈骗案开庭、诈骗案法庭宣判阶段起诉书、法庭口译实践观摩、证据类型及开示方式、模拟法庭等。涉及的法学领域主要为刑事庭审。

12. 计算机辅助翻译。课程内容包括机辅翻译简介（理论）、SDL 语言技术的发展、翻译软件的类别与简介、翻译术语库、翻译记忆库、翻译项目管理、翻译术语库实践课、Trados 翻译实践。课程属于翻译技术类。

专业必修 4 门课程设置目的是让学生接触笔译的各种文本和题材，了解翻译涉及的相关理论、实践问题，并训练翻译技巧，与此同时，让学生了解法律翻译的基本概念，接触基本法律翻译训练。英汉互译培养学生的基本语言和翻译能力，法律翻译英汉互译涉及法学各个领域，各个文本类型，为学生进一步学习法律翻译打下基础。从课程难易和进阶来看，课程设置得必要且合理。

专业选修的 12 门课程中，有 5 门口译类课程，供口译方向学生选择。其中 3 门属于口译基础课；法律专题口译和法庭口译为提高阶段课程。由于法律口译领域比较集中，该设置基本涵盖了实践中法律口译的内容。

选修课中有 7 门是法律翻译笔译课。从涉及的法学领域分析，民商经济内容最多，其次为刑法、宪法、诉讼法、国际法、海商法。上述课程内容基本涵盖了法学各个领域，而且各个法学领域涉及的内容与法律实践相吻合。中国政法大学翻译硕士学生，只有约 5% 有法律背景，学生们本科阶段为英语专业，所以法学基本原理和各法律学科知识缺乏。合理安排各个法学领域的翻译内容，循序渐进增加难度，梳理法律体系，可以帮助学生掌握基本法律知识，建构法律翻译知识框架，培养更全面的法律翻译能力。该 7 门法律笔译课选取的文本类型广泛。法院判决、法院其他文书和仲裁文书占比例最多，其次是合同、法条、学术等文本类型。值得注意的是，文本的选择应与法律实践紧密相关。案例、法条和学术文章是公开资源，最容易获取，但不一定是法务中最常用的文本类型；而合同、律师文书等实务常用文本，经常受到商业秘密或版权限制，难以获得资源，教师应在教学中根据职业培养需要选择教学内容。

选修课教学内容体现出一个突出特征，即重视法律领域知识，但在法律文本的选择上，各门课程需要进一步协调、细化，避免知识重复教授或出现缺口。此外，除术语翻译和口译课外，各门课的教学内容较少体现相关的翻译知识，如翻译理论的应用、翻译策略等。虽然法律翻译专业硕士不要求研究翻译理论，但了解翻译本质和相关知识会使译者的翻译更加理性。例如，原文与译文的读者变化，如原文读者是法律专业人士，而目标语读者是法律专业人士或非法律人士，则翻译策略应随目标读者而改变；或如何满足客户对翻译的特殊要求，如与旧译某些部分保持一致，或更新部分旧译，对译文进行审校、排版等。此类翻译知识应在翻译实践中贯穿，需要在设计各门课程内容时加强。

翻译即写作，掌握目标语的写作语言和文本特征可以有效加强翻译效率和质量。法律写作的专业性强，对其组织架构、逻辑性、严肃性都有很高的要求。依据目前的课程设计，中文和英文法律写作只能通过各个课程渗透，没有系统的知识传授。望修订培养方案时能够加以考虑。

从各门选修课程的内容看，除法庭口译课安排了口译员素质、法庭口译观摩内容外，其他课程基本没有体现译者能力培养方面的内容。例如终稿排版、格式、截稿日安排，与客户交流等职业素养训练。此外，计算机辅助翻译是翻译技术类课程，若只作为一门课的知识教学是远远不够的，如能和其他课程联合教学，会加强实践效果。

综上，中国政法大学法律翻译硕士的培养内容充分体现法律要素，译者的双语能力和专业能力都得到了重视。但法律译者在职业实践中仍会接触到其他领域的翻译，如果译者的百科知识能力缺乏，他们的职业发展就会在一定程度上受到限制。上述课程内容也暴露出该培养模式仍具有"学院派"特征，即注重翻译能力，而译者能力培养仍需加强。

陈志豪*

苏格拉底式教学法在"法学+西语"复合型人才培养方案中的应用
——以"法律西班牙语"课程为例

一、"苏格拉底式教学法"的起源及其在法学教育中的应用

苏格拉底（Socrates，公元前469年—公元前399年）是古希腊著名的哲学家和教育家，在其对弟子的教学中，主要采用对话式、讨论式、启发式的教育方法，通过提问不断引导学生进行思考，在问答过程中揭露矛盾，从而让学生分析问题和解决问题的能力在问答过程中得以提高，最终总结出一般性的结论。这种教学方法也被后人总结为"苏格拉底式教学法"（Socratic Method）。

自1870年哈佛法学院前院长克里斯托弗·哥伦布·兰德尔（Christopher Columbus Langdell）将"苏格拉底式教学法"应用于哈佛大学的法学教育之中以来，这种教学方法在法学教育中获得了极大的发展，时至今日已成为英美法系国家法学院最主要的教学方法，该教学方法又被称为"案例教学法"（Case Method）。这种教学法能够调动学生学习法学知识的积极性，激发学生对法律问题的探讨，目前在我国大学的各法学院的教学中也已进行了大量的应用，除了课堂之上的案例教学与课堂辩论，也在课外进行了诸如模拟法庭、法律诊所等新型教学模式的实践。"苏格拉底式教学法"在我国法学教育中的应用，很好地对"孔子式教育法"进行了补充，对课堂中的师生关系产生了直接的影响，相较我国传统的课堂，气氛更为活跃，学生的课堂参与度得到了提升，在师生探讨问题的过程中，学生的逻辑思维能力、分析与解决问题的能力也获得了明显的提升。

---

* 陈志豪（1991—），男，籍贯山东，西班牙及拉美文学高级研究硕士，中国政法大学外国语学院教师，研究方向为西语文学、法律西班牙语、外语教学。本文系2018年中国政法大学新入校青年教师科研启动资助项目计划（10818122）的研究成果。

二、在"法学+西语"复合型人才培养方案中引入苏格拉底式教学法的合理性

（一）引入苏格拉底式教学法的预期效果符合其培养目标

2011年教育部和中央政法委员会联合制定了《教育部 中央政法委员会关于实施卓越法律人才教育培养计划的若干意见》，提出"为适应世界多极化、经济全球化深入发展和国家对外开放的需要，培养一批具有国际视野、通晓国际规则，能够参与国际法律事务和维护国家利益的涉外法律人才"。2014年党的十八届四中全会通过《中共中央关于全面推进依法治国若干重大问题的决定》，要求"建设通晓国际法律规则、善于处理涉外法律事务的涉外法治人才队伍"，对"创新法治人才培养机制"提出新的更高的要求。[1]

为响应国家号召，满足社会需求，中国政法大学于2015年成立了第一届法学（西班牙语特色）实验班，迄今已有四个年级合计约120名学生，其培养方案的目标是塑造"法学+西语"复合型人才，该实验班的实践是培养卓越法律人才、深化法学人才培养模式的一项重要改革，是对全国多语种涉外法治人才培养模式的一项重要探索。

该复合型人才培养方案在"培养要求"一项中写道："学生通过学习国家的法律、法规和法学的基本理论与基本知识，掌握法学基本理论和技术，能够较灵活地运用所学理论指导实践工作，具有分析问题、解决问题和组织领导法学实践活动的实际工作能力和创新能力。"这说明该培养方案预期培养的人才要求注重实务，注重能力与素质的培养，这跟前文中提及的苏格拉底式教学法的特点非常契合，都是注重塑造学生分析、解决问题的能力，引导学生积极实践、自主学习，因此，在培养方案中引入"苏格拉底式教学法"，其预期效果符合本方案的培养要求，有利于培养目标的达成。

（二）"西班牙语法律类课程组"学分有限情况下的必然要求

在该培养方案的课程设置中，由实验班教师承担教学工作的课组为：西班牙语语言类课程组、西班牙语法律类课程组，前者要求修满11学分，后者要求修满9学分。"西班牙语法律类课程组"在其总学分要求修满的164学分中仅占5%左右的比例，而在这个课组要求修满的9学分之中，本文作为案例讨论的"法律西班牙语"在其中仅占2学分，合计32课时。

---

[1] 屈文生："建设涉外法治工作队伍需要法律外语人才"，载《中国高等教育》2017年第7期。

相较"西班牙语法律类课程组"中其他偏专业方向的课程,"法律西班牙语"这门课实际是培养"法学+西语"复合型人才的创新型核心课程,因为该培养方案的创新性就体现在法学专业与西班牙语的结合,"法律西班牙语"这门课是二者融合的典型,该课程在当前我国高校课程体系中并无先例,属于涉外法学人才培养中的一次创新,既要求使用西班牙语作为学习语言,又要求有机结合法学知识,达到二者的平衡。在此要求下,如何在有限的32课时中达到理想的教学效果?如何合理分配西语与法学知识所占的比例?如何充分培养学生以西语作为研究语言学习法学的能力?这都是我们必须思考的重要问题,而"苏格拉底式教学法"将会对这些问题的解决起到重要的作用,下文将详细论述其在该课程实际教学中的具体应用。

(三)实验班学生的法学专业背景

此实验班为虚拟实验班,其授课对象为法学专业学生,由于中国政法大学在本科生法学教育中已进行了多年的"案例教学法"实践,该实验班的学生已在其法学课程的学习中对此教学方法在课堂中的应用非常适应,同时,其修习的法学课程已经使其具有一定的逻辑思维能力,因此,在本培养方案的"法律西班牙语"课程中引入"苏格拉底式教学法",不存在授课对象难以适应的情况。

三、"苏格拉底式教学法"在"法律西班牙语"课程中的应用

(一)"法律西班牙语"课程改革背景

"法律西班牙语"课程迄今已面向三个年级进行了授课,授课对象为法学(西班牙语特色)实验班的学生,任课教师具有西班牙语、法学双重专业背景。由于该课程在目前我国高校教育体系中没有先例,我们以性质最为接近的"法律英语"课程作为参考,目前全国有三百多所院校开设了法律英语课程,有的甚至设置了法律英语双学位和法律英语专业。但是教学内容各异:有的教英国法,有的教美国法,有的用英文教授中国法。根据法律英语学科的内涵,法律英语在起始阶段应该是以美国法为载体学习纯正地道的法律英语。[1] 然而,"法律英语"面向的授课对象,均为具备较高英语水平的学生,至少6年以上的英语学习实践,而"法律西班牙语"面向的学生,其西语学习时间为1年左右,因此,若盲目按照"法律英语"的标准选择学习材料,将会使授课难点集中在语言部分,

---

[1] 李凤霞、张法连、徐文彬:"国家战略视域下的法律英语人才培养",载《外国语文》2015年第5期。

给法学知识的传授带来障碍，该问题已经在之前的教学过程中得到了验证。

在前两年的授课中，任课教师选用了一些西语国家的法律文件，如西班牙民法典、西班牙宪法、西班牙合同法，课堂上以其法条、判决书内容作为学习材料，但根据对学生的问卷、访谈调查，大多数的学生认为课堂体验不好、教学效果不佳，究其原因主要有以下三点：一是法律文件的语言难度偏大，二年级学生的西班牙语水平尚处在日常交流的初级阶段，课程选用的法条、案例文件往往是长句，语法结构较为复杂，使用的词汇专业性强，因此其语言门槛较高，以学生该阶段的语言水平并不具备对其进行解析、翻译的能力，学生的学习积极性、主动性都因此而受到了打击；二是课前准备不足，任课教师没有进行有计划、有检验的课前预习组织工作，学生也没有课前预习的主动性，在课堂材料的难度本已超出学生语言水平的情况下，大量的课堂时间被用在解决语言问题上，这就造成了课程体系中语言内容与法学内容之间的比例失衡，实际上进行的仍然是西班牙语的阅读课，只不过是把阅读的材料限定在了法律材料的范围内，本质上没有完成对课程的创新，也就达不到理想的教学效果；三是学生的课堂参与度几乎为零，根据上述两条所阐述的原因，学生缺乏学习课程材料的能力，更无法进行更深一步对材料中法律问题的分析，因此并不具备课堂互动的条件，学生缺乏自主学习和自主探究的能力，只能根据教师所授内容记录知识点，其分析问题、解决问题的能力也就无法在该课程的学习中得以提升。

（二）在"法律西班牙语"教学中的应用

法律课程的设置直接决定了法律英语复合型人才培养的质量。[1]与"法学+西语"复合型人才的培养的道理相同，如果法律课程没有创新、没有理想的教学效果，我们培养的将只是具有双重专业背景的学生，而无法完成复合型人才的培养目标，"复合"绝不是简单的 1+1=2，而是 1+1>2，所以，"法律西班牙语"课程的教学模式必须进行根本性的变革，而教学方法的调整是其重中之重。

笔者在最近一个学年中负责了该课程的教学工作，开课之前，通过调查问卷、座谈的方式，与参与过该课程的教授与学习的师生进行了深入交流，并对课程存在的问题进行了总结和分析，也向即将参与该课程的学生收集了建议，在充分考虑了法学与西语的专业特点、实验班学生的特点、培养方案的要求的前提下，在"法律西班牙语"课程中引入了"苏格拉底式教学法"，通过一学期的实

---

[1] 张法连："新时代法律英语复合型人才培养机制探究"，载《外语教学》2018 年第 5 期。

践检验，取得了较为理想的学习效果，现将其在课程中的具体应用进行了以下总结：

1. 将判决书作为课程的主要学习内容。经过对法学教育成功经验的借鉴，其案例教学同样可以在"法律西班牙语"课程中展开，但由于本课程课时量少，因此教学内容的选择、课前材料的准备尤为重要。选择判决书作为案例教学的内容，首先是因为判决书的内容涉及诉讼参加人及其基本情况、案件由来、审理经过等，相较法条，其内容更丰富，因陈述性语言较多，语言方面的难度要低于法条，部分结构复杂的句子可结合案情进行推理，少量句子的理解障碍也不会对学生的自主学习造成太大影响；其次，法条的学习进展缓慢，而通过对判决书的学习，学生可以在短时间内对案件有一个整体认识，了解对象国对该类型案件的审理有何特点，有利于引导学生从比较法的角度进行思考；最后，判决书的格式固定，以此为例进行学习，对于学生学习西语法律文书的写作有所帮助。鉴于该阶段学生的语言水平十分有限，虽然选用判决书已经降低了教学难度，但课上仍无富余时间用来阅读材料，因此，为配合课堂教学，任课教师需在学期开课前至少一个月的时间，将本学期需要用到的文字材料（判决书、相关法律文件）整理好、发送给学生，并明确其学习顺序以及预习要求。

2. "对话式"课堂教学。本文要表达的是在"法律西班牙语"课程中引入"苏格拉底式教学法"，而非直接采用，若不根据实际情况进行合理调整，恐会出现之前在内容选用上照搬法律英语的问题。因此，在教学方法上，并不是简单转变为法学课堂一样的案例式教学，而是进行"孔子式教学法"与"苏格拉底式教学法"的结合，即"对话式"的课堂教学。法学的案例式教学注重法学思维的培养，注重逻辑分析的过程，"法律西班牙语"的教学在此基础上还涉及法律语言的学习，由于语言学习跟法学学习的特点不同，我们把课堂上的"对话"也区分成西语学习和法学学习两个部分。

西语学习部分的"对话"方式为学生提问教师作答。法律语言相较日常用语更为严谨、规范，且存在大量的专业词汇，学生完成课前预习工作之后，对课堂教学内容已经具备了初步的认知，但受限于语言水平，必定仍然会有一些问题，因此，在这个环节中，由学生就课前自学中产生的问题进发问，教师进行回答和讲解，尤其是案例中涉及的法条，教师需要进行细致的讲解和知识点的总结。与之前的教学方法相比，该方法节省了大量的课堂时间，师生在课上把精力集中在解决问题、重点讲解上，直击要害，从而帮助学生学会处理复杂文本，提升自身西班牙语的语言水平。

法学学习部分的"对话"方式为教师提问学生作答,此时教师应确保学生对文字材料无语意理解上的问题。此环节中,学生成为课堂的主角,由教师采用"苏格拉底式教学法"对部分学生进行法学方面问题的提问,例如:由于判决书的法源是国外法律,首先就判决书中的法律依据进行提问,此部分由学生课前查阅资料准备;由于司法审判中存在自由裁量的空间,之后可以结合前一问题中总结的国外法依据,提问部分学生是否认为判决结果合理及其原因。

在每个案例最后环节,教师应布置思考题目,让学生针对同样的案情,以中国的相关法律法规作为法源,根据自己的判断用西语仿写一份"中国版"判决书,因有西语版本的判决书作为参考,分析的又是相同案例,语言方面的难度也较为适宜,这样既可以提高学生的学习兴趣,引导其做比较法方面的分析,又能让学生的西班牙语写作(尤其是法律文书的写作)能力得到锻炼。学生课下完成这项作业后,可在下节课留出时间让学生阐述其审判结果,若有分歧,可进行适当的辩论。

苏格拉底式教学法能够提升学生的逻辑思维能力、法律表达能力、分析问题和解决问题的能力,对学生今后从事法律工作大有益处。[1]在"法律西班牙语"的教学中引入"苏格拉底式教学法"不意味着完全改变教学方法,而是在使用"孔夫子教学法"传授基础理论知识的基础上,结合富有趣味的案例教学,在课堂上开展"师生之间""学生与学生之间"的"对话",通过互动引导学生发现问题、探究问题;同时,在该课堂教学模式下,课堂上更多的是展示思考的过程和辩论,为此,学生课前需要阅读材料、准备观点,这样就节省了课上的时间,提高了课堂效率。笔者相信,通过"苏格拉底式教学法"在"法律西班牙语"教学中的应用,能够实现教学效果的提升,使学生在法学知识、语言知识的同步学习中逐渐掌握规律,并加深对其他法律西语类课程的理解,最终实现"法学+西语"复合型人才的培养目标。

---

[1] 薛然巍:"苏格拉底式教学法在法学教学中的应用",载《经济研究导论》2011年第11期。

杜一雄* 王卉妍**

布朗芬布伦纳生态分析法视域下的涉外法律人才法语教学模式探究

近年来，随着中国的国际地位逐年提升，在国际政治经济舞台上的参与度不断上升，我国在各国际组织、"一带一路"沿线国家、"金砖国家"中的影响力持续上扬；在处理与之相关的双边、多边外交及商业事务与纠纷时，我们对具有国际视野、能够灵活运用目标国语言进行工作的精英法律专业人才的需求与日俱增。在这样的时代背景下，笔者所在高校国际法学院于 2017 年开设了本科阶段法学与法语相结合的涉外国际法学法语实验班，重点培养能够跨国工作的具有通晓世界法律知识、娴熟地运用法语的工作能力、全球观念和中国立场的涉外法律人才。

事实上，学生在进入涉外国际法学法语实验班前，没有任何法语学习经验，后者的教学因而要从零开始，不仅要教授语言的整个语法体系，而且要在 4 年（本科）左右的培养时间内，在教学中渗透对象国的法律专业知识，怎样在既定的培养时间内，合理地安排授课时间及内容，调整授课方式，成为摆在涉外法律人才培养方案的制定专家、涉外班非通用语种教师面前的一项艰巨的任务。

因而，本文将基于在教育学中被广泛应用的布朗芬布伦纳生态分析法，对现行培养方案进行解构，力求分析笔者所在高校现行涉外法语法律人才培养方案中，课程安排，课堂互动，培养目标等各项设计如何能够更加良性辅助本科学生的法语加法律联合发展。

---

* 杜一雄（1989—），男，教育学博士，中国政法大学外国语学院教师，研究方向为法语教学法，国际人才培养，比较教育。本文系中国政法大学科研创新项目"涉外法律人才非通用语种教学方案探究"（项目号 18ZFQ88001）资助下的阶段成果，由中央高校基本科研业务费专项资金资助（supported by the Fundamental Research Funds for the Central Universities）。

** 王卉妍（1989—），女，北京外国语大学外国语言文学博士生，研究方向为国际人才培养，高校双一流建设及高等学校学位教育等。

一、研究背景及理论框架

2011年初，我国教育部根据《国家中长期教育改革和规划纲要（2010—2020）》的精神提出了"卓越法律人才教育培养计划"，同年12月，教育部、中央政法委员会发布了《关于实施卓越法律人才教育培养计划的若干意见》，提出了卓越法律人才的培养目标和愿景。在这两份文件精神的指导下，我国诸多高校开设了以英语为主要外语语种的涉外法律人才培养班，而在如今的外交格局中，仅通晓一门英语，在处理与"一带一路"沿线非英语国家相关的双边、多边国际问题时，未免局限。特别是法语，作为目前世界上除了英语之外使用国家遍布五大洲的语言，联合国、北大西洋公约组织、欧盟、国际奥委会和国际红十字协会，以及诸多国际司法机构，均以法语为工作语言，全世界有近3亿人使用法语。对于未来有志于去国际机构工作的法律精英来说，精通法语是不可多得的职业技能。

与之对应的是，在笔者所在大学及我国大部分开设法语加法律涉外实验班的高校，学生在进入本科前，没有任何法语学习经验和知识积累，法语学习从零开始，而与法语本科专业学生不同的是，由于此类学生隶属于法学院，大多需要兼顾法学专业课、高校通识选修课、大学英语学习，以及与此同时进行的法语零基础的学习与进阶。如何在有限的四年本科时间中完成上述多项任务，使学生在其所处的涉外班环境中学有所长，在能力上取得进步与发展，是培养方案制定者和涉外班教师极为关心的问题。

学生的发展是学习环境、知识、学生本人三方关系的集合。在西方教育学研究领域，20世纪美国发展心理学家布朗芬布伦纳（Bronfenbrenner）的生态系统理论常被用来分析学生在学校环境中某一阶段的发展与学校培养方案设计，学生身心发展、能力建设与学习环境间的关系。

在布朗芬布伦纳及相关研究者看来，学生的知识及能力建设，会受到四个系统影响，分别是：①microsystem，即微观个人层面（个人参与学习的学习动机，教师教学方法，在学校享受的师资配比等）；②mesosystem，即中观关系层面（师生互动，学生与学生间的关系等）；③macrosystem，即宏观关系层面（学校的毕业要求，学生学习愿景，教师教学目标等）；④chronosystem，即时间演变系统（四年本科法语教学的时间分配）[1]。

上述每个生态系统的运转良性与否，极大地制约着学生本科学习的成果与能力的进步。在下面的分析中，本文将以此为主要理论框架，分析目前笔者所在学校涉外国际法学法语实验班培养方案中法语课程规划部分，是否吻合各生态系统良性运转要求。

二、生态分析涉外法律人才法语培养方案

根据布朗芬布伦纳（Bronfenbrenner）的生态系统理论，学生的进步和知识的学习取决于 micro、meso、macro、chrono 四个生态系统间的相互影响与良性嵌套关系[2]。根据每个生态系统的定义及笔者2017年进行的基于布朗芬布伦纳生态分析法分析中法非遗传承教学方案的研究成果[3]，在下文高校培养方案的分析中，我们将对学生、教师、学校三方关系分别进行解构，每个生态系统所考量的内容如表1所示，而如下研究中所提到的调查数据，基于2017年、2018年两次召开的涉外国际法学法语实验班（以下简称涉外班）师生交流座谈会纪要，及会前发放量化问卷（17级涉外班共15人，问卷发放15份，回收15份，有效份数15份）的学生回复反馈内容：

表1：布朗芬布伦纳生态分析法视域下的涉外法律人才法语教学方案解构

系统\内容	学生	教师	学校
microsystem	学生先前所掌握的学习能力	教师使用的教材与教学模式	法语涉外班师生比
mesosystem	学生间学习型互动	师生关系及互动情况	校方与师生交流密切度

---

[1] Roegiers, X. *Analyser une action d'éducation ou de formation : analyser les programmes, les plans et les projets d'éducation ou de formation pour mieux les élaborer, les réaliser et les évaluer*, De Boeck Supérieur, 2007.

[2] Bressoux, P., Coustère, P., & Leroy-Audouin, C.: Les modèles multiniveau dans l'analyse écologique: le cas de la recherche en éducation. in *Revue française de sociologie*, 1997, pp. 67-96.

[3] Du, Y., *La transmission du patrimoine culturel immatériel par le biais de la formation*, Unversité Paris Ouest la Défense, 2017, p. 193.

续表

系统内容	学生	教师	学校
macrosystem	学生学习愿景	教师教学目标	对法语生的毕业要求
chronosystem	四年课时分布	教师四年工作分布	本科四年法律加法语培养计划

（一）涉外法律人才法语教学方案微观个人层面（microsystem）特点

基于目前招收两级涉外班学生的要求，学生在进入涉外班前需通过英文高阶笔试、中英文双语面试、法文听音模仿测试三个环节。三重测试排名较高者可被遴选进入涉外班学习，目前两届涉外班共招收26人（首届15人，第二届11人），其中只有1人有过初中3年法语学习经验（国际中学语言课程）。因而，从学生先前需掌握的学习能力角度，在目前培养方案中，英文听说读写能力占有绝对比重，但对学生先前对于法语知识的了解及对法语国家的认识要求较低，不作为考察范围。

从教师使用教材角度，目前所开设法语课程均使用法国原版教材或教师自编教材，以法语精读及精读进阶系列课程为例，目前使用法国原版引进 *le nouveau taxi*（《你好法语》），该教材以"欧洲语言共同参考框架"的学习规范为指导，一至三册分别对应A1（初级1等）、A2（初级2等）、B1（中级1等）三个级别。而由于是西方原版教材，在讲授时就要求教师采用行动教学法，即学即用，每节课后均设有学生担纲主演，以完成交际任务的方式寓学于乐的环节。与此同时，原版教材及行动教学法"重交际，轻语法"的特点[1]，使得教师在日常教学中语法教授时间有限，无法系统讲授法语语法构成。

最后，从学校角度来讲，目前，笔者所在学校共有7名法语老师（6名中教，1名外教），所有教师均承担一定量的涉外班法语课程，按每年每届涉外班平均招收13人计算，法语课程师生比为1∶1.86，加之小班教学，可基本实现因材施教的愿景。

---

[1] 李真："面向行动教学法在基础法语教学中的应用——以《你好！法语2》第13课为例"，载《语文学刊：外语教育与教学》2015年第1期。

（二）涉外法律人才法语教学方案中观关系层面（mesosystem）特点

从学生间学习上的互动来看，目前培养方案中所涵盖的法语视听说，法语口语等课程，对学生间合作学习要求较多，譬如，法语视听说课程需学生自由结组拍摄法语微电影，法语精读课程几乎每节课的课后均留有结组写作或对话环节，可保证在学生之间形成合作型互动学习法语的良性循环。

从法语师生间互动层面来看，在力求充分利用现代科技组织教学的背景下，目前所有法语教师开设的课程均设有课程微信群，老师在微信群中与学生互动交流、布置作业、上传课件与相关练习，解答学生在学习中的困惑，并利用百度网盘、小打卡等程序，向学生提供更多样的日常互动可能，师生间交流较为密切活跃。

从学校层面讲，自涉外班成立以来，校方及涉外班教学涉及学院（外国语学院、国际法学院）每年均会召开师生座谈会，以便校方、院方积极听取师生需求，校方与师生之间交流密切，有助于通过教师的教学反思、学生的学习回馈，积极调整培养方案，以期达到最佳培养效果。

（三）涉外法律人才法语教学方案宏观关系层面（macrosystem）特点

从学生法语学习的愿景来看，根据 2017 年发放问卷调查的结果，87% 的同学希望参加国内大学法语四级考试或者参加 DELF 国际法语等级测试，以检验自己的学习成果，达到"可以看懂法语文学及法律文本""能够申请法语国家高校留学项目"的水准。而为达到上述目标，学生至少需要达到欧盟语言体系标准 B2（中级 2 等），才有机会参加国内大学法语四级考试，以及需要成功申请部分法语国家高校留学项目。

而由于课时和学分的实际限制，法语教师能够在本科阶段保证的教学计划中，对学生的最终要求仅为达到 A2（初级 2 等）水平，与学生期待的 B2（中级 2 等）水平差距较大，有进阶需要的学生因此需要在课下借助额外网课或校外辅导班完成进阶学习，这大大增加了学生法语学习的经济成本和时间成本。

在目前校方所施行培养方案中，对于学生的毕业要求，法语涉外班学生并没有通过大学法语四级考试的硬性规定，希望多参加语言级别考试的学生更多只能通过社会报名的方式前往报考。而我国大学法语四级考试暂未接受社会报名，学生若想报名，只能通过查询所在城市其他高校是否可以接受跨校考生，在对方接受的前提下，才可以去其他学校报名参加考试，这为学生考取语言等级证书增加了相当大的困难。

（四）涉外法律人才法语教学方案时间演变系统（chronosystem）特点

从大学本科四年时间安排的角度看，目前培养方案中为涉外班开设法语必修及选修课列表按学年分布如表 2 所示：

表 2　涉外国际法学法语实验班法语课程安排

	第一学年	第二学年	第三学年	第四学年
法语必修课 共提供 9 学分，应修满 9 学分	法语精读（一）	法语精读（三）		
	法语精读（二）	法语精读（四）		
法语专业选修课 共提供 17 学分，应修满 10 学分	法语精读进阶（一）	法语精读进阶（三）	DELF 考试辅导	
	法语精读进阶（二）	法语精读进阶（四）	法律法语	
	法语视听说	法语写作	法语语法	
	高级法语视听说			

通过表 2 可以看出，校方及法语教师为涉外班学生提供了较为丰富的法语课程，特别是其中的专业选修课，目前共提供 17 学分的课程，以便学生在其中选择 10 学分修满，选修的自由度可见一斑。

与此同时，为与国际法及其他法律专业课程协调时间，学生法语的课程设置主要集中在本科的大一及大二阶段，第三、第四学年法语必修课的数量为零；而且通过上表可看出，若学生在大一、大二阶段选够了法语 10 学分的选修课程，大三将不再需要选择法语课组选修课即可毕业。学生的法语学习因而很难形成四年一贯的持续性。而人类学习语言的过程牵涉使用者的感觉记忆、工作记忆（短时记忆）和长时记忆三类信息储存类型，而这三个组成部分的良性运转是以持续时间为基础的，[1] 大学四年的时间，只有两年能够进行非强化式的法语学习，

---

[1]　崔雅萍：“语言学习中的心理结构分析”，载《西北大学学报（哲学社会科学版）》2005 年第 3 期。

对从零开始掌握新的一门外语并非最优安排。

三、布朗芬布伦纳生态分析法视域下的涉外法律人才法语教学模式分析

在前文中我们提到，布朗芬布伦纳生态分析法视域下，一个教育方案的良性实践，需要以上提到的各个生态系统内容充实，分布合理，其间所涉及的各个参与部分的关系良性运转。而通过上述分析不难看出：

1. 在微观个人层面（microsystem）及中观关系层面（mesosystem）两个系统中，笔者所在高校的涉外国际法学法语实验班培养方案运转较为良性，学生筛选标准较为统一，教师教学方法灵活，小班教学，具有良性的师生比；校方与师生、学生间、教师与学生间的交流密切，这些均对学生学习一门新外语大有裨益。但不难发现，在涉外班学生遴选时，较少考查学生的学习法语动力及积极性，更多考查学生的英文水平，可能会导致部分学生在学习法语一段时间后，由于新鲜感下降，学习动力不足的状况出现。同时，过分依赖原版教材和交流为主的教学方法，可能会使传统语言学习中语法部分被相对忽视。

2. 在宏观关系层面（macrosystem），较大的分歧出现在校方涉外人才培养目标中并未明确对法语的学习及水平所需达到的程度的要求，教师目前的课时只能保证相对初级的法语教学，与大部分学生想要参加法语级别考试或之后出国深造所需法语程度相差较大，导致部分学生如仍想达成自己的学习目标，则需要借助校外学习资源，为法语学习增加额外的金钱和时间投入。

3. 在时间演变系统（chronosystem）中，更大的矛盾出现在四年的本科学习中，学生的法语课时的安排过分集中在大一、大二阶段，在与出国深造及以法语谋求职业直接相关的大三下学期及大四阶段，未设置任何法语必修或选修课程，从语言学习的持续性和语言记忆的时间要求角度来讲，并非最优设计。

四、结语

依据上述分析，目前笔者所在学校涉外国际法学法语实验班培养方案在今后修订时，可以进行相应的可行性反思：①在学生遴选时，是否可全面考评学生学习法语积极性及一门新外语的学习能力，并在现行4年培养方案中考虑设计中期筛选环节，给予那些在法语学习开始后丧失法语学习兴趣的同学二次选择的权利；②在保持交际及合作学习的同时，除开设一门《法语语法》选修课外，教师是否可在教学中适度增加关于语法知识的系统讲解内容，为学生搭建好外语学

习的框架及根基;③是否可对学生学习目标及就业市场、出国深造对法语水平要求等进行全面调研,基于调研结果,确定是否需要在修订后的培养方案中,适度提高对学生毕业时法语水平的要求,以及确定是否需要在四年本科学习中植入语言等级考试环节;④对大学本科四学年课时和学分的分布进行合理化调整,避免出现过于明显的语言学习断层及空档期。

  与此同时,通过本文可以看出,以布朗芬布伦纳生态分析法分析涉外法律人才法语教学模式,可以较清晰地解构培养方案结构,发现各个生态系统中现行培养方案所表现出的优点和欠缺,为培养方案的调整及修订提供理论支持和可行性建议。笔者也将以此文为蓝本,在之后的研究中,以布朗芬布伦纳生态分析法,继续对先于我们进行国际涉外法律人才培养的国外(英美法西日韩)及我国香港和台湾地区高校(东吴大学、香港大学等),本科阶段涉外法学人才培养项目中的母语及英语外语种法学实验班开设的语言类培养方案与我国国内其他高校的相关标准、大纲及方案进行横向比较及分析,了解在此类人才培养方案上非通用语种教学部分的异同。

张文娟*

卓越法律人才外语实践能力培养模式探究**

一、引言

"卓越法律人才教育培养计划"是新时期国家重要教育战略，旨在培养一批具有国际视野、通晓国际规则，能够参与国际法律事务和维护国家利益的卓越人才。在卓越法律人才培养计划中，本科阶段外语能力的培养具有举足轻重的作用。

我校于2012年获选为该计划下复合型、应用型、涉外型三种类型"卓越法律人才"教育培养基地，并制定了"国际型、复合型、应用型、创新型"的"四型"人才的培养目标，传统外语教学无法满足这一人才培养目标，障碍有三：

1. 教学目标与"卓越法律人才"培养战略不一致。传统外语课程无法满足法学专业学习和职业发展对外语能力的要求，其定位缺乏专业针对性。

2. 教学内容与"四型"人才专业素养的提升不匹配。传统外语课程只涉及日常生活话题，重在培养一般性语言技能，无法满足法科学生的专业需求。

3. 教学手段与实践运用不同步。传统外语课程以课堂教学为主，缺少实践平台，很难锻炼学生处理涉外法律事务的实践能力，不利于"应用型"法律人才实践能力的培养。

为了满足国家战略和我校人才培养目标对卓越法律人才外语能力指标的要求，团队经过全方位调研形成了"卓越法律人才外语能力培养方案"。自2012年始，经过面向全校约8000名普通法学及各类法学实验班学生的探索和实践，明

---

* 张文娟，中国政法大学外国语学院副教授，主要研究领域：二语习得、外语教学、教师教育。

** 本文所呈现的培养模式创新成果《一体两翼：创建卓越法律人才外语实践能力培养新模式》（李立、田力男、张清、王敏、张文娟）获2017年北京市高等教育教学成果奖二等奖。感谢李立、张清、田力男等领导对模式改革的指导和引领，感谢田力男、王敏老师对本文的指导、修改意见。

确了卓越法律人才外语能力培养目标，确立了法律外语课程体系和多维法律外语实践平台，创建了"一体两翼"卓越法律人才外语实践能力培养新模式。

二、卓越法律人才外语实践能力培养模式概述

卓越法律人才外语能力培养创新模式立足于"国际型、复合型、应用型、涉外型"卓越法律人才培养总体目标，革新传统大学英语教学模式，从一般外语能力培养目标转向"法律+外语"的通用学术能力和专用外语能力相结合的培养目标，旨在培养学生在国际学术交流、国际法律事务中的学术能力和实践应用能力，凸显外语在卓越法律人才培养中的战略定位。

为完成法律人才外语能力培养模式的转型，团队在"卓越法律人才教育培养计划"的指引下，针对学生的就业去向及外语教学现状开展了大规模的调研和需求分析，以此为依据，制订了"一体两翼"卓越法律人才外语教育战略计划（如图1所示）：

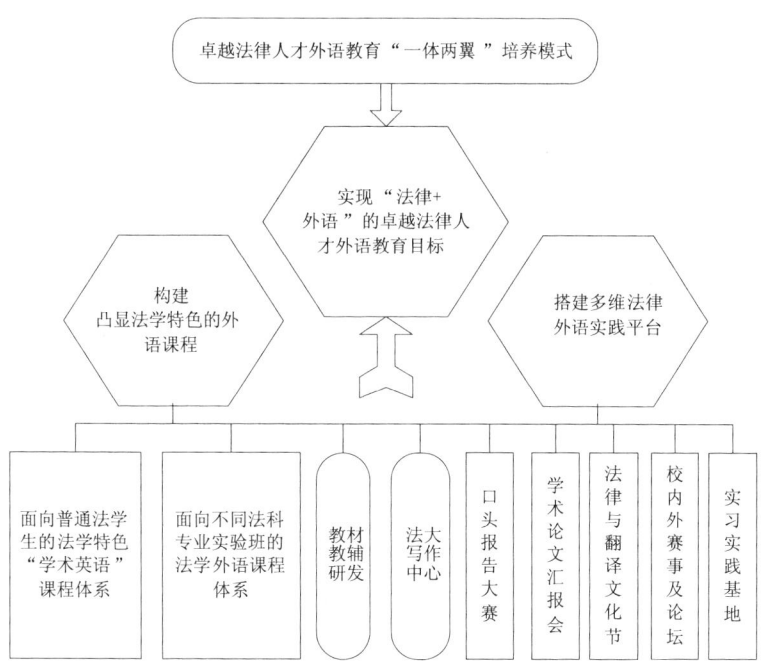

图1 "一体两翼"卓越法律人才外语实践能力培养模式

三、提升法学专业英语课程目标定位，服务卓越法律人才培养目标

教育目标是教学抉择的关键，是人才培养的航向标。长期以来，我国大学的公共英语教学为通用英语（English for General Purpose），教师将一般性的语言知识和技能训练作为教学目标，以满足日常交际需求。这种单一的教学目标无法满足卓越法律人才培养需求：其一，在教育、学术国际化的背景下，一般语言能力的培养无法满足研究型高校毕业生从事法学研究课题、进行国际学术交流的需求；其二，无法满足毕业生在涉外法律事务中的专业外语能力要求。

因此，要服务卓越法律人才培养的总目标，大学英语课程教学目标定位亟待提升。在全面调研和需求分析的基础上，团队确立了分阶段、有步骤实现"法律+外语"的卓越法律人才外语教育目标，使学生在国际法学学术领域和国际法律事务中具备话语权和竞争力。

四、"法律+外语"的人才培养理念引航大学英语教学改革

（一）率先构建有法学特色的"学术英语"课程体系

鉴于纯语言学习的传统外语教学很难满足卓越法律人才培养需求，在多次大规模调研和论证后，创新团队在全国范围内率先构建了法学特色的学术英语课程体系。该课程体系的建立以学术英语课程建设为龙头，以文化课程和专用英语课程为重点，形成了多元大学英语课程体系，切实提高法律人才培养质量，提升我国学者在国际学术交流中的话语权。

学术英语课程提升了教育目标，突破了传统英语教学的局限，突显我校法学学科特点，通过以专业内容为依托的教学理念，督促和引导学生用英语探究法学课题，训练学生听法学讲座、阅读法学文献、撰写学术论文的能力、参加国际学术研讨会的能力。在本科阶段，学术英语课程既是学术读写的文本指导，也是学术理念的传播、学术道德的灌输、逻辑思维的强化、学者身份的建构，其价值在于将教学转变为教育，在研究型高校卓越法律人才培养中具有重要意义。

经过三年的建设和四年的教学实践，我校已完成由"通用英语"向"学术英语"的成功转型，积累了丰富的课程改革经验。基于这一课程建设的项目成果《大学学术英语课程研发与创新实践》（李立主持）荣获2014年校级教学成果二等奖。

（二）面向各院系"法学实验班"需求，量身定制"个性化"外语课程

自 20 世纪末以来，为革除法学教育的种种弊端，国外推行了一系列旨在提高应用能力和职业技能的法学教育模式改革。为使我国法学教育紧跟时代脉搏、应对国际挑战，我国也推进了法学教育改革，"法学实验班"即为法学教育改革的产物。

现有的大学英语教学缺乏专门人才培养的针对性，无法满足法学实验班的需求，原有课程体系与各院系培养目标之间的矛盾日益显著。为解决这一矛盾，团队实施法律人才分类培养模式创新，针对不同法科专业未来职业对外语能力的需求，先后为法学院、国际教育学院等"法学实验班""涉外法学实验班""法学（西班牙语）实验班"打造了"专属"的个性化外语课程体系，突破了传统英语教学的局限，开拓了卓越法律人才培养新模式。

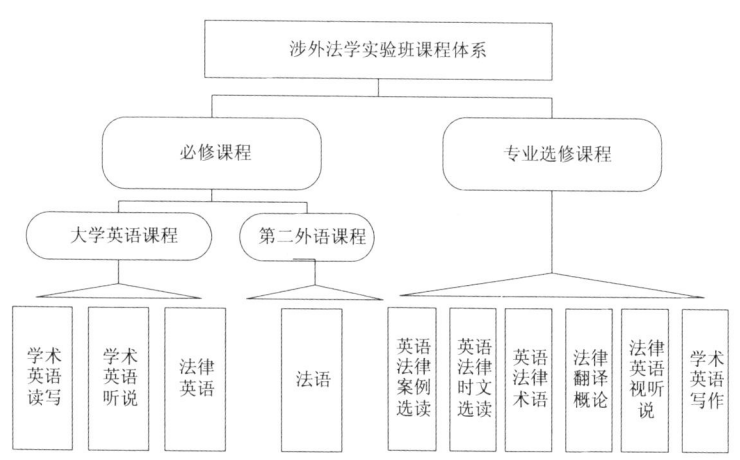

图 2　涉外法学实验班外语课程体系

以涉外法学实验班外语课程体系（如图 2 所示）为例，涉外法学实验班的英语课程从单一的"大学英语"课程转向多样化的英语课程体系，必修课分"学术读写""学术听说""法律英语"三个主课型，学生可根据需要修第二外语课程。"学术读写"和"法律英语"由具有双专业背景的教师教授（法学专业和英语专业），使法律特色从一开始就渗透到英语学习中。法律专业英语选修课程在第三学期开设，以满足学生未来从事法律实务的需求。

（三）以提升课程质量为重心，自主建设配套法科外语教材、教辅

传统大学英语教材为各高校各专业通用，教学内容单一，无法满足卓越法律人才培养需求。为实现专门人才培养目标，团队依据国家"人才分类培养"精神，坚持教材建设与培养目标对接、教材建设与教学改革方向契合的原则，着手进行核心课程的配套教材、教辅的研究与开发，统一设计、规划，分层次、分阶段建设，逐步形成了具有法学特色的高质量教材系列。团队自主研发的"学术英语"核心课程教材《法学英语》（上、下册）（李立、张清主编，复旦大学出版社）是教育部大学英语教学改革第三批师范院校项目成果之一，教材的研发弥补了法学专业学术英语教材研发的空缺，对学生学术能力的培养发挥了举足轻重的作用。

与教材建设同步，团队分步骤完善配套教辅建设，包括教师用书、学生用书、教学课件、网络学习平台的集体研发和制作。学术英语在线练习的编写设计工作已在2015级新生中全面试用，并与复旦大学出版社共同建立立体化电子教材，成功申报国家文宣基金项目，与高等教育出版社共同开发《法律英语》数字化课程。这些教辅已逐渐立体化，为新课程的教学质量提供了必要的保障。

（四）建设外语写作中心，线上学习、线下辅导并重

团队充分利用现代化网络平台，成立了法大写作中心，成为全校写作教学、写作服务、写作科研的后盾，提供与课堂教学配套的辅助教学资源，同时以微信为平台，定期推出法律文书写作、学术论文写作、职场写作等专题讲座，全方位服务课堂教学，助力卓越法律人才培养目标。

（五）建设法学外语实践平台，为学生打造第二课堂

以课堂授受为主的教学方法是阻碍"应用型"卓越法律人才培养的一大障碍，也是大学外语教学的一大弊端，学习者因缺乏语言实践平台，语言应用能力得不到锻炼，出现了"哑巴英语""聋子英语"的弊端。在"以学习者为中心"的教学改革呼声下，课堂讨论、辩论等形式逐渐受到重视。然而，这些"虚拟"的课堂活动仍然不能满足"应用型"人才的培养需求。

为服务卓越法律人才培养目标，团队以提高法律人才的实践能力为重点，为学生搭建了多元化的外语实践平台。

1. 举办学术口头报告大赛，延展法学外语课堂。为服务卓越法律人才培养目标，我们依托"学术英语"课程，面向全校法学专业学生开展"学术英语口头报告大赛"，鼓励学生选择热点法律话题进行小组汇报展示，用地道的英语表

达法律观点。该赛事自 2013 年开始,每年一届,现已成功举办六届,历届大赛均邀请校内外专家及外籍教师担任报告会评委,目前该赛事已成为我校的品牌赛事之一。口头报告大赛是"学术英语"课程的延伸,为学生提供了英语口语、学术能力、团队合作与个人魅力的展示平台。

2. 举办学术论文报告会,体验前沿国际学术交流。在信息国际化的今天,科研和学术能力是国际竞争中的软实力,是研究型高校学生所应具备的基本知识和技能,是未来参与国际学术交流的必要能力。

团队依托写作中心举办了首届"拓荒杯"学术论文报告会,采用国际会议组织形式,四十多位本科生和三十多位硕、博士研究生应邀汇报了自己的研究成果,得到了专家点评和听众反馈。学术论文报告会的成功举办,不仅有利于提升学生学术论文写作与展示能力、学术规范和创新能力,也为学生提供了研究成果交流的机会,让学生获得参与国际学术会议的体验,为未来参与国际学术交流奠定了基础。

3. 举办法律与翻译文化节,敦促学生学以致用。法律与翻译文化节纳入了我校"双语模拟法庭比赛""法律英语词汇大赛""英语演讲比赛"三大品牌赛事,辅以法律电影节赏析等特色活动,为学生提供了广阔、多样的学习交流平台和翻译实践平台,不仅有利于激发了学生学习外语的热情,也有利于培养学生处理法律实务、进行法律翻译和展示的能力,为我校输出更多宽口径、厚基础、高素质、国际化的人才,是"准法律人"展现外语风采的文化盛会。

4. 鼓励参与校内外赛事和学术论坛,提高学生语言运用能力。为增加语言运用机会,我们一方面举办本校"英语演讲比赛""英语写作大赛""英文歌曲大赛""英语文化节"等特色品牌文化活动;另一方面,组建了"赛事指导专家团队",指导学生参加各种校外赛事,包括全国法律英语大赛、全国大学英语竞赛、"外研社杯"全国英语写作比赛、演讲比赛等。我校学生在这些赛事中取得了傲人的成绩,特别值得一提的是,在上海复旦大学举办的学术论坛上,我校有三名学生的学术论文入选,其中一名学生还作为主旨发言的学生之一进行了大会发言。

5. 建立实习实践基地,提供涉外法律实务训练平台。为服务"应用型"法律人才培养目标,团队充分利用社会资源,与多家知名企业建立了合作关系,为学生提供实习、实践基地。目前已与《中国日报》(China Daily)、中国法学会、《中国法学》杂志社、中国银行、中国法院博物馆、盈科律师事务所等建立长期合作关系，搭建了三十余个实习、实践基地，为学生开展涉外法律实务训练提供了平台。

五、总结与启示

本研究成果立足于法科院校卓越法律人才培养目标，建构的体现法学专业特色的"法律+外语"的人才培养新模式，具有创新性和开拓性。

2012年，团队在全国范围内率先革新传统大学英语教学模式，建立了法学特色的学术英语课程体系，全面改革了以往大学通用英语一般技能的训练课程，提前将教育部最新《大学英语教学指南》所主张的工具性和人文性课程设置理念付诸实践，是对大学英语教学模式的创新，在课程研发、自编国家级规划教材、加强课程过程性评价等方面具有开拓意义。

与此同时，结合各法科专业特点和就业需求，为各法科院系实验班量身定制的个性化"法律+外语"课程体系的建立和成功实践，得到了各院系的充分肯定，也吸引了其他重点院系领导的注意力并陆续发出外语课程定制请求，这一课程建设模式在一定意义上为大学英语教育服务面向"专门化"提供了全新的教学思路。

为保障新课程的教学质量，促进学生课堂内外、线上线下学习的融合，团队努力构建学生实践平台，体现了教育模式的实践性，对学生的应用能力的培养大有裨益。

实践证明，以培养"法律+外语"的卓越法律人才为"体"，以构建突显法学特色外语课程体系、搭建多维法科外语实践平台为"两翼"的卓越法律人才外语实践能力培养新模式取得了显著成效，为国家"分类卓越"教育战略目标的达成提供了改革思路，具有推广价值。

徐新燕*

行稳致远 敢于创新
"一带一路"倡议下研究生公共外语
教学改革与建设探究
——以中国政法大学为例

随着"一带一路"倡议的推进,中国与沿线国家的人文交流和友好往来不断增多。"一带一路"倡议将促进开放的、包容的全球经济社会可持续发展作为共同体的核心目标,遂加快培养能够胜任完成这一宏伟目标的各专业人才成为高校的重任。具备外语交流能力的人才作为重要的战略资源,直接影响其实施效果,因此,硕博研究生的培养尤为重要,而学生的外语教育是高校的一项重要任务,"研究生公共英语是非英语专业研究生的学位课程,是其学习英语知识与提升英语运用能力的重要途径"。[1] 我国研究生公共外语教育目前所面临的形势,表现为传统的以语言技能为主的纯语言型教学内容和授课方式已不能服务于学生的学术研究与国际交流,更不能服务于"一带一路"建设。因此,如何改革研究生公共外语教学已成为研究生公共外语教师的一项重要课题。董晓波教授曾经写道,课程设置对人才的教育培养具有重要作用,是实现教学目标的有效途径。[2]

本文以中国政法大学研究生公共外语课程设置为例,探讨研究生公共外语教学改革与建设。

---

* 徐新燕,女,中国政法大学外国语学院副教授。本文系 2018 年中国政法大学研究生教育教学改革项目"助力'一带一路',二外小语种课程设置研究"(YJLX1824)项目的结项成果。

[1] 李侦、郭素萍:"指向国际学术交流的研究生公共英语教学改革",载《赣南师范大学学报》2017 年第 4 期。

[2] 董晓波:"'一带一路'建设中复合型外语人才的重要性",http://ydyl.people.com.cn/n1/2017/1022/c411837-29601911.html,最后访问时间:2018 年 12 月 20 日。

一、中国政法大学研究生公共外语课程设置现状

中国政法大学研究生分为硕士和博士研究生,第一外国语(各语种)为其公共必修课,共4学分、64学时,大部分学院和专业在第一学年第一学期完成学习任务。法律硕士学院和证据研究院的部分法硕学生的外语课安排在第一学年的第二学期进行。

二、研究生公共外语课程设置的依据

(一)理论依据

1. "需求分析"理论,是指对要解决的问题进行详细的分析,弄清楚问题的要求,比如需要输入什么数据,要得到什么结果,最后应输出什么。[1] 根据研究生对外语的需求,设置合理的课程体系。

2. "外语学习动机"理论指出,学习动机是语言学习的个体因素中最具能动性的因素之一。[2] 外语课程的设置应该激发和促进学生的学习动机。

3. 基于内容(CBI)的教学理念,有助于语言学习和专业知识的学习,实现学生语言实际应用能力的最大化。

(二)政策依据

1. 配合《国家中长期人才发展规划纲要(2010—2020年)》,2010年7月教育部发布了《国家中长期教育改革和发展规划纲要(2010—2020年)》,提出教育事业的指导思想:"坚持以人为本,遵循教育规律,面向社会需求,优化结构布局,提高教育现代化水平。"[3] 这同时也是外语教学的指导思想,为外语课程的设置提出了方向和目标。

2. 教育部高等教育司2018年9月召开加强公共外语教学改革工作会议,会议的精神是实施面向非外语专业学生的公共外语教学改革,提高学生第二、第三

---

[1] https://wenku.baidu.com/view/5ac987db88eb172ded630b1c59eef8c75ebf95 51.html. 最后访问时间:2018年12月8日。

[2] 王晓旻、张文忠:"国内外语学习动机研究现状分析",载《外语界》2005年第4期,https://wenku.baidu.com/view/c4afb65a26d3240c844769eae009581b 6ad9bd4b.html? rec _ flag = default&sxts = 1547135952776. 最后访问时间:2018年12月20日。

[3] 王晓旻、张文忠:"国内外语学习动机研究现状分析",载《外语界》2005年第4期,https://wenku.baidu.com/view/c4afb65a26d3240c844769eae009581 b6ad9bd4b.html? rec _ flag = default&sxts = 1547135952776. 最后访问时间:2018年12月20日。

外语综合应用能力，培养一大批"一精多会"（精一门外语，会多门外语）、"一专多能"（懂专业，能多语种沟通、写作）的高素质国际化复合型专门人才，为深入推进"一带一路"建设、为国际组织人才培养提供支撑。国家布局21所高校非外语专业公共外语改革试点学校，已将这一改革上升到国家重要的发展战略高度。[1]

三、中国政法大学研究生公共外语课程设置的优化

（一）构建基于需求分析的研究生外语课程体系，实现大学公共外语本硕博课程体系的一体化建设

1. 进一步完善研究生英语课程建设，在原有基础上，增加二外、甚至三外的学习，并将其纳入第一外国语的学习课程包中。强化学生的第一外国语，并且为学生挤出时间，学习"一带一路"沿线国家的语种，增强学生的国际竞争力，为国家的"一带一路"建设做出贡献。

（1）课程安排及选课方式。一般规定，法学、法律硕士研究生和法学以外硕士研究生的第一外国语学习均为4学时/周。法学院学生例外，3学时/周。

（2）具体修改意见如下：

第一，昌平校区法硕学生的第一外国语课程设置，仍然是在第二学期开设法律英语课程，第一外国语为小语种的同学上法律小语种课程。在学生时间允许的条件下，在他们搬到学院路校区后，可以为他们在第三学期开设第二外国语课程（如西班牙语、意大利语、日语、德语、俄语、法语）。

第二，学院路校区法学、法律硕士研究生的第一外国语（英语）课程设置：

· 免修免考的学生在确认其学位课成绩后，获得该学分；其后，可以选修外语选修课，鼓励学生选修二外或三外的课程，在修读完课程并参加、通过考试后，获得相应的二外或三外的学分。也可以选修基础级和提高级学生的各门英语课程，获得选修学分（后者需要研究生院的批准）。

· 提高级学生须从专门为之开设的高级法律英语、高级学术英语阅读、高级学术英语听说等较高层次的、由外教授课的课程中选修一门学习。抑或提出免修英语，改为自主学习，参加期末的北京市研究生英语统考，以试卷成绩为最终学

---

[1] http://www.360language.cn/index.php/common/articledetail/id/149.html，最后访问时间：2018年12月28日。

位课成绩；同时必须选修一门二外或三外的课程，在参加、通过考试后，获得相应的二外或三外的学分。

· 法学专业的基础生除必修法律英语外，其基础英语可从英语听说、美国文学、英语翻译、法律英语翻译、英语写作、法律英语听说等课程中，根据自己实际需要和兴趣，任选一门课程进行学习；法学以外专业的基础生根据自己的兴趣爱好，从基础英语的课程和法律英语课程中任选两门进行学习。在有精力的情况下，学生可以选修一门二外或三外的课程，获得相应的二外或三外的学分。

第三，学院路校区法学、法律硕士研究生的第一外国语（小语种）课程设置：

· 第一外国语为小语种的学生学习相应的课程，通过考试，获得相应的学分。

· 学期初，满足免修免考条件的学生可以提出申请，参加免修免考的考试，成绩达到免修免考的规定后提出免修免考申请，获得成绩及相应学分。然后可以选修二外课程、三外以及其他小语种课程等。

（二）构建基于外语学习动机的研究生二外、三外课程体系

依托现有二外课程框架，强化第二、第三外国语的课程合理设置，细分课程内容，规范考核方式、方法，从而进一步扩大二外、三外课程的吸引力。争取完善课程配置，修订和实施新的课程大纲。

（三）基于"以学生为本"的理念，构建外语自主学习平台

根据各个课程的特点，逐步设立微课、慕课等课程，利用网络 blackboard 课堂和翻转课堂等教学手段，提高学生的获得感，使学生更加积极主动参与到课堂学习中，提高学习效率。"混合式教学模式把传统教学方式的优势和网络化教学的优势结合起来，既发挥教师引导、启发、监控教学过程的主导作用，又充分体现学生作为学习过程主体的主动性与创造性。"[1]

（四）开设国际课程，提高人才培养国际化水平

"研究生教育不是素质培养，而是专业教育。要进行专业文献梳理、提出问题、做出假设、展开实证以及研究结果的国际化交流，每一步都离不开英

---

[1] 李宁、柳依彤："混合教学模式下硕士研究生公共英语教学中思维能力培养"，载《河北能源职业技术学院学报》2018 年第 2 期。

语。"[1] 开设国际课程,可以进一步优化人才培养模式,提高人才培养国际化水平,全面提升人才培养质量。

四、实现公共外语课程设置改革的行动和举措

1. 基于"一专多能"的要求,成立以研究生外语教师为主的"学术英语写作"课程建设团队,实现本、硕、博学术英语写作课程的一体化建设。多语种沟通写作能力的重要性首先体现在学术英语写作方面,我们将组建一支具有较高学术水平和丰富教学经验的师资队伍,厘清本科生、研究生和博士生阶段关于英语写作不同的教学目标,准备合适的教学内容、设定相应的教学计划、采取现代化教育教学手段等,以便确保不同阶段的"学术英语写作"课程的无缝衔接,建立和完善以一体化的课程体系。

2. 成立"法律英语"课程建设团队,实现本、硕、博法律英语课程的一体化建设。中国政法大学的"法律英语"课程具有很高的品牌效应,有一批懂英语会法律的中外教师工作在法律英语教学第一线,但是在不久的将来会出现断崖式的师资短缺现象,因此,组建一支老中青三结合的法律英语师资队伍迫在眉睫。目前可以在中外法律英语骨干教师的指导下,加大对青年教师的培养,包括校内外的培训、学习,建设一支结构合理的师资队伍,确保法律英语教师的不断层。同时,课程建设团队要确保不同阶段的"法律英语"课程的无缝衔接,建立和完善一体化的课程体系。

3. 保障充足的一外、二外、三外师资。研究生外语教研室有英语教师 2 名,意大利语教师 1 名和日语教师 4 名。

(1) 目前授课的其他英语老师主要来源于大学英语教研室、英语语言文学研究所、翻译研究所,以及学校聘请的外教。现在外教的聘请是一项艰巨的任务,这需要学校相关部门的协助和支持。

(2) 我们只有意大利语教师 1 人、日语教师 4 人,无法保证小语种课程的开设所需,因此需要其他研究所的协助和支持,包括法语、德语和俄语语言文学研究所老师的支持。我们可以尝试邀请国际教育学院的外籍学生,请他们在课余时间,担任相应语种的老师,不仅可以解决师资短缺的情况,而且可以给学生提供

---

[1] 林忠:"以专业为导向:非英语专业研究生英语课程模式改革",载《重庆第二师范学院学报》2018 年第 1 期。

一个真实语言场景，更有助于外语的学习。同时，鼓励有一定语言基础的学生到相关的语言机构进一步深造，如到北语或北外的语言培训机构学习，获得相应的证书。

4. 创造出国访学与实习机会，激励学生外语学习的士气。为鼓励学生学习二外或三外，在出国访学、实习项目的选拔中，规定对有相关证书的学生优先送出去学习深造，以资鼓励。

五、结束语

复合型专业人才为国家急需人才，因此，学生在校期间，除了掌握熟练的外语表达能力外，还须具备与相关的专业技能。因此，课程设置至关重要，在培养学生听、说、读、写、译等语言技能的基础上，外语教学应该融入相关专业课程。同时，努力培训、提高外语教师队伍的职业能力，不仅要提升其自身的外语能力，而且要争取实现"外语+专业"的复合型教师的转型。

张文红*

人文教育视阈下的大学英语教学改革：
以中国政法大学为例

我国高等教育正经历着从重视专业教育到既重视专业教育、亦重视人文通识教育的转变。在此过程中，作为人文通识教育课程体系中的重要一环——大学英语也面临着新的目标和挑战。如何在教学目标、课程设置、教学模式等方面更好地发挥大学英语这一人文教育独特平台的作用，值得我们思考。本文以高校人文通识教育为切入点，旨在分析大学英语课程在高校人文教育中的地位与作用，并以中国政法大学的大学英语教学改革实践为例，探讨大学英语在课程设置、教学方法等方面的改革方向。

一、我国高等教育的功利化及人文通识教育在高等教育中的地位

在经济飞速发展的今天，我国高等教育界也不可避免地受到功利主义等思想的影响，教育的功利化日趋显现。这种功利化倾向在教师和学生两个方面都有所体现。从教师的方面看，媒体不断曝光的部分高校教师涉嫌论文抄袭、数据造假等现象暴露出部分教师道德修养的缺失及急于求成的功利主义思想。从学生的方面看，出于功利主义的学习观，很多学生往往以"有用"或"无用"为标准来选择所学科目与内容，只重视专业技能的学习，而忽视自身人文修养和品格锤炼。[2]缺乏应有的礼貌和对别人的关心、言语粗俗的大学生并非个例，缺少理想、学习慵懒的学生更不在少数。这些现象使我们看到教育的功利化会直接影响到高校培养有理想、有高尚道德情操、有扎实的专业技能的创新性人才目标的实现。

人文通识教育是高等教育不可或缺的组成部分。这一点早已成为西方众多著

---

* 张文红（1966—），女，中国政法大学外国语学院副教授，英语语言学博士，研究兴趣：二语习得；语言教学。

〔2〕 杨凤霞："缺位与缺失：我国大学人文教育之困"，载《黑龙江高教研究》2017年第7期。

名大学的共识。按照哈佛委员会的解释，广义上的教育分为两部分：通识教育（general education）与专业教育（special education）。通识教育旨在培养负责任的人及公民，而专业教育则旨在培养学生将来从事某种职业所需的能力，二者同为人的生活的两个方面，不能完全分离。[1]他们认为通识教育的目标不是传授一般意义上的知识，而是重在培养学生的能力。这些能力包括有效的思考能力、交流思想的能力、作出恰当判断的能力及辨别价值的能力。其中所说的"价值"，既涉及品格方面的，如公平竞争、勇气、自我控制、慈善、人性等；也涉及智识方面的，如对真理的热爱、对各种学术成就的尊重；还包括审美方面的，如高雅的品位和对美的鉴赏力等。[2]这些能力正是现代社会所倡导的一个有社会责任心、有独立思考能力、有较高道德情操与审美意识的合格公民所必备的能力，也是我国高等教育在迈向"世界一流大学""培养国际一流人才"的背景下对人才培养提出的要求。顾秉林教授曾在清华大学的讲演中指出：在经济全球化的背景下，教育也向国际化的方向发展。一所大学要成为一流大学，它的学生必须具有很高的人文素质、很强的交流与沟通能力、很强的团队精神和组织能力。这些都需要加强人文教育，还有很多其他方面的教育。[3]在信息技术与互联网迅猛发展的今天，对一般性客观知识的获取十分便利，因此，教育的重点从对知识的传授转移到对学习能力、沟通能力与思考能力的培养，因而高等教育中的人文教育可能比以往任何时候都更加重要。"专业教育可以告诉学生'是什么'和'怎么做'，而人文教育则告诉他们'应该怎么'和'为什么'。唯有如此，学习才能从'求知识'提升到更有意义和更高一层的'求智识'。"[4]这种智识也就是辨别对与错的能力。

在人文教育方面，国外某些大学的做法可供我们借鉴。例如，哈佛大学通识教育的核心课程中就包括外国文化、文学艺术、历史研究、道德观念、科学与社会分析等几大板块，其中，外国文化课程几乎涵盖了世界各地不同历史时期的文

---

[1] [美]哈佛委员会：《哈佛通识教育红皮书》，李曼丽译，北京大学出版社2010年版，第40页。

[2] [美]哈佛委员会：《哈佛通识教育红皮书》，李曼丽译，北京大学出版社2010年版，第50、55页。

[3] 顾秉林："人文教育与一流大学的人才培养"，载《清华大学学报（哲学社会科学版）》2001年第2期。

[4] [美]徐贲：《阅读经典：美国大学的人文教育》，北京大学出版社2015年版，第5页。

化及与文化有关的重大事件。[1] 再如,芝加哥大学的通识课程包括人文学科和艺术、自然科学和数学以及社会科学三大领域,要求学生在一、二年级完成其中的 15 门课程。其中的人文学科与艺术领域包括艺术、人文与文明研究三大板块,课程门类众多,涉及几乎世界所有重要文明的研究。[2]

二、大学英语:高校人文通识教育的独特平台

加强高校的人文教育涉及高校课程改革的许多方面,其中,大学英语作为涉及学科门类与学生数量众多的通识教育的重要组成部分,可以成为高校人文教育的独特平台。

大学英语与英语专业课程从性质上来说并无根本区别,二者都属于语言课程与人文课程。最近英语教育学界一再呼吁英语专业要回归人文学科本位,强调外语教育的本质是人文教育,目标是促进学生语言能力、思辨能力、跨文化交际能力和人文素养的融合发展。[3] 大学英语也担负着同样的任务,只不过在具体目标与要求上与英语专业存在差异而已。

孙有中教授在 2017 年于北京召开的亚洲 ESP 研讨会的发言中提出:应该区分"大学外语教学"与"大学外语教育"这两个概念。大学外语改革的目标是从"大学外语教学"过渡到"大学外语教育"。孙教授虽然当时并未对这两个概念进行具体的解析,但笔者认为他提出的这个问题蕴含着我国高校外语教育的一个重要的理念转变。从"大学外语教学"到"大学外语教育",看似只有一字之差,其中的内涵却有很大差异。"大学外语教学"重点关注的也许是具体的教学内容、方法与评价等,旨在帮助大学生提高以外语为媒介进行有效交流的能力。相较而言,"大学外语教育"的内涵则要丰富得多。以笔者的理解,"大学外语教育"是把外语教学放在一个高校培养"人"的大框架内,通过外语这一特殊的语言媒介对大学生进行人文教育。其目标不仅仅是帮助学生掌握一门获取专业知

---

[1] 李曼丽:"哈佛大学核心课程述评",载[美]哈佛委员会:《哈佛通识教育红皮书》,李曼丽译,北京大学出版社 2010 年版,第 209~216 页。

[2] 汪霞、钱铭:《世界一流大学通识教育课程研究——以美国大学为例》,南京大学出版社 2017 年版,第 59~68 页。

[3] 参见张中载:"外语教育中的功用主义和人文主义",载《外语教学与研究》2003 年第 6 期;胡文仲、孙有中:"突出学科特点,加强人文教育——试论当前英语教学改革",载《外语教学与研究》2006 年第 5 期;金利民:"注重人文内涵的英语专业课程体系改革",载《外语教学与研究》2010 年第 3 期;孙有中:"人文英语教育论",载《外语教学与研究》2017 年第 6 期。

识和技能、满足国际交流之需的语言工具,更重要的是通过对外语语言、外国历史文化等方面的学习,帮助学生拓展视野、客观认识本民族与他民族文化的优缺点、主动了解与接纳异文化,从而从容、自信地参与国际交流。同时,大学外语课程所蕴含的人文内涵也有助于培养学生成为人格健全、具有人文情怀和道德情操的合格公民。如果高校的大学外语课程设定的目标仅仅局限于其"工具性",那它的功能就几乎无异于社会上的语言培训机构,其在高校课程设置中的合法性就会受到很大质疑。大学外语课程之所以在目前仍被认为是高校课程体系中不可或缺的一部分,就是其兼具"工具性"与"人文性"。为此,2017年教育部颁布的《大学英语教学指南》(以下简称《教学指南》)强调了大学英语的人文性与工具性的双重属性。就工具性而言,大学英语帮助学生提高运用英语这一语言工具来获取专业信息、参与国际交流的能力;就人文性而言,"大学英语课程是高等学校人文教育的一部分",而"人文性的核心是以人为本,弘扬人的价值,注重人的综合素质培养和全面发展"。随着大学学生英语基础水平的不断提高,大学英语课程的"人文性"属性会更加凸显,由此大学英语因其学科特征可以成为高校人文通识教育的重要而独特的平台。

三、中国政法大学的大学英语改革实践

中国政法大学自2012年起,在大学英语课程设置、教学模式、教学评价等方面进行了一系列重大改革,并在取得显著成效的基础上,于2018年又开始了新的尝试。

(一)*课程设置:工具性与人文性兼顾*

在课程设置方面,《教学指南》提出大学英语课程的三大模块:通用英语(English for General Purposes)、学术英语(English for Academic Purpose)或专门用途英语(English for Specific Purposes)及跨文化交际(Intercultural Communication)。其中,专门用途英语课程(包括学术英语和职业英语等)旨在增强学生运用英语进行专业和学术交流、从事工作的能力,凸显了外语课程的工具性;跨文化交际课程旨在"帮助学生了解中外不同的世界观、价值观、思维方式等方面的差异,培养学生的跨文化意识,提高学生社会语言能力和跨文化交际能力",凸显了人文性;通用英语课程重在帮助学生在全面提高语言技能的同时,拓宽国际视野,提升综合文化素养,体现了工具性与人文性的融合。而在《教学指南》颁布之前,中国政法大学就大胆开启了大学英语课程改革,其课程设置如表1

所示：

表 1　中国政法大学大学英语必修课程一览表

学期	本科非英语专业学生必修英语课程	所占学分
一	学术英语（一）	4
二	学术英语（二）	4
三	通用文化系列课程： 1. 英语影视文化；2. 西方主要国家概况；3. 跨文化交际；4. 英语名著阅读。 （任选其中一门课程）	2
四	分科英语系列课程： 1. 法律英语；2. 商务英语；3. 人文英语；4. 新闻英语。 （任选其中一门课程）	2

从表1可以看出，中国政法大学英语课程体系较好地体现了《教学指南》中所提出的大学外语教学理念，兼顾了其工具性与人文性。一年级的学术英语将教学重点放在培养学生基本的英语学术素养，如学术小论文的写作、批判性思维能力及口头汇报能力等，为学生将来的英语学术论文阅读与写作打下较好的基础。二年级的通用文化课程凸显了英语课的人文性，重点帮助学生了解外国文化、提高人文素养及跨文化交际能力。分科英语为学生今后用英语进行专业学习与研究打下基础。当然，语言学习贯穿于所有上述科目的学习之中，事实上大学英语的工具性与人文性是互相融合而非互相排斥的。六年的实践表明，该校的大学英语课程设置比较适应高校人才培养的目标及学生的需求，取得了比较满意的教学效果。考虑到该校学生入学时一般都具有较好的英语基础，因而没有开设通用英语必修课，只开设了通用英语选修课以帮助少数基础较差的学生提高英语水平。

（二）教学模式与教学内容：项目研究法+内容依托式教学

新的课程设置也伴随着教学理念与教学方法的改变。该校在学术英语、通用文化课及分科英语的教学中，突出"项目研究法"（Project-based Instruction）与"内容依托式教学"（Content-based Instruction）等教学模式的运用。每门课程都要求学生以小组为单位选定与科目内容相关的研究主题，以分工合作的方式，通过材料收集、文献研读、归纳分析、PPT制作等步骤完成小组研究项目，最后以英语口头汇报的形式在课堂展示，并接受教师及其他学生的提问。在课程评价上，小组项目成为课程平时成绩的重要组成部分。为鼓励学生重视小组项目的完成质量，展示学生的合作研究成果，学院已连续五年成功举办"学术英语口头汇报大赛"，并在校内外引起广泛关注，该大赛已成为该校大学英语改革的标志性成果之一。在教学内容上，摒弃传统的"为学语言而学语言"的理念，融语言教学于文化教学、专业教学之中，让学生在以英语为媒介进行文化学习与学科专业知识学习的同时，继续提高英语的听、说、读、写、译等各个方面的语言能力，充分体现"内容依托式教学"的教学理念。

（三）新的尝试：丰富课程人文内涵，建设人文经典阅读平台

在前一阶段的课程设置、教学模式、课程评价等一系列改革并取得积极成果的基础上，2018年该校又开始了新的尝试。其中的一个重要举措是建设人文经典阅读平台以丰富大学英语课程的人文内涵。如前所述，充分利用大学外语这一平台加强学生的人文素养和人文精神的培养，是当前大学外语教育的重要任务。现代技术的发展为学习者进行自主性、个性化、移动式的学习提供了客观条件。为帮助和鼓励学生于课堂之外积极阅读英语人文经典，在提升英语阅读能力的同时培养人文情怀，学院与出版社积极合作，着手建设英语阅读平台，把人文经典阅读融入大学英语教学体系中。具体实施步骤如下：

1. 学期初阅读书目的筛选。考虑到学生的实际课业负担及有限的阅读时间，初步安排每学期每门课只指定一本书为必读书目。书目的筛选主要考虑到五个方面：一是人文经典性，所选书目必须是人文经典作品，能够体现人类文明、文化的优秀成果；二是内容丰富性，指定书目不局限于故事、小说类，也可以是涉及历史、法律、宗教等学科内容的经典作品；三是题材多样性，选择的书目不限于文学作品，也可以是政论、学术类题材的作品；四是语言可读性，所选书目要适应于学生现有的语言水平，难度与长度适中；五是体现与课程的关联性，尤其针对二年级通用文化课与分科英语课的教学内容与特点不同，在书目选择上尽量考虑其与课程内容的关联性，从而形成课上与课下、线上与线下互为补充的教学体系。比如"跨文化交际"课程组选择了《漫游东西世界》(*Roving East and Roving West*) 一书作为学生必读经典书目。该书语言难度与长度适中，是一部游历散文佳作，通过阅读该书，学生能够对东西方文化的差异有更深入的了解。随着与出版社合作的深入，阅读平台上的书目选择性会不断扩大。教师会在学期伊始

就把线上阅读计划，包括阅读书目、进度安排、考查方式、所占成绩比例等内容详细告知学生。学生通过登录平台，可免费领取所选书目，在电脑上或移动端直接阅读。

2. 学期中的考查与互动。通过阅读平台，教师可以随时查看班级整体及每个学生的阅读进度、阅读时间分配、写作、互动等情况，还可以与学生就阅读内容等进行在线交流讨论。这种检查及交流可以及时发现学生阅读中的问题，督促学生按时完成阅读任务，鼓励学生就阅读内容进行独立思考并发表自己的观点。平台设有"班级圈子"，教师可以在此发布公告、上传课件、布置书评作业、引导学生线上讨论等，如果教师时间有限，可以邀请班级内英语水平较高并热爱阅读的学生负责组织讨论的工作。

3. 学期末的考查。平台可根据每位学习者的阅读量、阅读时间分配、参与讨论等指标自动打分。教师可将此作为期末评价的一个参考。但为了切实督促学生完成阅读任务，体现线上阅读与课程内容的结合，可以把对书目内容相关的考查体现在课程期末试卷中，如采用简答题型考查学生对阅读内容的熟悉与理解，问题力求具有开放性，让学生有发表自己的看法与见解的空间。期末考查也可以由学生根据对书目内容的理解及自己的独立思考提交书评或其他形式的小论文。

4. 后续或课堂外的辅助活动。为培养学生的阅读习惯与兴趣，加深他们对人文经典书目内容的理解与欣赏，并促进学习者之间的交流，鼓励教师或课程组有序安排一些有关经典书目阅读的后续或辅助性的课外活动，如经典片段朗诵、电影配音、戏剧演出等。相信这些活动能极大地吸引学生关注经典阅读与提升自身人文修养。

综上所述，该校的大学英语教学体系较好地回应了教育部在国家新的发展时期对大学英语课程提出的要求，体现了其工具性与人文性的双重属性，并充分利用现代信息技术，形成了以"一体两翼、线上线下、主辅结合"为特征的完整教学体系（如图1所示）：

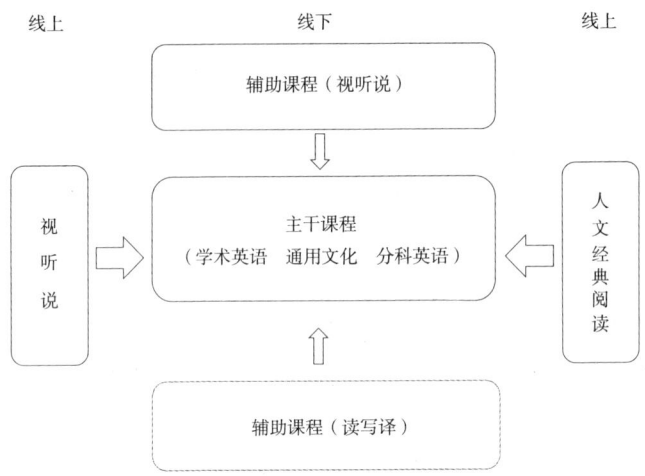

图 1　中国政法大学大学英语教学体系示意图

四、结语

大学的功能不仅要培养具有扎实专业知识的"人才",更重要的是培养具有独立人格、人文情怀与高尚情操的"人"。因此,新形势下加强对学生的人文教育成为我国高校必须承担的责任。在高校整个人文教育体系中,大学外语是其中重要而独特的平台。大学外语作为一门语言和人文课程,兼具工具性与人文性。随着我国高校学生外语基础能力的不断提高,大学外语的人文性会愈加凸显。由此,笔者认为,针对高校大学外语课程的讨论重点不应该放在是否要保留大学外语课程或减少学分等问题上,而是应该放在如何在有效实施语言教学的同时,不断拓展其人文教育的内涵,更好地发挥其人文教育的独特平台作用,在课程设置、教学内容等方面进行不断改革、优化。

段 敏* 叶 洪**

法律语言研究：从经典走向现代

一、引言

西方对法律语言的研究兴起于 20 世纪初期。现代语言学的发展促使语言学家对于语言的关注不再仅局限于语音、语义等语言本身的特点，"语言"这一概念的范围得到扩展，语言学与其他学科的交叉研究得到语言学家的关注。法律语言学作为法学与语言学的交叉学科亦逐渐进入学者的研究视野。

20 世纪中期，受分析实证主义影响，法律语言的研究开始从注意语言抽象的词义向语用学方向靠近[1]。这一时期的代表作品是 H. L. A. Hart 的 *The Concept of Law*[2]，该书主要强调通过语言分析的方法分析法律，它是 20 世纪法律哲学领域最重要的一部作品，对法律哲学和法理学的发展做出了很大贡献。20 世纪 70 年代，法律语言的研究重点逐渐转向法律语言特点本身。这一时期的代表作品是 David Mellinkoff 所著的 *The Language of the Law*[3]，该书详细介绍了英美法律语言的特征、历史及法律语言简明运动。这一时期出版的影响较大的专著还包括 Atkinson 和 Drew 所著的 *Order in Court: The Organisation of Verbal Interaction in Judicial Settings*[4] 等。

20 世纪 80 年代，法律语言学领域的相关著作增多，研究范围得到扩展。这

---

* 段敏（1996—），女，山西大同人，中国政法大学英语语言文学硕士，研究方向为法律语言学。
** 叶洪（1971—）女，湖南常德人，中国政法大学外国语学院教授，硕士生导师，研究方向为语言学。
[1] 杨小虎、甘霞："法律语言研究的历史转型：从建设到颠覆"，载《重庆大学学报（社会科学版）》2008 年第 3 期。
[2] H. L. A. Hart, *The Concept of Law*, Clarendon Press: Oxford University Press, 1961.
[3] David Mellinkoff, *The Language of the Law*, Boston: Little, Brown and Company, 1963.
[4] Maxwell J. Atkinson & Paul Drew, *Order in Court: The Organisation of Verbal Interaction in Judicial Settings*, New Jersey: Humanities Press, 1979.

一时期关于法律权力的研究较多,如 O'Barr 所著的 *Linguistic Evidence: Language, Power, and Strategy in the Courtroom*[1] 等都是这一研究领域的佳作。关于法律话语的研究亦有所增多,*Linguistic Aspects of Legislative Expression*[2]、*Legal Discourse—Studies in Linguistics, Rhetoric and Legal Analysis*[3] 等都是其中的代表作。

20 世纪 90 年代,法律语言学飞速发展,众多相关书籍出版,其研究范围也得到进一步扩展。Conley 和 O'Barr 合作出版 *Just Words: Law, Language, and Power*[4] 详细介绍了当时对法庭话语权力关系的研究所取得的成就。法庭话语研究亦是这一时期的热点研究领域,*The Language of Judges*[5]、*Trial Language: Differential Discourse Processing and Discursive Formation*[6] 等是其中的杰出代表。John Gibbons 是这一时期法律语言学界的代表人物,他的众多作品包括 *Language and the Law*[7]、*Forensic Linguistics: An Introduction to Language in the Justice System*[8]。这一领域的其他专著,如 *Talk at Work: Interaction in Institutional Settings*[9]、*Discourse and Social Change*[10]、*Forensic Stylistics*[11] 等亦得到学界的广泛认可。

本文选出法律语言研究领域影响最为深远的五本专著,并结合近年该领域最新研究动态进行评述。这几本专著涵盖法律语言学领域主要研究方向:法律语言特征分析及历史阐述、法律权力研究、法庭话语分析及语言证据研究等。本文力

---

[1] William M O'barr, *Linguistic Evidence: Language, Power, and Strategy in the Courtroom*, San Diego: Academic Press, 1982.

[2] Bowers Frederick, *Linguistic Aspects of Legislative Expression*, Vancouver: University of British Columbia Press, 1989.

[3] Peter Goodrich, *Legal Discourse—Studies in Linguistics, Rhetoric and Legal Analysis*, New York: St. Martin's Press, 1987.

[4] John M Conley & William M. O'Barr, *Just Words: Law, Language, and Power*, Chicago and London: The University Of Chicago Press, 1998.

[5] Lawrence M Solan, *The Language of Judges*, Chicago: The University of Chicago Press, 1993.

[6] Gail Stygall, *Trial Language: Differential Discourse Processing and Discursive Formation*, Amsterdam: John Benjamin Publishing, 1994.

[7] John Gibbons, (ed.), *Language and the Law*, London: Longman, 1994.

[8] John Gibbons, *Forensic Linguistics: An Introduction to Language in the Justice System*, Oxford: Blackwell, 2003.

[9] Paul Drew & John Heritage, *Talk at Work: Interaction in Institutional Settings*, Cambridge: Cambridge University Press, 1992.

[10] Norman Fairclough, *Discourse and Social Change*, London: Polity, 1992.

[11] Gerald R. McMenamin, *Forensic Stylistics*, Leiden: Elsevier, 1993.

图梳理法律语言研究的历史经典和最新发展方向,为相关研究者提供参考和启示。

二、《法律的语言》(David Mellinkoff,1963)

20世纪70年代,法律语言研究主要集中于对立法语言和法律文本的文体、词汇、结构特征的分析,从静态研究法律语言。大卫·梅林科夫(David Mellinkoff)所著的《法律的语言》(*The Language of the Law*)[1]是这一转折时期的开山之作,亦是对法律语言全面、深入、细致描述的经典之著。

大卫·梅林科夫曾是加利福尼亚大学洛杉矶分校法学院杰出教授。在担任教职之前,他是一位成功的律师,律师职业让他对于语言之于法律的重要性有了深入了解。在发现没有一本著作详细介绍法律语言如此令人费解的原因,他决心撰写一部相关的书籍。7年后,《法律的语言》这本法律语言学史上的奠基之作诞生,法律英语写作的简明运动亦由此开始。

全书共分为三个部分,第一部分首先勾勒了英美法律语言的特征,将英美法律语言的特点概括为:①频繁使用常见词的生僻意义;②频繁使用古英语和中古英语中常用但现在罕见的词;③频繁使用拉丁词语和短语;④使用没有进入到普通词汇的古法语和安格鲁—撒克逊语;⑤使用行话;⑥使用专业术语;⑦多用正式词语;⑧故意使用意义不定的词语。梅林科夫将英美法律语言的总体风格概括为:冗余拖沓、晦涩不明、夸张不实、单调乏味。该书第二部分详细介绍了英美法律语言的起源、发展历史及其变迁。在该书第三部分,作者揭示了法律英语具备当前特征的历史原因,及从现实角度揭示了法律英语虽有所改进但总体成效甚微的原因,并对法律语言提出如下要求:更准确、更简短、更易于理解、更持久。

梅林科夫的《法律的语言》一书在法律语言研究史上具有重要意义:首先,这是第一部对英美法律语言的特征及其演变历史进行全面、系统、深刻介绍的鸿篇巨著;其次,这一著作对法律的简明英语运动(Plain English Movement)起到了巨大的推动作用,促使法律英语被更多未学习过法律的人所理解[2]。该书亦受到指摘,学者批评其脱离了语言的社会性因素,而单纯地就法律语言进行语言

---

[1] David Mellinkoff, *The Language of the Law*, Boston: Little, Brown and Company, 1963.
[2] 廖美珍:"国外法律语言研究综述",载《当代语言学》2004年第1期。

研究，这样的研究是不全面的，也是不充分的[1]。

这部著作对后来法律语言学发展影响极大，众多学术专著，如《彼得论法律语言》便传承自这部作品。它详析了法律语言的整体特点，并将法律语言学这一学科带给世人。然而，自20世纪70年代以后，随着对法律语言学其他方向（如法庭互动、法律权力）的研究逐渐增多，关于法律语言整体特点的研究逐渐减少，对法律书面语的研究逐渐转向对法律口头语言的研究。

三、《法官话语》（Lawrence M Solan, 1993）

20世纪70年代以后，法律语言学研究广度和深度不断扩展，法庭语言"由于其语言使用所具有的即席性和动态性成为法律语言研究的热点"[2]。劳伦斯·M. 索兰（Lawrence M. Solan）所著的《法官话语》（*The Language of Judges*）便是分析法官庭审话语的经典之作[3]。

劳伦斯·M. 索兰拥有法学及语言学双重背景。曾为奥兰斯、埃尔森和鲁珀特律师事务所合伙人，后在布鲁克林法学院执教；曾担任国际法律语言学协会（International Association of Forensic Linguistics）主席，也是国际法律语言学权威期刊《言语、语言与法律国际杂志》（*The International Journal of Speech, Language and the Law*）编辑委员会成员；主要从事法律、语言及心理学交叉领域的研究，在语言学及语言哲学方面著述颇丰。

《法官话语》一书共分为七章，主要运用乔姆斯基的转换生成语言学理论来论述法官庭审话语，尤其是法官如何通过语言解释立法，从而作出公正合理的判决。该书前三章关注美国法官庭审时如何运用"语言游戏"（linguistic game）来解释法律。通过比较相似案件中法官运用不同的语言策略来解释法律，索兰发现，法官必须基于一定的法律条文才可作出判决，这一特性造成基于语言分析的法律原则的不连贯性和不一致性。其后四章讨论语言与大量语义解释规则（interpretive rules）之间的关系和可能存在的冲突，分析简明语言规则的作用及简明语言运动（Plain English Movement）。

该书将语言学理论和法律有机结合，为法官创造性地解释法律提供了语言学

---

[1] 杨小虎、甘霞："法律语言研究的历史转型：从建设到颠覆"，载《重庆大学学报（社会科学版）》2008年第3期。
[2] 江玲："国内外法庭话语研究述评"，载《学术探索》2013年第3期。
[3] Lawrence M Solan, *The language of Judges*, Chicago: The University of Chicago Press, 1993.

基础,并从语言学角度对法官话语进行解释。然而,使用乔姆斯基的语言学理论并不能于同一框架下将所有制度分析(institutional analysis)与文本分析(textual analysis)相互结合、联系起来,因此,在一定程度上,该书运用乔姆斯基的语言学理论对法官话语的语言分析过于表面[1]。

其他关于法庭话语分析的著作还有很多,如 Lakoff 的《谈论权力》(*Talking Power: the Politeness of Language*)[2] 和 Solan 的《法规语言:法律与解释》(*The Language of Statutes: Laws and their Interpretation*)[3] 等书均是这一领域研究的佳作。

21 世纪以来关于法庭话语研究的热度依然不减,且国外对于法庭话语的研究扩展至新的深度和领域。现代法庭话语研究主要关注法庭各方参与者的话语如何影响陪审团的决断并形成最终判决;如法官[4]、律师[5]等在法庭中的角色及其语言如何影响陪审团的最终判决,如何简化对陪审团的指示(jury instruction)的语言,从而帮助陪审团更好理解法律,作出判决等[6]。

四、《法律、语言与权力》(John M. Conley & William M. O' Barr, 1998)

法庭话语权力分析亦是近年来法律语言学领域的重要研究对象,"主要探讨话语是如何作为一种权力实施的工具在法庭中运作的"[7]。美国北卡罗来纳大学法学教授约翰·M. 康利(John M. Conley)和他的长期合作伙伴美国杜克大学文化人类学教授威廉·M. 奥巴尔(William M. O'Barr)是这一研究领域的代表人

---

[1] Maley Yon, Lawrence M. Solan. *The Language of Judges*. Chicago: The University of Chicago Press. (Language and Legal Discourse series.) xii + 218 pp. *Functions of Language*, (1994).

[2] Robin Lakoff, *Talking Power: the Politeness of Language*, New York: Basic Books, 1990.

[3] Lawrence M Solan, *The Language of Statutes: Laws and Their Interpretation*, Chicago: The University of Chicago Press, 2010

[4] Eva Nga Shan Ng, "Judges' Intervention in Witness Examination as a Cause of Omissions in Interpretation in the Hong Kong Courtroom", *The International Journal of Speech, Language and the Law*, 22 (2015), pp. 203-227.

[5] Dawn Archer: "Cross-examining Lawyers, Facework and the Adversarial Courtroom", *Journal of Pragmatics* 43 (2011), pp. 3216-3230.

[6] Smith Amy & Haney Craig: "Getting to the point: Attempting to Improve Juror Comprehension of Capital Penalty Phase Instructions", *Law & Human Behavior*, 35 (2011), pp. 339-350.

[7] 江玲:"国内外法庭话语研究述评",载《学术探索》2013 年第 3 期。

物。两人合作出版过多部著作,如《规则与关系》(*Rules versus Relationships*)[1]及《法律、语言与权力》(*Just Words: Law, Language, and Power*)[2]等。本文将介绍《法律、语言与权力》一书,并借此详细了解当前法庭话语权力关系研究所取得的成就。

《法律、语言与权力》一书通过结合人类学、社会语言学及会话分析理论的相关知识,着力于将法律话语的宏观社会问题与微观语言层面相结合[3],通过丰富案例论述法律、语言与权力之间的关系。该书共分为十章:第一章中康利与奥巴尔重新定义了权力(power)、话语(discourse)及语言(language)这些主要概念,他们认为权力并非抽象概念,而是每天都会发生的日常现实;第二章分析在庭审过程中被告律师通过对受害者交叉询问的语言,实现对受害人再次侵害(revictimization);第三章主要介绍离婚调解机构中对女性权益的损害;第四章和第五章描述了两种不同的叙述方式,即规则导向型(rule account)和关系导向型(relational account),女性多采用关系导向型的叙述方式,而社会法律系统则更倾向于男性多使用的规则导向型的叙述方式,因而男性在法律体系中通常享受优势地位,若想改变这种法律体系,须从微观的语言层面着手解决问题;第六章和第七章分别从横向的全球视角和纵向的历史视角阐述语言之于法律的影响及从语言中体现的法的权力;第八章讨论了法律语言的起源;第九章谈及法律权力与社会结构和社会活动之间的关系,法律权力的语言分析必须处于特定的语境及社会结构下才可进行分析;第十章涉及法律语言学的定义。

该书运用人种志的研究方法及会话理论分析语言对法律权力的影响,为语言与其他因素相互结合并共同作用于法律权力提供更加明晰的视角[4];但其缺乏统一的理论框架将普遍性的研究发现概括其中,且仅仅只强调了语言对权力的反映(reflect)或再现(reproduce)作用,忽视语言对法律权力的抵抗(resist-

---

[1] John M. Conley & William M. O'Barr, *Rules versus Relationships*, Chicago: University of Chicago Press, 1990.

[2] John M Conley & William M. O'Barr, *Just Words: Law, Language, and Power*, Chicago and London: The University Of Chicago Press, 1998.

[3] Lieve Gies, John M Conley & William M. O'Barr, *Just Words: Law, Language and Power*, Chicago and London: University of Chicago Press, 1998, *Social & Legal Studies*, (2000).

[4] Phillip Chong Ho Shon, John M. Conley and William M. O'Barr, *Just Words: Law, Language, and Power* (University of Chicago Press 1998), *International Journal for the Semiotics of Law*, (2000).

ance）作用[1]。

关于法律权力体现的研究亦是当代国外对法律语言学研究的重点之一，主要可分为两类研究：一类是运用理论分析法律诉讼活动中参与各方的权力[2]；另一类则是探究语言如何影响公民运用法律及法律对语言影响力的扩大作用[3]。中国国内对法律权力的研究亦较多，且多次在国际期刊上发表相关论文，浙江大学的程乐教授是其中的代表人物，他通过结合符号学理论，对我国国内的法律权力体现作了深入研究，所发表的多篇相关论文得到国际社会的广泛认可[4][5]。

五、《彼得论法律语言》（Peter Tiersma，2000）

本文介绍的法律语言学研究领域的第四本影响巨大的专著是彼得·蒂尔斯马（Peter Tiersma）教授出版的《彼得论法律语言》（*Legal Language*）[6]。彼得·蒂尔斯马是美国法律与语言研究领域领军人物之一。他生前是美国洛约拉大学（Loyola Law School, Los Angeles）法学院教授，曾担任国际法律语言学协会第五任主席，也是国际法律与语言协会（The International Language and Law Association）的创始人、发起者和组织者之一。

《彼得论法律语言》这本书主要分为四个部分。第一部分主要阐述英美国家法律语言学的发展历史：从凯尔特人、安格鲁—萨克逊人到诺曼征服、再到英语的再次复兴，蒂尔斯马讲述了不同国家语言对于法律语言的发展所造成的不可估量的影响；第二部分主要涉及对法律语言本质的解读：对于法官、律师等专业人员的语音、语调、用词、句法等的研究表明法律语言与我们日常所使用的语言有着非常明显的变化和不同；第三部分，蒂尔斯马为我们介绍了法庭用语的一些特点：法律诉讼活动如同一场由原告和被告两方讲述的故事，最终由陪审团或法官

---

[1] Lieve Gies, John M Conley & William M. O'Barr, *Just Words: Law, Language and Power*, Chicago and London: University of Chicago Press, *Social & Legal Studies*, (2000).

[2] Karen Tracy, "How Questioning Constructs Appellate Judge Identities: The Case of a Hearing about Same-sex Marriage", *Discourse Studies*, 11 (2009), pp. 199-221.

[3] Celia Brown-Blake, "Expanding the Use of Non-dominant Caribbean Languages: Can the Law Help?", *The International Journal of Speech, Language and the Law*, 21 (2014), pp. 51-82.

[4] Cheng, L. & Cheng, W., "Epistemic Modality and Evidential Models in Law: A Corpus-based Comparison of Civil Cases in Hong Kong and Scotland", *English for Specific Purposes*, 32 (2014), pp. 15-26.

[5] Cheng, L. & Cheng, W., "Defamation Case Law in Hong Kong: A Corpus-based Study", *Semiotica*, 208 (2016), pp. 203-222.

[6] Peter Tiersma, *Legal Language*, Chicago: University of Chicago Press, 2000.

(无陪审团参与的诉讼活动)决定哪一方的故事事实清楚、证据充分、逻辑合理并由此确定该方胜诉;第四部分作为全书的最后一章,总结了法律语言晦涩难懂的原因,并提出要在现有基础上对法律语言进行简明运动,其目的是使大多数人能够读懂与自己切身利益息息相关的法律文件、令状等。

虽然,目前法律英语的简明运动已取得一定成效;但要实现这个目的或许还需要很长时间,需要更多法律界专业人员的努力,其才能够真正实现。然而,蒂尔斯马对实现法律英语的简明化抱有悲观看法:其一,历史原因导致法律英语本身存在的一系列特征而使其晦涩难懂;其二,法律人通过"像律师一样说话"(talk like a "lawyer")来维持其内部团结,表明其身份地位,法律人通常拒绝改变法律用语习惯,这是法律英语的简明运动难以持续的更重要原因[1]。

《彼得论法律语言》一书是彼得·蒂尔斯马的代表作品,此书亦是法律语言学史上一部重要著作。该书受大卫·梅林科夫这位法律语言学研究大家的影响极大,继承了前者的思想和观点,但是具有自己的特色,反映了作者当时的时代特征[2]。这本书对于法律语言本身特点(如法律语言的词汇、句法、法庭话语)等描述较多,而对法律语言学发展的较新领域(如法律语言与话语分析结合研究等)等涉及较少,因此,从整体而言,该书难度较为初级,适合刚刚进入法律语言学领域学习的新手进行阅读[3]。

当前对法律书面特征,即对立法文本等研究逐渐变少,国外学者对法律口语的研究更多,主要关注于庭审过程中的话语分析[4]、法庭话语打断现象[5]的研究等。近年来,对执法语言的分析亦成为国际法律语言学界的研究重点,国际期刊发表多篇相关领域论文[6],以更好地辅助执法机关。

---

[1] Peter Tiersma. *Legal Language*, Chicago: University of Chicago Press, 2000.

[2] 参见[美]彼得·蒂尔斯马:《彼得论法律语言》,刘蔚铭译,法律出版社2015年版。

[3] Kirstin M. Fredrickson, Peter M. Tiersma. Legal Language. Chicago: University of Chicago Press. 1999, English for Specific Purposes, (2001).

[4] Cheng, L., "Hidden Meanings in Legal Discourse", *Semiotica*, 209 (2016), pp. 1-4.

[5] Liao, M., "Power in Interruption in Chinese Criminal Courtroom Discourse", In C. Williams & G. Tessuto eds., *Language in the Negotiation of Justice: Contexts, Issues and Applications*, Farnham: Ashgate, 2013, pp. 33-48.

[6] Cui, J. M., "The Past, Present and Future of Crime Investigation Linguistics", *Applied Linguistics*, 5 (2011), pp. 54-62. Sarah Chaulk, Joseph Eastwood & Brent Snook, "Measuring and Predicting Police Caution Comprehension in Adult Offenders", *Canadian Journal of Criminology and Criminal Justice*, 56 (2014), pp. 323-340.

六、《法律语言学导论——证据中的语言》（Malcolm Coulthard & Alison Johnson，2007）

国内外法律语言学自 20 世纪 90 年代以来蓬勃发展，关于法律语言学的各类著作层出不穷，但通过丰富实例对法律语言学进行综合性介绍的著作则较少[1]。由马尔科姆·康特哈德（Malcolm Coulthard）和爱丽丝·约翰逊（Alison Johnson）合著的《法律语言学导论——证据中的语言》（An Introduction to Forensic Linguistics: Language in Evidence）恰好弥补了这一不足[2]。

马尔科姆·康特哈德教授以话语研究闻名于世，20 世纪 80 年代末以来，逐渐转向语言学在司法过程中的话语研究，并在此领域做出杰出贡献。康特哈德教授是国际法律语言学家协会（International Association of Forensic Linguists）首任会长，亦是法律语言学国际权威期刊《言语、语言与法律国际杂志》的创刊者和主编，多次受邀作为法律语言学专家证人（expert witness）出庭作证。该书另一作者爱丽丝·约翰逊是英国利兹大学（Leeds）英语语言学讲师，曾为英国西米德兰郡警官，具有丰富的实践经验，亦多次作为专家证人参与案件审理。

《法律语言学导论——证据中的语言》全书共分为十章（两大部分）。前半部分"法律程序中的语言"共五章，由约翰逊撰写。其主要介绍法律语篇的特征，为法律语言研究提供理论依据。第一章通过法律话语分析（forensic discourse analysis）指出庭审过程中被告或证人与律师对话所体现的言语特征；第二章着重介绍法律书面语篇的文体、语域及相关语法特征；第三章分析了法律语类特征；第四章通过研究转写语料，讨论口语语篇与书面语篇之间的相互转换，分析言词证据收集过程中"外行人"的话语是如何被改述及被评价的；第五章描述庭审过程中叙事与问答两类语篇结构特征，探讨庭审中证人与证据的关系。后半部分的"作为证据的语言"共五章，由康特哈德执笔，侧重于通过案例分析法律篇章和语音证据。第六章通过列举一系列涉及语言的案例，分析法律语言学家如何运用语言学专业知识协助案件审理，提出鉴定意见；第七章涉及法庭语音学（forensic phonetics）和文件分析（document analysis）的实践活动；第八章探讨语篇作者的身份问题，通过处理词汇、句子长度及频率等语料的文体特征，并结合

---

[1] 陈金诗："《法律语言学导论——证据中的语言》评介"，载《现代外语》2009 年第 4 期。

[2] Malcolm Coulthard & Alison Johnson, An Introduction to Forensic Linguistics: Language in Evidence, London: Routledge, 2007.

对语料中叙事和语域等特征进行分析,以确定语篇的最终归属;第九章主要运用话语分析理论讨论剽窃问题;第十章讨论语言学家作为专家证人出庭作证时,所扮演的角色及其遇到的困难。

该书最大的特点在于其具有丰富的实例语料和广泛的研究话题,通过结合现实案例(如 Shipman Inquiry 2001, the Birmingham Six 等),运用多种分析方法(如词汇分析、语用分析等),向读者展现法律语言的特点,语言学理论在实践中的运用,以及语言学家在司法实践中的定位[1];该书的另一特点是其体系完备,作为导论性教材,该书以读者为中心,通过在章尾设计研究问题及参考阅读书目,满足不同层次学者的需求[2]。当然,该书亦存在不足——从微观入手,缺乏对语言背景的整体宏观考察。

当前对语言证据的深入探索是国际学界研究法律语言的最重要领域。廖美珍教授认为,法律语言证据可分为四个研究方向:语音证据研究;书面拼写、用词、语法形态及句法结构的证据研究;话语层面分析;语言心理和行为分析[3]。近年来,对语言证据的研究主要集中在前两者,而对后两者的研究则关注较少。约翰·吉本斯认为, forensic linguistics(法庭语言学)在狭义上"仅指语言证据问题",在广义上则泛指"与语言和法律有关的各种问题",其"不仅涉及立法和法庭语言,也涉及警察和监狱语言"[4]。笔者发现国外的法律语言学多专注于司法、执法程序的语言证据研究,且为司法、执法实践部门提供言语分析帮助的原因正在于此。此类研究亦涉及语言学家作为专家证人出庭作证的身份及其信度等的分析[5]。

七、小结

法律语言学自 20 世纪 70 年代实现语言学的哲学转向以来,其研究范围和研究深度不断扩展,对法律文本本身特点的研究、法庭话语研究、法律话语与权力

---

[1] 陈金诗:"《法律语言学导论——证据中的语言》评介",载《现代外语》2009 年第 4 期。

[2] 叶宁、庞继贤:"语言学理论在司法中的实践——《法律语言学导论:语言证据》评介",载《中国外语》2010 年第 6 期。

[3] 廖美珍:"国外法律语言研究综述",载《当代语言学》2004 年第 1 期。

[4] [美]约翰·吉本斯:《法律语言学导论》,程朝阳、毛凤凡、秦明译,法律出版社 2007 年版,第 14 页。

[5] Janet Ainsworth, "A Lawyer's Perspective: Ethical, Technical, and Practical Considerations in the Use of Linguistic Expert Witnesses", *The International Journal of Speech, Language and the Law*, 16 (2010).

研究、语言证据研究均受到国内外学者广泛关注,相关著作层出不穷。本文回顾了自 20 世纪下半叶以来,在国外法律语言学史上具有重要地位的五本著作,尽量选择了涵盖这一领域的各个研究方向并具有影响力和代表性的作品,并结合现代法律语言学发展动态,以期为初入这一领域的学者提供借鉴,为法律语言学未来发展方向提供一些启示。

二、课程建设：理论与实践

张立新*

法律文学特色化课程建设的研究与实践

随着社会的发展和国际交往范围及内容的不断拓展，世界多极化、经济全球化、文化多样化以及信息正逐步走向深入。这对我国英语专业人才的培养提出了更高的要求和严峻的挑战。因此，多元化、特色化和提高质量，尤其是本科质量为核心的内涵式发展道路成为办学的重要理念，培养高水平、高规格、高素质、复合型、有特色的英语专业人才已成为今后我国高校英语专业教学的主要努力方向。而在英语专业的课程设置上，法律文学特色化课程的研究与实践已经成为一个迫切需要解决的问题。在传统上，文学与法律属于两个不同的范畴，甚至很少人能够把这两个学科联系在一起。实际上，文学与法律一直是密不可分的，两个学科之间互为补充。无疑，法律文学特色化课程的建设是一项具有开拓性的大胆尝试，不仅具有交叉性、创新性，而且具有重大的理论价值和现实意义。近年来，在国外，对于文学与法律的交叉研究已经取得了丰硕的成果。法律文学课程的设置对于打破这两个学科之间的分割局面，拓宽文学与法学课程的改革和创新具有一定的指导作用。本文将对法律文学特色化课程建设的研究和实践进行深入的探讨和论述。

一、英语专业教学改革的必要性

21世纪以来，全球化、信息化、网络化趋势日益发展，世界各国之间的文化交流、合作与竞争迅猛发展，联系也愈加紧密，社会对外语人才的需求呈现出多元化的趋势，市场对单纯英语语言文学专业毕业生的需求量正逐渐减小。因此，英语专业必须从单科的"经院式"人才培养模式转向宽口径、应用性、复

---

* 张立新（1963—），男，山西忻州人，全国法律文学研究会会长，博士，中国政法大学教授，硕士生导师，中国中医药研究促进会传统文化翻译与国际传播专业委员会副主任委员、副会长。本文系中国政法大学2017年跨学科研究生教育教学改革项目"新时期下研究生文学与法律跨学科教学探索研究"的研究成果。项目号：KXKJGLX1708。

合型人才的培养模式。英语语言文学专业研究生培养模式的特色化改革是一个迫在眉睫的问题。

高校英语专业教学改革是由于多重因素决定的：

第一，高等教育面临的新形势对高校英语专业的本科人才培养提出了新的要求。随着社会的发展和国际交往范围及内容的不断拓展和深化以及世界多极化、经济全球化、文化多样化、信息深入化对英语专业人才的培养提出了严峻的挑战。最近几年，高校英语教学有了长足的发展，目前全国有994所学校设有英语专业，英语专业在校本科生人数为57.9万，占全国本科生数量的4.95%，有106所高校设有翻译专业，146所设有商务英语专业，我国英语专业招生规模逐年扩大，而学生数量与教学质量之间的矛盾也使英语专业教学改革成为热点问题，多元化、特色化成为办学的重要理念，以前扩大规模的外延式发展模式必须转向以提高质量（尤其是本科质量）为核心的内涵式发展道路。因此，培养高水平、高规格、高素质、复合型、有特色的英语专业人才已成为今后我国高校英语专业教学的主要努力方向。

第二，高校英语专业的教学改革是中央和教育部的明确要求。党的十八大以来，以习近平同志为核心的党中央作出了一系列关于高等教育改革发展的重要决策和部署。这些重要决策和部署归结为一句话就是提高教育质量。也就是说，提高质量是党中央国务院关于高等教育改革发展的核心要求。2010年7月，党中央国务院颁布实施了《国家中长期教育改革和发展规划纲要》，这份重要文件规划了2010年到2020年间我国各级各类教育科学发展的重大问题，特别强调提高质量是高等教育发展的核心任务，要求把提高教育质量始终贯穿在人才培养、科学研究、社会服务、文化传承创新的各项工作中。[1] 可见，教育质量问题上升到关系高等教育生死存亡的战略高度，成为最核心、最紧迫的任务。为了贯彻落实中央的决策部署，教育部采取了两方面的重要举措：第一个举措是研究制定两个非常重要的文件，分别是《教育部关于全面提高高等教育质量的若干意见》（简称为"高教质量三十条"）[2] 和《高等学校创新能力提升计划》（简称为"2011计划"）。[3] 第二个举措是召开全面提高高等教育质量的工作会议。教育

---

[1] http://www.china.com.cn/policy/txt/2010-03/01/content_ 19492625_ 3.htm.

[2] http://www.edu.cn/gao_ jiao_ 788/20120423/t20120423_ 768680.shtml.

[3] http://www.huaue.com/fg/2012421101224.htm.

部采取的两方面重要举措的中心思想就是明确提出了科学的高等教育发展观,即党的十八大强调的推动高等教育内涵式发展,这就对我们高等外国语言文学教育提出了新的要求。另外,《高等学校英语专业英语教学大纲》明确规定:"高等学校英语专业培养具有扎实的英语语言基础和广博的文化知识并能熟练地运用英语在外事、教育、经贸、文化、科技、军事等部门从事翻译、教学、管理、研究等工作的复合型英语人才。"[1] 同时《高等学校英语专业英语教学大纲》还对英语复合型人才作了具体要求:扎实的语言基本功、宽广的知识面、一定的相关知识、较强的能力和较高的素质。这样,促使英语专业的教学改变以往单纯学习语言的模式,向创新型、复合型、应用型外语人才的方向发展。因为我国每年仅需要少量外语与文学、外语与语言相结合的专业人才来从事外国文学和语言学的教学和研究工作,而大量需要的则是外语与其他有关学科如经贸、法律、新闻、科技等结合的复合型人才,培养具有创新精神、复合型的外语专业人才是市场经济对外语专业提出的要求,更是 21 世纪经济全球化对我国人才素质培养的要求。在教育部《高等学校英语专业英语教学大纲》的基础上,高等学校法律英语专业(2012 教育部专业目录介绍)进一步强调法律英语专业"旨在培养具有扎实的英语基本功、宽阔的国际视野、专门的国际法律知识与技能,掌握法学、管理学和法学相关学科的基本知识和理论,具备较强的跨文化交际能力与较高的人文素养,能在国际环境中熟练使用英语从事法律、外事、翻译、管理等工作的复合应用型涉外法律的专门人才"。[2] 高校英语专业的教学改革也是教育规律本身内在的要求。教育观念是指按一定时代的政治、经济、文化发展的要求,反映一定社会群体的意愿,对教育功能、教育对象、人才培养模式、教育体制、教育结构、教育内容、教育过程及方法等根本问题的认识和看法。先进的教育思想观念是教育实践的内在动力,现代教育的发展总是以教育思想的突破或更新为先导的。

第三,社会市场也成为推动高校英语专业教育改革的重要动力。当前,市场需要的是复合型外语人才而不是普通外语人才,这已是毋庸置疑的现象。"市场最需要的高水平外语人才依次是:商务类(50%)、管理类(36.6%)、翻译类

---

[1]《高等学校英语专业英语教学大纲》,高等学校外语专业教学指导委员会英语组制定,http://wenku.baidu.com/link? url=Q41MURlaZKOfo_ dy_ YgNq vaUL8 URXWkLD723o-85ljdzxMjf1uM3xPKapbmgz8xOEJ4Qc3gH9YMXBNbu3aRcU6vzhFmxdU9KKWFO_ cUnc3C.

[2] http://edu.sina.com.cn/gaokao/2012-10-12/1124358003.shtml.

(27.5%)、法律类（11.3%）、文学类（8.8%）；上海市场最缺乏的尖端外语人才：同声传译高级口译人才、外语好懂法律的复合人才、外语好会商务谈判的人才。"[1] 实际上，复合型英语人才对高校英语专业来说并不是一个新的概念。传统的英语语言文学专业，实际上就是以英语为基础材料，以语言文学研究为增强材料的复合专业。这种培养模式在我国持续了相当长的时间，培养了大批英语人才。随着改革开放的深入和国家经济建设的发展，这种单一的英语人才培养模式显然已不适合现代经济发展的需要。在经济快速发展的现代社会，"复合"的内涵发生了变化，其范围得到了扩展，从单一的语言文学扩展到经贸、商务、法律、旅游、公关、管理、文化等专业，从而形成各种类型的复合型英语人才。从专业课程设置来说，近年来随着社会对人才的需求而不断发展，高校的英语专业课程设置正在从过去单一方式向配以其他学科课程设置的多元化方向转变。各高校一改过去单一的学科设置，普遍采用"外语+专业"，或是"专业+外语"的教学模式，以扩大学生的知识面，提高他们的应用能力和适应能力。根据各高校的实际就业情况来看，"外语+专业"的复合型人才显然更具有竞争力。

此外，全国其他高校的英语专业教学改革已经开始。从全国的法学类院校和非法学两类院校的英语专业教学改革来看，都首先强调语言功底的扎实性和知识面的广泛性，在此基础上突出特色。例如，北京航空航天大学有专门的翻译系，发展航空航天科技翻译从而有了自己的特色；外交学院的英语专业体现了外交外事的特点（主要体现在课程设置上），而且其外语系的翻译方向独立招生，主要服务于外交方向；西安交通大学英语系是由西安交通大学科技英语专业、原西安医科大学医学英语专业和陕西财经学院财经英语专业合并后成立，其科技英语专业于1979年正式招生，英语系下设英语语言文学、商务英语、医学英语以及双语（英法、英俄、英德）等子方向；北京体育大学传统英语与专业方向并重，有专门的体育模块，用英语直接授课，专业特点鲜明；西南政法大学有英语专业（法律经贸英语方向），西北政法大学有专门的法律英语专业和法律英语教研室，而且这两所院校的法律英语团队成果斐然。

不难看出，市场需求和教育部的策略方针为高校英语专业教学改革指明了方向：高校英语专业的培养目标是培养涉及"厚实的"的英语语言文学专业知识、

---

[1] 王立非："商务英语专业本科人才培养模式的论证及实现途径"，高等英语教学网，http://home.heep.cn/index.php，最后访问时间：2018年12月1日。

"专门的"国际法律知识与技能的"高素质"复合型英语人才。依托各校的特色,强化专业特点成为英语专业改革的主流。

二、文学与法律的关系

文学指的是所有的文学文本,包括小说、短篇故事、散文、诗歌和戏剧等。传统上,文学被认为是细微的、富有情感的和复杂的。法律指的是整个法律制度,包括法律行业、司法实践、法律判例、法律概念和法律文件等。从传统上来说,法律被认为是分析性的和冷漠的,是由一些固定的法则所组成的空洞的范畴(empty domain)[1]。但是另一些学者却认为,法律本身并不完全是由冷漠的规则组成的。例如,简·巴伦(Jane Baron)认为,法律也充满了激情和人性,而文学也不完全是情绪化的。她认为,这两个学科之间肯定是有区别的,但是它们的区别只能在对两个学科进行比较时才能够被反映出来。艾尔弗雷德·马修森(Alfred Mathewson)认为,文学与法律的区分界限并不是不可逾越的,而且,文学对法律有一定的影响。他认为,法律只是文学叙述和推理的另一种形式,两个学科在获取更加富有想象力的文献方面具有同样的想象力和认知过程。因此,文学与法律有许多的相似之处。总的来说,它们的共同之处表现在三个方面:①法律文本与文学创作通常都采用相似的修辞手法,而且法律文本创作,包括传统的法律主体,基本上具有相似的审美原则。②法律和文学都是一种解释性的行为,而且都存在一个解释的空间。③在法律与文学之间存在一种写作的维度。总的来说,法律的解释者与文学批评家的职责都是为了解释文本的意义,因此,他们都在从事一种创造性的工作。双方使用的语言都没有本质上的差异,分析性的推理是双方共同使用的技巧,无论是在法律研究还是文学研究中,都是如此。文学作品和法律文本对于学者们的评论都持开放性的态度,都可以通过不同的人得出不同的解释。因此,无论是文学家还是法律文本的创作者,都可以成为自己作品的解释者。例如,每一个法律文本都会有不同的解释,而这也成为律师的重要工作之一。文学家和法律创作人员在写作、阅读和修改文本时同样使用分析性的推理。法律与文学具有共同的缺陷:他们并不是完美无缺的。另外,语言又成为法

---

[1] Jane Baron, "Interdisciplinary Legal Scholarship as Guilty Pleasure: The Case of Law and Literature", in M. D. A. Freeman and A. D. E. Lewis (eds) *Law and Literature*, Oxford University Press, Great Britian 1999, pp. 1060-1079.

律与文学的共同媒介,司法实践和文学创作的共同特征是它们都把解释看成为一种创造性的活动。[1] 实际上,尽管理查德·波斯纳(Richard Posner)认为文学的方法与法律的方法有所不同,但他同样承认法学与文学的重要联系。他认为,有许多文学作品是与法律诉讼有关的,这些法律诉讼在文学作品中又往往起到了主要的或者构成高潮的作用。同时,法学与文学艺术都把文本的意义作为中心的问题加以关注,很多法律文本,特别是判决书则非常强调修辞而不是冷静的说明和阐述。与文学家们一样,法官和律师们都善于精心选词造句,而且特别喜欢使用明喻和隐喻。[2] 在谈到法律与文学的关系时,詹姆斯·博伊德·怀特(Jams Boyd White)在一篇研讨会的引言里总结道:"这篇引言以提出问题的方式开始。我的目的是要回答我所听到的有关这个问题的根本。那就是,文学对于那些律师们有什么作用?因为大家都知道,文学从根本上来说是关于个人感情和认识的表达。它受到美学和权威的标准的检验,但是法律是政治权力的表现,它受到理性的和司法的检验。其实,这种认识是错误的。因为文学和法律都是关于理性、感情、美学和政治的。这两个学科都承诺要通过提醒人们注意当人们写作或者相互谈论时会发生什么把这个问题中错误地提出分离的东西重新融合起来。"[3] 洛克伍德·布鲁斯(Rockwood L. Bruce)认为,在快速变化的现代和后现代世界里,法律与文学好像是打火石与铁片一样,它可以点燃我们的怀疑和不确定。通过文学的打火石与法律的铁片的撞击,我们可以产生能够照亮我们未来前进方向的火花。[4] 在内容上,法律与文学联系的最基本点在于"人",对"人"的关注构成了法律与文学联结的纽带。法律和文学都是整个社会生活的一部分,而绝不存在于真空之中。社会生活中的"人"都成为它们的关注对象。而文学本质上是人学,它不仅关注人,也关注社会生活;法律保障人的权利,同样也在关注人,关注社会生活。它们有着同样一种终极关怀,都在尊重人性,因此,二者有着相同的价值取向。文学和法律从本质上都是个人人生和民族生活的表现,而且,他们都以语言作为自己不可或缺的表达手段,都以语言作为自己的存在方式。文学与法律的"联姻"由来已久。法律一直是与正义联系在一起的,而英国剧作家

---

[1] Carlos Perrz Vazquez, "Interpretation, Poetry, and Law", *MLR Review*. November 1, 2010.

[2] Richard Posner, "Law and Literature: A Relation Reargued", *Law Review*, vol. 72. 1986, p. 49. For example, the emphasis on rhetoric and legal themes in writings.

[3] Bruce L. Rockwood, *Law and Literature Perspectives*, Peter Lang Publishing, 2008, p. 1.

[4] Ibid. p. 19.

爱德华·邦德（Edward Bond）评论道："所有剧院、所有戏剧和其他许多形式的目标都是正义。我认为，这正是人性所追寻的。后现代作家的任务……应当是重述当今的世界，重塑我们所处环境下正义的含义。"[1] 文学与法律强调文学与法律的交叉学科的联系。文学与法律虽然与文化、文明密切相关，但是它依然是一个于20世纪末出现的相对比较新型的学科。文学与法律是一个非常独特的交叉学科，涉及人类的基本问题、社会科学，甚至自然科学。它是一个富有活力的学科，这一点不仅反映在写作中，也反映在学术讨论和课堂中。在文学与法律的框架内，有许多问题需要回答，有许多文本需要研读，但是能够提供正确与错误的答案却很少。

虽然直到今天，有些学者对于文学与法律的关系还抱有怀疑，但是可以肯定的是，文学与法律有着千丝万缕的联系，即使是那些对文学与法律的关系持怀疑和批评态度的人也承认这种联系。他们认为，尽管这两个学科不可能完全融合在一起，但是两个学科有许多相互借鉴的地方。例如，法律成为许多文学作品的主题，法律问题也成为许多作家探讨的问题。一些作家从事法律和文学两个主题的创作，而在一些判决中也引用了文学的作品。文学与法律两个学科的交叉为广大的学者们提供也一个新的视角，文学与法律辩论的焦点是法律和一种固定的规则，它属于一个更广泛的社会范畴。

当然，文学与法律的区别也是明显的，有的学者认为，文学与法律的区别之处首先在于二者在结构上是不同的。当司法的解释用来裁决司法争端的时候，一般的法律解释者会遵循富有权威的解释。另外，在司法解释中，法官可以不去考虑美学的成分而更加直接地进行表达。

三、法律文学特色化课程建设

（一）确立人才培养目标

随着社会经济的发展，如何培养面向21世纪的人才是教育工作者面临的重大课题。为此，结合我校的实际情况，将英语专业的培养目标确定为培养"英语语言文学+法律"的应用人才，"使培养出来的学生不仅具有扎实的英语语言基本

---

[1] "Interview by Ulrich Koppen with Edward Bond, in Modern and Postmodern Theatres", vol. 13, *New Theatre Quarterly*. 103（1997）. 转引自 Daniel Larner, "Teaching Justice: The Idea of Justice in The Structure of Drama", vol. 23, *Legal Study Forum*, 201（1999）.

功，宽广的知识面，还要掌握与毕业后所从事的工作有关的专业基础知识及具备获取新知识、新信息的能力和独立思考创新的能力，并在思想道德素质、文化素质和心理素质等方面得到提高，使其在就业、择业市场上具有相当强的竞争力"。因此，法律文学应该作为培养"英语+法律"人才培养的重要组成部分，要明确提出法律文学的培养目标，转变过去纯文学研究的思路。把培养"法律+文学"复合型人才作为英语专业人才培养的主要目标。

（二）改革课程设置

中国政法大学是一所以法学为主要院系和主要学科的大学。如何正确处理英语专业与法学专业以及英语专业课程与法学专业课程的关系、完善英语教学与法学复合型人才的培养模式、为培养英语专业创新型人才创造条件是一个非常重要的问题，而课程设置是实现"法律+文学"复合型人才培养目标的重要一环，其科学与否直接影响到我校专业人才培养的成败。为此，英语专业已经对于其培养计划进行了多次调整。从经过修订的英语专业的培养方案来看，已经把法律文学作为本科生的必修课。另外，应该增加其他与法律文学相关的课程，例如法律电影等课程。

（三）改革和创新教学方法

要培养"法律+文学"的应用型、创新型的复合人才，首先应树立新的教育理念，改变目前以知识传授为中心和教师以教材和课堂讲授为中心的教学模式和方法，确立以培养学生创新精神和能力为重点，尊重和发挥学生个性，给学生以充分学习自由的教学理念。因此，法律文学课程的教学中应该进行大胆的改革和探讨，采用启发式、讨论式、参与式、案例教学等方式，同时在教学中，老师一定要加强对学生法律文学基本知识的教学，把传统单向教学方法改变为师生双边互动的双向教学方式。培养学生独立思考、批判思维的能力、严密分析的能力、从不同视角看问题的能力。应该鼓励广大教师积极改革和创新教学方法，教师应当积极鼓励学生主动参与到学习中来，鼓励学生及时适应"以学生为中心的教学法"。

（四）建设合格的"法律+文学"复合型的教师队伍

在培养"法律+文学"复合型人才的过程中，首先遇到的是外语师资队伍知识结构单一的问题。近几年来，在学校加大力度投入的前提下，大批高学历、高职称的优秀外语人才加入到英语专业师资队伍，他们具有较强的听、说、读、写能力，但由于他们基本都是在传统教育模式下培养出的人才，无论是在教学观念和教学方法上，还是在知识结构上，都不能完全承担培养创新型复合人才的重任。教师要努力突破语言层面，做到多学科性、多文化性，为学生创造一个全新的、多元化的外语学习环境，使学生在潜移默化中发展语言交际能力、创造能力和整合知识的能力。因此，培养一批"法律+文学"的复合型师资队伍，才能更好地担负起培养复合型人才的重任。

（五）加强教学的实践环节

对于大学生而言，加强实践性教学对其成为"法律+文学"的复合人才有着重要的作用。应该让学生参与到法律文学的教学实践中，要求每门课程的教学都有占总课时相当比例的实践教学环节，包括课堂讨论、课程调查、教学观摩、词汇比赛、翻译比赛等，以保证学生通过有关课程的教学获得相关实践能力的培养。

四、结论

毫无疑问，对于文学与法律特色化教学的研究是一项具有开拓性的大胆尝试，不仅具有交叉性、创新性，而且具有重大的理论价值和现实意义。几年来，英语专业在探索"精英明法"人才的培养模式上已经取得了一定的成绩。在教学与人才培养、专业建设、具体培养模式等方面都形成了相对完整的培养"精英明法"复合型人才的具体模式，培养效果良好，走出了一条新的外语人才培养之路。但是，法律文学的教学与研究刚刚起步，法律文学特色化课程建设的研究与实践就显得更加重要。可见，"法律+文学"课程的改革符合当前的国内形势、教育部的政策精神，也符合我校的办学思想和外国语学院的学科发展规划。因此，我们相信，法律文学课程的设置对于使外国语学院成为一个跨法律和外语学科的重要阵地、成为法律英语应用研究与开发研究的阵地和培养高层次法律外语人才的重要基地而言，有着重要的意义。

王　敏*

基于建构主义理论的大学英语影视文化教学

引　言

大学英语教学改革已经如火如荼地全面展开了多年。目前高校大学英语所处的一个窘境就是学生经过多年的英语学习，其语言运用能力并未有大幅的提高。这种现象的产生主要是因为学生在英语学习的过程中受到传统教学材料的束缚，表达偏书面化。即便学生能读能写，但因为与目的语的文化脱节，很难深刻理解并使用准确、地道的语言加以评论；同时，学习过程中缺少目的语环境亦使其不能用地道的语言进行有效交流。因此，近些年来，如何在中国特定的文化环境中有效实施文化教学，提高学生跨文化意识、培养其跨文化交际能力，从而达到"以文化促应用"的目的，渐渐成为外语教学研究的新焦点。如何使语言学习和文化学习同步进行呢？英文原版影片是极为有效的切入点。从心理学的角度看，影视教学能全面刺激学生的多个感观系统，在增进其对目的语文化和社会了解的同时，提高其学习热情。从能力培养的角度看，影视教学能够有效扩大学生的语言输入，为学生提供真实的语言环境，弥补传统英语教学较为注重书面语的不足。

一、目前影视文化课在我国高校实施与开展的概况

英语影视文化课在我国高校英语教学中并不算是新兴学科，该课程在高校英语教学的实施必要性、现状及存在的问题，从众多学者们的研究中可见一斑。葛红在对英语教学中的文化输入所进行的一项实证调查结果表明英语课堂教学中文化教学严重不足，"由于教材问题、教学进度、考试压力等因素，教师难以较系

---

* 王敏（1978—），女，中国政法大学外国语学院副教授，研究方向二语习得、教学法。

统地介绍有关的跨文化背景知识，只能遇到一点就介绍一下，零星散乱"。[1] 高校英语教学迫切需要突破传统，合理分配文化教学的比例。权振祖对高校开设影视课程的必要性做了调查研究，他认为影视欣赏课"不仅提供了原汁原味的语音素材与有用的表达句式，超越了抽象教条的理论，而且提供了任何为学习者而编的先入为主的教材所无法提供的最丰富多样的词汇、表达法以及文化素材，可以称作是语言学习的百科全书，在高校开设英语影视欣赏课，有其可行性"。[2] 扈珺对英语电影教学现状进行了研究。调查发现绝大多数学生对于英语电影欣赏课持喜欢的态度，但也反映教学效果并不明显。究其原因有以下两点：一是老师对于片源的寻找和选择没有针对性；二是课堂上教师的作用就是操作视听设备，缺少有关背景知识的介绍和对难懂句子的讲解，更没有组织学生进行必要的讨论，导致学生对影片传递的文化和语言信息似懂非懂，浪费了宝贵的课堂时间。[3]

那么如何让英语语言和文化通过影视传给学生，让学生在原汁原味的英文原版影片中了解英语文化、强化语言技能，便是一个很值得研究的内容。建构主义理论正是这个研究的强大理论支持。

二、英语影视文化课的理论基础

建构主义是认知主义学习理论的进一步发展，其目的是培养善于学习的终身学习者，使他们能够自我控制学习过程，具备自我分析和评价能力、反思与批判能力以及创新精神。建构主义提出了新的知识观，被喻为当代教学心理学中的一场革命，它强调学习的主动性、社会性和情景性，即学习不是学习主体被动接收信息刺激，而是其主动地建构意义，根据自己的经验背景，对外部信息进行主动的选择、加工和处理的过程。从教学角度看，建构主义认为学习是学生主体对学习客体的主动探索、不断变革，从而建构对客体意义理解的过程。从学习主体出发，建构主义认为学生是意义的主动建构者。因此，在教学中应充分发挥学生主体地位，强调学生自主性和能动性，在学习中主动发现、分析、解决问题，从而提升其自主建构知识结构的能力。概言之，该理论提倡教师指导下的以学生为主

---

[1] 葛红、龚从贵："略论英语教学中的文化输入——一项实证调查引发的思考"，载《安徽工业大学学报（社会科学版）》2003年第6期。

[2] 权振祖："高校英语专业开设《英语影视欣赏课》的思考"，载《咸宁学院学报》2009年第4期。

[3] 扈珺："英语电影教学现状及对策分析"，载《电影评介》2006年第20期。

体的学习模式，强调学生对知识的主动探索、主动发现和对所学知识意义的主动建构，其教学模式是由"学生""教师""任务""环境"构成学习的中介因素和外围环境。其中，知识以何种"任务"传递，在何种"环境"下传递，是教与学双方完成主被动转变的关键。英语影视文化课程能够通过目的明确的课堂"任务"和真实生动的"环境"将建构主义的教学四大要素系统结合，能够帮助大学英语教学走出瓶颈。

三、研究设计

（一）研究问题

通过分析英语影视文化课在我校非英语专业学生中的实施，探讨建构主义理论指导下影视文化课的教学原则、教学中影视作品的选择与加工、基本教学方法等具体措施，完善影视文化课程的教与学。

（二）总体方案

研究于2014年9月至2018年1月进行。研究对象为中国政法大学非英语专业二年级本科生。2014年9月至12月，对课程可行性和学生需求进行前期调研和分析；2015年3月，确定课程教材、明确课程性质与目标、编写教学大纲、细化教学模式、制作教学课件；2015年9月至2018年1月，全面展开课程教学，通过几轮的课程周期对上述研究问题进行调查、分析、反思、总结。

（三）教学设计与分析

建构主义主张教学过程包含七个步骤：①分析教学目标，确定教学主题；②创设与主题相关的、尽可能真实的情景；③确定教学主题所需信息资源的种类和作用；④设计教学方法，发挥学生主体作用，促进知识外化和实现自我反馈；⑤设计协作学习环境，如开展小组讨论等；⑥评价学习效果；⑦强化练习，以纠正错误或片面认识，最终达到符合要求的意义建构。

上述七个步骤可分为如下三个阶段：教学准备阶段（步骤①至③）、教学互动阶段（步骤④和⑤）以及评价反思阶段（步骤⑥和⑦）。

在第一阶段，教学目标得以明确，即影视文化课教学设计区别于传统授课方式和简单的语言操练，以能刺激学生兴趣的英文原版影片为平台，将英语的听说读写译融入原汁原味的英语文化之中。通过学习任务的设计，使学生得到语言和文化的"双赢"，最终使学生的英语学习从课堂延伸至课外，使四年的英语学习不断线。这样的教学目标决定了影视文化课是对影视欣赏课的一种升华和弥补，对教学内容的选择提出了更高的要求。那些年代久远的影片显然不能满足提高学生语言应用能力的目标，而当下反映目的语国家历史文化、社会现象、立法等题材的影片则应该成为影视文化课的首选。

英语影视文化课的重中之重是第二阶段，即教与学的实施。只有选择合适的教与学的方法才能达到教学目标。影视文化课课堂教学具体分为四个部分，即预备、融入、知识传递及回味。以电影《女王》的课堂教学为例。在预备期，教师课前将复杂难懂的语言表达和设计好的有助于学生正确理解影片的思考题印发给学生并督促其完成。这一方面扫清了学生观看时的语言障碍，也激发了他们对影片中文化的好奇心。例如，学生在试图回答"How does PM's wife view the monarchy?"时，势必要去思考为何会有反皇派的出现这一问题，随之对英国人民关于皇室的废与留这个问题的不同意见也会很自然地有想要了解的动机。

在融入期，教师需要为学生创设适宜的教学环境。教师可播放反映某一文化主题的电影片段，让学生进行角色扮演或配音，使其融入剧情和人物之中，在产生共鸣的同时为其提供真实的语言环境，提高其语言表达能力。比如，在学生积极投入演绎《女王》中伊丽莎白女王和时任新首相布莱尔首次正式会面的场景时，不仅能使其在真实的语言环境中进行颇为地道的英语交流，也能激发其文化饥渴感，培养批判性思维。教师在此时的介入尤为重要。教师可就一些文化点提出问题，引发学生思考，如"What constitutional function does the Queen have in the film?"这一问题能够有效帮助学生更好地理解片段背后的文化主题。

在知识传递期，教师通过对学生进行不同感官的刺激提示新旧知识之间联系的线索，帮助学生建构当前所学知识的意义，组织协作学习，使学生的意义建构更有效。例如，教师讲授《女王》中 Constitutional Monarchy 这一文化点时，可以向学生展示反映文化主题的图片、音频、视频等，给学生以听觉和视觉的双重刺激。这不仅能吸引学生的注意力，还能使学生在将他们在中学历史课堂上学到的内容和大学英语进行快速连接时的同时，夯实其英语听、读两项语言技能。在该阶段，"输入"和"输出"是并重的。由于"语言输入"能够帮助学生排除大量"输出"过程中的语言障碍，在"输入"的刺激辅助下，通过小组讨论、辩论等丰富多样的"输出"活动提高其语言运用能力就显得尤为必要。

在回味期，学生"回味"的不仅是电影存留在其头脑中的光影，还有能够切实提高其输出能力的语言。口头报告这一形式可以在实现学生对某一文化主题更为深入了解的同时，提高其语言输出能力。例如，学生通过小组组员间的合作对英国历史上著名的光荣革命（Glorious Revolution）进行阐述和剖析，并在课堂上进行展示，让其他同学对君主立宪制的形成有了更加深刻的了解。这既是对有限的课堂教学进行补充的好方法，也是通过合作学习和项目完成培养学生自主学习能力和语言学习合作意识的直接途径。

在最后的评价反思阶段，通过强化练习夯实学生课内外所学，通过师生和生生互评使教学反馈评价更有意义。

四、教学启示

（一）利用英语影视文化课以"电影为外壳、文化为内容"的特点最大限度地调动学生的学习兴趣

影视文化课使传统英语课堂得到弥补和升华，但是电影只是让学生身临其境地了解英语文化、丰富语言知识的依托和平台，通过目的明确的课内外任务来提高学生的文化素养和语言应用能力才是教学的重心。

（二）"以输入促输出"是利用影视文化课提高学生语言应用能力的有效手段

语言学习依赖于大量的视觉、听觉的输入刺激。影视文化课可以同时为学生提供上述两方面的输入刺激。学生通过视听输入刺激、加工语言信息、提升输出这一模式可以真正地提高语言运用能力。与单纯的死记硬背不同，电影为学生正确理解、运用语言营造了真实完整的语言情境，培养了学生的语感。从这个角度来说，影视文化课能够有效地让学生掌握语言风格、强化语言技能。

（三）基于任务的英语影视文化课使英语学习更加全面

当学习者带着明确任务观看视频时，他们获取的相关外语文化信息更为全面，而没有带着明确任务消极观看视频的学习效果远远不及前者。开展英语影视文化课较为合适的方法是将其视为任务教学（task-based）课程，通过设计不同的课内外学习任务，让学生在"做中学"，从而实现英语学习由课内向课外的拓展。

总体来说，影视文化课使学生的英语学习获得了全方位的锻炼。通过观看电影，学生在了解熟悉文化的过程中，既能够凭借地道真实的语言材料提高其听说能力，又能够通过对相关影片主题的综述来夯实其写作能力；同时，借助对影片中涉及的社会突出现象的思考与讨论来培养其批判思维、增强其思辨鉴赏能力；通过合作学习和项目完成，培养学生自主学习能力和语言学习的合作意识，提高其分析、解决问题的能力，可谓一举多得。

李小龙*

德语专业教学中的中国文化意识与跨文化能力培养
——以德语旅游口语为例

德语专业教学在前两年的基础语言学习之后便不再开设口语课程,导致许多学生口语表达能力相比其他语言能力较弱,因此,德语专业多年来开设了"旅游口语"一课,以中国德语学生最有可能与德国人进行口语交流的场景为学习基础,将中国传统文化和北京的名胜古迹融入德语口语课堂当中。

一、背景和意义

"讲好中国故事,展现真实、立体、全面的中国,提高国家文化软实力"是新时代培养外语专业学生素养的努力方向。在 2018 年新发布的《普通高等学校本科专业类教学质量国家标准》中,对于外语类专业人才培养也提到学生应具有"中国情怀和国际视野",如何在专业课中加入培养学生中国情怀和国际视野的内容,以及如何让学生讲好中国故事,应是德语高年级专业课思考的一个问题。德语旅游口语课程尝试在训练德语专业学生的过程中,以提高德语口语水平为目标,以讲述中国文化为主要授课内容,潜移默化地培养学生的中国情怀。

二、课程设计

本课程基于跨文化交际理论和行为理论,注重培养学生考虑交际目标群体的文化因素,以文化传播为目的,灵活处理文化差异,用德语讲好中国故事,也在讲好中国故事的同时培养学生的中国情怀,能够运用跨文化理论比较中德文化差

---

* 李小龙(1983—),男,山东青岛人,德语语言文学博士,中国政法大学外国语学院讲师,研究方向为跨文化研究、翻译理论与实践、德汉汉德平行语料库。本文系 2019 年中国政法大学校级教育教学改革立项项目"国家标准框架下德语专业特色化建设的研究与实践"(JG2019A011)的阶段成果。

异，拓宽学生的跨文化视角。

（一）课堂内容

课堂以教师讲解和学生的项目实施两部分组成，其中学生项目实施又细分为两种类型的报告：

第一种报告是小报告，主要涉及与中国文化相关的主题，具体包括：①汉语与汉字（die chinesische Sprache und die Schriftzeichen）；②中国的假期（Urlaub und Ferien in China）；③计划生育（Ein-Kind-Politik）；④中国的少数民族（Nationalminderheiten in China）；⑤春节（Frühlingsfest）⑥元宵节（Laternenfest）；⑦端午节（Drachenbootfest）；⑧中秋节（Mondfest）；⑨北京概况（überblick über Beijing）；⑩中国旅游建议（Hinweise für die Reise in China）；⑪中国饮食（Essen in China）；⑫中国的教育（Bildungswesen in China）；⑬京剧（Peking Oper in China）；⑭中国的婚礼（Hochzeit in China）；⑮中国的保险（Versicherungen in China）；⑯中国的兵役（Wehrdienst in China）；等等。小报告的教学目的是训练学生口头讲述中国传统文化的能力，清楚口头解释翻译和书面翻译针对中国传统文化翻译方面采取的翻译策略大不相同。小报告项目的设置的交际场景如下：讲述中国故事的德语专业学生为信息发出者；信息接收者，即目标接受群体是初次来华的德语国家普通游客或者对中国文化感兴趣的普通德语国家民众。

第二种报告为大报告，主要涉及北京的名胜古迹，内容包括：①故宫（Kaiserpalast），具体分为两部分，由两名学生完成，第一部分为故宫的历史概况、午门、外朝的三大殿（太和殿 Halle der Höchsten Harmonie、中和殿 Halle der Mittleren Harmonie 和保和殿 Halle zur Erhaltung der Harmonie）以及大石雕；第二部分为内廷三大殿（乾清宫 Palast der Himmlischen Reinheit、交泰殿 Halle zur Berührung von Himmel und Erde 和坤宁宫 Halle der Irdischen Ruhe），此外也会介绍养心殿（Halle zur Pflege des Geistes）和西六宫的重要宫殿以及御花园。②天坛（Himmelstempel），包括历史概况、祈年殿（Halle zur Gebete um eine gute Ernte）、丹陛桥（Die Kaiserliche Rote Brück）、回音壁（Echomauer）和寰丘（Himmelsaltar）。③颐和园（Sommerpalast），包括历史概况、仁寿殿（Halle des Wohlwollens und der Langlebigkeit）、玉澜堂（Halle der Jadewellen）、乐寿堂（Halle der Fröhlichkeit und der Langlebigkeit）、佛香阁（Pavillon des buddhischtischen Wohlgeruches）、长廊（Langer Wandelgang）、石舫（Marmorschiff）及铜牛（Bronzeochse）等。④明十三陵（Ming-Gräber），包括历史概况、风水、石牌坊

（Das Marmortor）、大红门（das große Rote Tor）、碑亭（Stellenpavillon）、石像生（Steinfiguren）、长陵（Changling Grab）、定陵（Dingling Grab）。⑤长城（die Große Mauer）。⑥雍和宫（der Lamatempel）。大报告的教学目的是让学生在非常具体的交际场景（某一个名胜古迹的某一个建筑之前）中，向德语目标群体口头讲述，同时培养学生在口头讲述项目中，有意识地比较中国文化和德国文化（甚至欧洲文化）之异同，以便更好地理解认识"本我"文化——华夏文化和"他我"文化——德意志文化，在跨文化交际的过程中培养学生的中国情怀和跨文化能力。

（二）教学指导思想

本课程的教学指导思想是以跨文化交际为主，将语言交际场景具体化，使学生可以在既定的交际场景中使用特定的语言表达手段来传递信息从而实现既定的意图。要实现这一教学设计，一方面取决于主观的因素，包括德语学习者的身份（是翻译还是陪同人员）、外语水平和社会知识；另一方面要考虑具体交际场景中各种因素的制约。因此，课堂设计中教师引入项目教学法（project-based learning），通过具体的项目任务激发学生的学习积极性和自主完成任务的工作能力。国外大量的研究也说明，以建构主义理论为依据的项目教学法可以在很大程度上帮助项目的完成，[1] 项目教学法满足了语言发展的社会交际需要：真实且具有挑战性的任务可以反映出学生的个人需求，同时也向学生展示了知识学习之后的实践可能性。因此，课程所安排的项目任务均是教师以实际的工作经验为基础，设置明确具体的任务场景，最大可能地模拟最接近真实的交际场景，而非闭门造车的任务设定。

本课程重点培养学生的口语表达能力，同时注重对学生跨文化交际能力的培养，尤其让学生在教学实践中通过实例，了解掌握"跨文化性""本我""他我"几个重要的跨文化交际概念。Bolten 认为，只凭了解两种文化的差异还远不足以证明具备跨文化的能力，还要能够运用两种文化的共性部分创建跨文化，提高两种文化的相融性，防止并能克服障碍和冲突的发生，才能称其为跨文化能力。由此，在跨文化性引起交际障碍和冲突的方式出现时，交际者不需采用单纯迎合对

---

[1] 顾佩娅："多媒体项目教学法的理论与实践"，载《外语界》2007年第2期。

方的价值观念和行为规范的方式。[1]

从跨文化日耳曼学视角来看，文化异同（Fremdheit）这一互动概念形成于"本我"（das Eigene）和"他我"（das Fremde）互动关系中，连词"和/与"（und）是"本我"和"他我"的结合点。这里"本我""他我""和/与"构成文化异同范畴三个层面，并构成一个不可分割的主体。"本我"是人们对"他我"文化理解认知的出发点，是文化、文化认同、集体认同以及涉及个人的个人经历和个人记忆/认同[2]。而当"本我"文化和"他我"文化存在不同时，人们就会从"本我"文化视角出发，用主观文化逻辑去理解"他我"文化。而如何理解"他我"文化而不受"本我"文化的制约，也是跨文化日耳曼学的研究关注点。此外，文化距离也被视为"本我"文化理解的陌生化认知途径。"对文化理解而言，所谓陌生化认知途径，是指用他人眼睛审视本我文化，在这方面有两种认知方式，即从"他我"文化距离角度审视"本我"文化性和从"本我"文化视角去探索"他我"文化对"本我"文化的审视。[3]为客观理解"本我"和"他我"文化，人们须保持必要的文化距离，在此基础上审视文化间的差异性。

跨文化能力是跨文化理解的基本前提之一，它要求交际人员有意识地去思考和评价"他我"文化，弱化"本我"文化对交际活动的限制；了解构成文化差异的具体层面；避免文化中心主义、文化偏见和文化定势；通晓"本我"文化的价值和文化理念。因此，德语专业学生要弄清文化差异的层面和深度，因为文化交际行为受到个人文化属性、阶层认同和个人社会化的影响。同时，应避免文化中心主义，要求交际人员平等地对待不同文化视角，有区分地解释文化差异性，避免过早地将文化差异性纳入文化偏见和文化定势，避免将文化偏见和文化定势作为审视"他我"文化的视角。另外，交际双方应通晓"本我"文化价值和文化信念，使"本我"文化意识敏锐，并借助"他我"文化这一反射镜了解和理解"本我"文化，由此形成跨文化理解的文化互动认知，以提高跨文化能

---

[1] 参见钱敏汝："跨文化性和跨文化能力"，载钱敏汝：《钱敏汝选集》，北京外语教学与研究出版社2001年版，第213页。

[2] 参见王志强，"本我和他我——跨文化日耳曼视角下文化异同认知互动性"，载《德国研究》2006年第2期。

[3] 王志强，"本我和他我——跨文化日耳曼视角下文化异同认知互动性"，载《德国研究》2006年第2期。

力。[1]跨文化能力的培养和提高是本课程的重要教学目标,希望学生通过本课程的学习可以应对与德语民众交际时出现的一些跨文化问题。

(三)课程实施

课程总共16周,一般授课周为15周,最后一周为考察周或者根据学生选课人数调整为授课周。课程的前两周课程是通过具体的场景实例,以"机场接人"或"车站接人"为例,通过完成具体的任务向学生展示,在特定场景下的交际语料是比较固定且有其约定俗成性,学生应熟练掌握交际场景下常用的语料,而非临场口译。基于以往的教学经验,教师会在授课的第三周开始,让学生有意识地接触到向目标群体讲述中国文化时特别应注意的几个问题:

1. 在说明历史年代时,不能只简单说出普通德语民众不熟悉的中国朝代名称或者是某个皇帝的统治时间,应该避免如"乾隆时期"这样的说法,而应该以"乾隆时期"和公元纪年同时出现的方法。

2. 在涉及中国地理时,不能用"中国贵州"这样的说法,而应考虑目标接受群体对中国地理了解甚少并采用"中国西南部"的说法会更加合适。

3. 考虑具体的交际场景,比如,在路线介绍时,要区分是面对墙体大地图还是手中可持的小地图,这些对于具体语料的运用都起到决定性作用。

这几个问题教师会在教学之初就明确指出,但是学生受"本我"文化和思维习惯的影响,在后面项目展示时仍会经常忽视,可见跨文化交际能力并不能一蹴而就,而更应慢慢培养学生的意识和能力。

三、项目效果展示

第四周开始,每次课程由"场景分析"和"学生项目报告"两部分组成。学生展示项目的问题会当场讨论、解决,并总结经验供后续同学参考学习。其中,不鼓励学生完成小报告时使用图文并茂的PPT,鼓励学生仅采用PPT展示报告关键词或者较难翻译的词汇。项目完成情况一般具体表现为:学生仍会准备较多文字的PPT帮助其完成口头小报告。教师通过问卷和课堂现场反馈,主要原因有二:一是学生比较重视高年级的口头报告,投入了较多的时间精力准备,在完成PPT时往往不愿割舍,所以保留许多文字;二是学生在讲台完成报告时会

---

[1] 王志强:"文化认知与跨文化理解——以中德跨文化交际为例",载《德国研究》2005年第3期。

因紧张而忘词，希望通过 PPT 提示完成。针对以上两个原因，教师采取干预措施：PPT 在上课前几天完成，先和教师讨论取舍问题，鼓励学生以关键词提示方式将报告内容串联起来，也可借此消除报告时紧张心理。

大报告项目采用模拟陪同一两名德国游客在北京的名胜古迹中参观，上课的听众被设定为初次来华且对中国不了解的普通德国游客。没有选择模拟陪同团队的场景是基于对我校德语专业学生今后就业的考虑，绝大部分学生并不会从事外语导游方面的专职工作，而可能在以后的学习工作中陪同德国教授、合作伙伴或友人前往名胜古迹或向其介绍中国文化，同时这也是以"普通人"视角向德国游客展示北京景点及中国文化的机会。在与德国游客的接触中，学生需要考虑作为"本我"的中国文化如何在"他我"文化背景下的德国民众对"本我"文化的认识了解情况的基础上进行更好的讲述，以避免在"本我""他我"文化的交流碰撞中，"他我"文化折射出对"本我"文化的了解或者偏见误解等。学生的 PPT 展示主要以图片配关键词或者建筑名（中德文对照）的方式，完成任务时，学生模拟具体的游览路线，向听众"实地"介绍。学生反馈一般都比较积极、良好，准备报告前期，学生在查阅大量文献的同时也加深了对中国传统文化的了解，其民族自豪感和中国情怀得到提升。通过报告，学生在提高口语能力的同时也能有意识地培养跨文化交际能力。

四、结束语

本文以德语旅游口语课为例，通过引入项目教学法，以跨文化交际理论为指导思想，在教学过程中，有意识地引入"本我""他我""跨文化能力"等概念，培养学生用德语讲述中国传统文化的能力，通过课堂教学，在提高德语语言能力的同时，培养学生的中国文化意识以及跨文化交流能力。不过，如何更大限度地优化课堂内容，针对我校学生德语法律的复合培养模式背景和今后的就业去向，更有针对性地为学生量身打造课堂内容将会是今后本课程教学优化的方向。

李 烨[*]

基于 Blackboard 网络教学平台的《德语高级听力》课程教学研究

目前,外语专业高年级学生的听力教学实践中暴露出了课程内容无法实时更新、听力教材滞后于社会动态发展、听力素材与社会发展脱节、听力课程学时较少、教学手段单一等显著问题。以德语专业本科三年级学生的专业必修课《德语高级听力》为例,该课程选取德国主流电视台的时事政治新闻作为听力教学资源,时事新闻具有实时性、创新性、实践性强等特点,要求授课内容紧跟德国社会发展动态、关注热点新闻话题,对教学实践和教材内容的实时性和同步性都提出了更高的要求和挑战。针对上述实际问题,笔者所在学校依托 Blackboard 网络教学平台进行了为期 1 年的《德语高级听力》网络辅助教学的课程建设。本文尝试通过分析《德语高级听力》课程教学实践,对 Blackboard 网络教学平台辅助高年级听力教学的内容、路径和实效进行分析研究,旨在实现课程资源的实时动态更新,丰富教学资源和教学手段,以期优化教学效果。

一、背景与意义

根据《国家中长期教育改革和发展规划纲要(2010—2020 年)》和《2014 年教育信息化工作要点》的指导精神,"推进信息技术与高等教育的深度融合""探索以教育信息化手段破解热点难点问题""增强运用信息技术分析解决问题能力"是新时期教育教学中一个重要发展方向,鼓励学生运用信息技术进行自主学习对于创新人才的培养具有重要意义。目前,我国对于德语专业高级阶段听力课程的教学研究还没有得到充分重视;现有的听力课程研究囿于传统的教学手段

---

[*] 李烨(1982—),女,内蒙古巴彦淖尔人,德语文学博士,中国政法大学外国语学院讲师,硕士生导师,研究方向为德语现当代文学,德语文学与法律。本文系 2018 年中国政法大学研究生跨学科教育教学改革项目"《德语文学与法律》课程对法律外语人才培养的改革与创新"(KXKJGLX1811)的阶段成果。

和学习模式，听力课程实践缺少对于网络平台以及网络大数据资源的应用，高级听力课程急需更新教学观念，尽快与教育信息化的发展步伐接轨。另外，传统的德语听力教材已经无法满足网络时代的教育教学要求，在听力材料的实时性、同步性、内容和题材的丰富性等方面都远远落后于网络教学。Blackboard 网络教学平台作为目前唯一支持百万级用户的网络教学平台，已经成为全世界 2800 多所大学使用的在线教学平台，其中，78%的全球排名前 100 名的高校使用了该平台。Blackboard 网络教学平台立足于"混合学习"的教育理念，通过网络平台把多种教学方法和教学技术融为一体，在电脑和手机上实现听力资源的网络共享和移动共享，克服了传统听力教学的时空限制。

二、课程设计

"Blackboard 平台是骨架，混合式学习是灵魂，教学内容和教学资源是血肉。"[1] 下文主要从课程内容、课程设计和课程教学的原则、教学方法和教学过程、考查评价方式这四个方面对《德语高级听力》课程进行系统的分析和研究，以期对 Blackboard 网络教学平台辅助教学所形成的课程结构、教学理念、教学方法等方面的创新之处进行深入探究。

（一）课程内容的设计

Blackboard 网络教学平台以教学、交流和评价为功能导向，实现了"资源管理、交流互动、绩效考评"[2] 的功能，在网络虚拟环境下为教师提供了相应的教学支持工具，创造了一个全方位的教育技术环境。《德语高级听力》课程以 Blackboard 网络教学平台的三大功能模块为基础，对课程内容进行了如下的版面设计：①教学大纲。②课堂听力内容：根据听力主题划分不同单元，如欧洲难民危机、德国之翼飞机失事、德国铁路罢工、中东呼吸综合征等。③新闻词汇分类汇总，如政治外交、环境污染、自然灾害、空难海难、传染病疫情控制、经济金融、专有词汇等。④德国时事新闻论坛：学生发帖对热点时事话题展开自由讨论。⑤新闻听力资源集锦：学生上传共享听力学习资源。⑥"编写我们自己的'维基百科'"：学生针对新闻听力中出现的概念、术语、社会现象等编写百科

---

[1] 赵冬梅、尹伊：" 基于 Blackboard 平台的混合式学习模式教学实践探究"，载《现代教育技术》2012 年第 9 期。

[2] 王磊等：" Blackboard 网络平台支持下混合教学模式探索"，载《实验技术与管理》2014 年第 11 期。

知识，如欧洲难民危机、韩国岁月号沉船事件等。⑦评分中心：评分中心具有数据统计、分析汇总等功能。

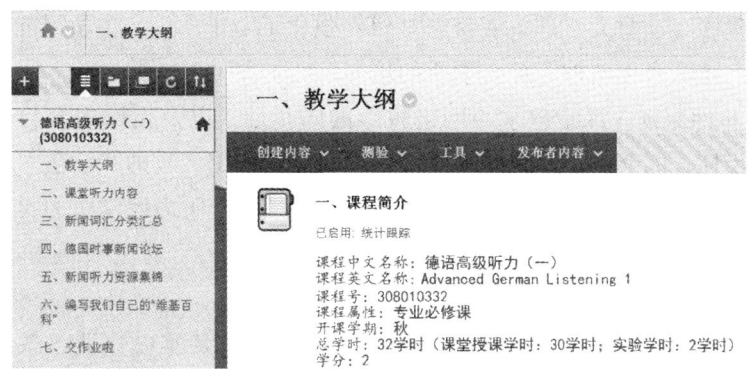

图1 Blackboard 网络教学平台《德语高级听力》课程页面设计

通过图1的七个模块可知，《德语高级听力》课程的教学内容设计反映了 Blackboard 网络教学平台的教学、交流和评价三大功能：①"教学大纲"和"课堂听力内容"属于课堂教学内容；②"新闻词汇分类汇总""德国时事新闻论坛""新闻听力资源集锦""编写我们自己的'维基百科'"属于课后交流和学习内容；③"德国时事新闻论坛""新闻听力资源集锦""编写自己的维基百科""交作业啦"同时也属于评价内容。由图1可知，课堂教学内容占比减少，课后交流和学习占比增加；学生成为课堂活动的主体，教师的引导作用已经延展到了课堂之外；考评机制融入教学过程中，评价学生的方式不再局限于传统的测验、考试等，课后的交流互动也成为考评的主要指标之一。

（二）课程设计和课程教学的原则

《德语高级听力》的课程设计和教学主要遵循以下四个主要原则：

1. 以学生为主体、教师为主导的原则。从20世纪90年代起，"以学为主"逐渐取代了"以教为主"的教学理念，加之计算机网络技术的迅猛发展，越来越多的网络教学媒介被应用于教学活动，通过课堂教学与网络移动教学的有机结合，学生成为教学的主体，教师成为教学的主导。学生可以在 Blackboard 网络教学平台上自由安排时间进行听力练习和学习，利用平台的教学资源制订学习计划、思考问题、解决问题，在平台上既能够获得教师有益的指导、同学的帮助，也能够更为独立地进行自主学习。该课程的内容设计改革了成绩为导向、课堂为中心的传统教学模式,学生进行了真正意义上的"网络探究学习",即"学生围绕一定的问题、文本、材料,在教师的帮助和支持下,通过计算机网络自助寻求或自主构建答案、意义、理解或信息"[1],强化了对于学生自主学习能力、沟通交流能力、团队合作精神等综合素质的培养。

2. 同步性原则。课堂教学与网络教学的同步性,以及授课内容与德国社会时事的同步性,能够真正起到网络辅助课堂教学的作用。教师和学生可以随时随地上传学习最新的德语时事新闻听力资料,弥补了传统听力课堂听力材料内容滞后、与社会发展脱节的弊端,方便学生进行课前预习、课上查阅和课后自主学习。

3. 师生协作互动的原则。通过学生论坛发帖、上传平时作业、教师查看作业和评语等多元化的方式突出了教师对学生学习过程的管理和引导。

4. "混合学习"的原则。何克抗认为,混合式教学的要旨在于视听媒体教学与传统课堂教学、计算机辅助教学与教师单一讲授、学生的自主学习与学生之间合作学习的结合[2]。《德语高级听力》课程的教学内容设计突出了"混合学习"的理念,把课堂教学与移动学习、自主学习、体验式学习、研究性学习、创新型学习的理念融为一体。

(三)教学方法和教学过程的设计

Blackboard网络教学平台把教学过程划分为课堂讲授和课后自主学习、线上实时教学和线下面对面教学,把课上课下、线上线下的教学有机结合起来,把"不同学习资源、时空、参与者、方式、工具深度地混合"[3],充分发挥了Blackboard网络教学平台"网络教学+课堂教学"的特色与优势,对课堂活动的内容以及方式方法进行了拓展和创新,主要包括以下环节:

1. 教师课前准备:德语时事新闻听力的实时性要求教师每周及时进行备课,以保证课堂听力材料与时事动态发展的同步性。教师课前利用网络大数据资源遴

---

[1] 王润兰、程志娜、刘纪平:"基于Blackboard平台的网络探究学习实验研究",载《现代教育技术》2014年第9期。

[2] 何克抗:"从Blending Learning看教育技术理论的新发展(上)",载《电化教育研究》2004年第3期。

[3] 周红春:"基于Blackboard学习平台的混合学习模式的探索与实践",载《电化教育研究》2011年第2期。

选适宜的时事新闻听力材料进行分析总结，并在 Blackboard 网络教学平台上发布课程信息、上传听力资料和课程内容。

2. 课堂教学活动设计：课前要求学生在 Blackboard 网络教学平台及网络上查阅时事新闻的背景材料。课堂上，教师共计播放四轮听力，课堂教学过程可以概括为：从泛听到精听，从宏观到局部，从整体到细节，从被动接受到自主学习。这符合学生的认知和学习规律。

3. 网络辅助教学：Blackboard 网络教学平台依托互联网，发挥网络大数据资源及时更新、实时通讯的优势，为课堂提供实时同步的数字化课程和教学资源，允许学生通过电脑或手机等硬件设备随时随地进行收看和学习。在课堂上和课堂之外，Blackboard 网络教学平台都能够起到辅助教学的重要作用。学生通过该平台可对授课内容进行提前预习，课上可以及时查阅听力背景知识和听力词汇及表达，课后可以通过该平台及时收取教师布置的各项任务，在积极互动中完成课堂外的听力学习。Blackboard 网络教学平台的及时性、同步性、丰富性能够弥补传统听力教学实践中的不足，成为课堂教学的有益补充。

综上可见，《德语高级听力》课程的教学设计体现了网络与现实的交互性，具体表现为师生之间、学生之间的互动，网络与课堂的互动，课前、课上、课后的互动。

(四) 考查评价方式

张仁俊等认为，学习评价不仅具有检验教学活动的效果，也具有激励功能[1]。Blackboard 网络教学平台通过多元化的考评方式进行成绩管理，强调过程性的学业评价，注重师生之间的互动协作，进而激励学生的参与意识和主观能动性。这种考评方式避免了传统听力课堂由于学时较少而造成的单一片面的考评方式，师生之间缺少沟通交流的现象。

1. Blackboard 网络教学平台强调过程性的学业评价，把考评机制融入学生自主学习的过程中，提高了评价的实效性和合理性。例如，教师通过控制学生提交作业的方式与进度，督促学生养成良好的学习习惯，逐渐培养其自主学习能力。在 Blackboard 网络教学平台上，学习内容的可见时间段、学生自主阅读授课内容的时间和频次、作业的提交时间，都可以在教师的管理平台上以数据统计的方式

---

[1] 张仁俊、童叶翔、陈六平："构建'一体化、多层次、开放式'创新化学实验教学体系的探索"，载林明河主编，邱仲兴常务副主编：《实验教学改革与探索（三）》，中山大学出版社 2002 年版。

得以显示，进而提高了教师对学生学习过程、学习习惯、学习效果的综合评价，有利于教师根据统计数据优化教学策略，引导学生对学习的过程化管理。

2. Blackboard 网络教学平台通过多种方式进行成绩管理。Blackboard 网络教学平台在传统的期末笔试之外，综合了学生学习过程中的多项表现以评定学生成绩，包括：学生上传至 Blackboard 网络教学平台的平时作业、在"德国时事新闻论坛"发帖参与讨论的频次、在"新闻听力资源集锦"上传的听力学习材料、在"编写我们自己的'维基百科'"编写的词条。这种多元化的成绩管理方式增强了学生主动参与课堂、主动探究知识的行动意识，通过多元化的评价方式促进了学生的主观能动性。

3. Blackboard 网络教学平台的考评机制注重师生之间的互动协作。教师不仅可以给出学生具体的分数，还可以通过平台给学生写评语及反馈问题，学生则可以对教师评语作出回应，在交流互动中增进了学生解决问题的能力。

三、实践效果

Blackboard 网络教学平台通过其对《德语高级听力》课堂有效的教学辅助手段以及全面的考查评价机制，提高了教学效果和学生的学习效率，在实践教学中取得了良好的效果：

1. 实现了德语高级听力课程内容的实时更新，解决了听力教材滞后于社会动态发展、听力素材与社会发展脱节的问题。学生通过时事新闻的听力练习不仅能够掌握最新的词汇、背景知识，还能加深对于德国社会文化生活的了解和认知，从这个角度看，Blackboard 网络教学平台辅助教学之下的《德语高级听力》课程兼具德国国情教育的意义。

2.《德语高级听力》课程每周仅有 2 学时的课时量，要在如此有限的学时内掌握专业语汇繁多、背景知识较为复杂的德语新闻听力，这对教师和学生都提出了挑战，学生在课外进行反复练习显得尤为必要。Blackboard 网络教学平台的网络辅助教学具有不受时空限制的开放性的特点，能够有效地把听力课程的学时延展到课堂之外，引导学生在课后进行反复的听力练习。

3. 网络平台的互动性和开放性加强了教师引导、帮助、督促的作用。教师将其教学活动从课堂上延展到课堂之外，教师能够更为有效地引导、指导、帮助学生改善听力练习策略和习惯，教师对学生的课外学习进行更为科学化的管理。

"以课堂为中心"的传统教学模式，实现了"课内课外并重"、移动学习、自主学习、体验式学习、探究式学习、混合式学习、创新式学习等多种教学理念的融会贯通。

四、结语

基于 Blackboard 网络教学平台的《德语高级听力》课程的内容设计遵循了以学生为主体、教师为主导，课堂教学与网络教学、授课内容与德国社会时事的同步性，师生协作互动，以及"混合学习"的四个主要原则，把课堂讲授和课后自主学习、线上实时教学和线下面对面教学有机结合，拓展和创新了课堂活动的内容以及方式方法。通过 Blackboard 网络教学平台的辅助教学，实现了对《德语高级听力》课程内容的实时更新，解决了听力教材滞后于社会动态发展、听力素材与社会发展脱节的问题。利用 Blackboard 网络教学平台的网络辅助教学，把有限的听力课时延展到课堂之外，能够更好地保证学生有效掌握专业语汇繁多、背景知识较为复杂的德语新闻听力。网络平台的互动性和开放性加强了教师引导、帮助、督促的作用，实现了"课内课外并重"、移动学习、自主学习、体验式学习、探究式学习、混合式学习、创新式学习等多种教学理念的融会贯通。Blackboard 网络教学平台的网络辅助教学解决了《德语高级听力》教学实践中存在的上述几个主要问题，优化了听力教学的实际效果，也为其他语种的外语听力课程教学提供了有益的借鉴。

闫 琛[*]

旨在培养思辨能力的英语专业知识课多维度教学与测评模式
——以《西方思想经典导读》课程为例

《西方思想经典导读》教学模式为：学生发现领先，教师讲解在后，学生讨论为主，教师深化为辅。课程前期由学生搜集补充相关的历史文化知识，还原经典思想产生的背景；教师从内容、思想、精髓和语言几个层面精讲经典篇章；让学生通过古今对照，东西比较，展开讨论，将话题挖深；教师从哲学、美学、历史的角度将经典提升到新的高度。评估模式以形成性评估为主，包括口头报告、小论文、大论文、中期答辩、辩论、考试几种形式。在小论文的基础上发展成大论文；期中答辩为首创，要求学生对提问作开放式的回答，引用史实、经典篇章佐证观点，强调论证过程；辩论是就一个话题展开正反两方辩论。

一、课程开设的理论和现实基础

从黄源深（1998）首次指出"思辨缺席是外语系学生的通病"[1]至今，外语类学生思辨能力缺乏的争论在国内外语界已持续了十年之久。何其莘等专家学者认为，相对于其他文科专业毕业生，外语专业毕业生普遍被认为知识面窄、思想缺乏深度、缺乏分析能力和思辨能力，造成这种现象的原因主要在于目前外语专业的课程设置和教学方法[2]。一度极为务实的人才观有其历史根源，实用主义在社会有某种急功近利的需求时特别有市场[3]，当时语言能力合格是评价的

---

[*] 闫琛（1980—），女，河北省秦皇岛人，英语语言学硕士，中国政法大学外国语学院讲师，研究方向：西方思想文化、英语测试学。
[1] 黄源深："思辨缺席"，载《外语与外语教学》1998年第7期。
[2] 何其莘、殷桐生、黄源深："关于外语专业本科教育改革的若干意见"，载《外语教学与研究》1999年第1期。
[3] 黄源深："英语专业课程必须彻底改革——再谈'思辨缺席'"，载《外语界》2010年第1期。

唯一标准,因此教学的全部精力都集中在提高语言能力,忽视了对其他能力的培养,以"精读"和"泛读"为核心课程的英语人才培养模式沿用至今。语言能力固然不容忽视,但是随着社会的进步与市场需求的转变,仅专注于英语能力的培养目标显然已经过时,忽视人才培养应具备的全面能力,尤其是思维能力、创新能力、独立解决问题能力,实际上得不偿失;旨在提高英语水平的语言技能和语言知识课程,缺乏提高人文素质的课程的设置已不能满足学生和社会的需求;重技能轻知识的教学模式,也必然导致思维能力和独立思考的缺失。

学界对于思辨能力的界定,比较有影响的思维能力理论框架有"德尔菲"项目组提出的双维结构思辨能力模型[1]、理查德·保罗(Richard Paul)的三元结构思辨能力模型[2]、林崇德的三菱结构思维能力模型[3]和文秋芳的层级结构思辨能力模型[4]。在国内外学者对思辨能力的界定和测量达成基本的共识之后,如何在教学中培养学生的思辨能力便是当前亟待解决的一个问题。

大力推行人文通识教育,开设丰富多彩的选修课程,是一项具有重要意义的教育改革举措,但是仅仅开设选修课,止步于增加信息和知识的讲座式教学远远不能实现思辨能力的质变。对于尤其缺乏思辨能力的英语专业学生来说,对必修课的培养目标、课程设置、教学方式、评测方式的改革势在必行(孙有中,2011)[5]。必须摒弃传统的"精读"和"泛读"在内容的广度和深度上浅尝辄止的做法,将《西方思想经典导读》设为必修课就是一种颇有价值的教学改革。《西方思想经典导读》作为英语专业的必修课,旨在通过对西方文化史的纵向考察和对西方思想经典文献的深度阅读,帮助学生拓宽知识面,提高人文素养,培养思辨能力,将文学、史学、哲学融为一体,阅读和分析西方政治、经济、社会、伦理、法律、科学、文艺和宗教思想史上具有里程碑意义的名篇,掌握批判

---

[1] American Philosophical Association, *Critical Thinking*: *A Statement of Expert Consensus for Purposes of Educational Assessment and Instruction*, The Delphi Report Executive Summary: Research Findings and Recommendations Prepared for the Committee on Pre-College Philosophy, ERICDoc, 1990.

[2] Paul R, *Critical Thinking*: *How to Prepare Students for a Rapidly Changing World*, Santa Rosa, CA: Foundation for Critical Thinking, 1995.

[3] 林崇德:"思维心理学研究的几点回顾",载《北京师范大学学报(社会科学版)》2006年第5期。

[4] 文秋芳、王建卿、赵彩然、刘艳萍、王海妹:"构建我国外语类大学生思辨能力量具的理论框架",载《外语界》2009第1期。

[5] 孙有中:"突出思辨能力培养,将英语专业教学改革引向深入",载《中国外语》2011年第3期。

性阅读的技巧，学会运用证据和逻辑有效组织和陈述自己的观点，在教学中深受学生欢迎。笔者在教学实践中发现，课程内容必须辅以恰当的教学和评测模式，才能彰显其对思辨能力的强大建构作用。这门具有深度和广度的课程，应构建起以培养思辨能力为核心、自主学习为支撑，填充历史背景知识为先导；以哲学角度和宏观角度为视角，梳理西方思想文化史为主线，跨学科跨文化分析为提升，形成性评价为保障，口头报告、辩论、论文、期中答辩等为主要手段的多维度教学评测模式。

二、自主学习为支撑，填充历史背景知识为先导

现代教育提倡由被动接受的学习方式转变为主动发现的学习模式[1]。自主学习"从本质上说是学习者对学习过程和学习内容的心理关系问题，即一种超越性、批判性的思考、决策以及独立行动的能力"[2]。自主学习的优点在于学习者能够独立地确定自己的学习目的、学习内容和学习方法，并确定自己的一套评估体系的能力。学习者自主学习能力的提高，可以为其思辨能力的发展提供强有力的支撑。不同的学生有不同个性和需求，他们的内在动机和自我调节学习的能力也不相同，这就要求教师引导学生自主学习。

对于《西方思想经典导读》课程来说，首先遇到的困难就是大量历史背景知识的缺失，没有这部分内容作为支撑，难以展开有实质意义的研讨和论文写作。如果全部由老师介绍，课程难免落入传统的"满堂灌"模式，教师是课堂的中心和知识的权威，拥有绝对的话语权，学生被看作知识的容器和被动接受者。因此，应当寻求教师角色的转变，由知识权威者和传授者转变为学生学习的促进者，创设民主的课堂文化和平等的思想氛围[3]。由于中国学生缺乏自主学习的习惯，教师应在课程之初就列出参考书目，传统的教学模式大多围绕一两本教材，不涉及其他参考书。为了让学生投身到课前的大量准备中，阅读大量的课程参考书尤为必要，学生根据参考书目填充历史背景知识，然后自主回答课程中提出的问题。黄源深（2010）[4]指出，缺乏参考书可能会导致"穿新鞋走老

---

[1] 韦晓保："促进外语类大学生思辨能力发展的多维培养模式构建——基于一份调查报告"，载《北京第二外国语学院学报》2012年第8期。

[2] Littlewood, W. *Learner Autonomy: Definitions, Issues and Problems*, Dublin: Authentic, 1991.

[3] 崔林、孙永君："对高校英语专业学生思辨能力培养的思考"，载《世纪桥》2011年第17期。

[4] 黄源深："英语专业课程必须彻底改革——再谈'思辨缺席'"，载《外语界》2010年第1期。

路"，依赖老师的课堂讲解，重复"记笔记、背笔记、考笔记"的老套路。自主学习有助于发挥学生的主体意识、参与意识，构建教学民主的气氛，调动学生的学习积极性。实践证明，一个和谐的自主学习环境有助于学生根据自己已有的知识储备和生活经验进行独立思考。更加重要的一点是，在这种自主宽松的学习环境中，学生有充足的选择机会，进而能够根据自己的价值标准和取向进行有意义的学习、有价值的判断。鼓励学生开展课前的学习活动，给学生创造一个宽松活泼的学习环境，以激发学生积极的情感思维，努力使学生成为"自我实现者"。

比如，开篇第一章《伯利克里在阵亡战士葬礼上的演讲》，伯利克里高度赞扬雅典的民主，想要深刻理解雅典民主之所以是西方现代民主的雏形，离不开当时的历史背景，即伯罗奔尼撒战争，以及与雅典城邦构成鲜明对比的斯巴达军国主义文化；或雅典文明对近代西方文明，特别是对文艺复兴和新古典运动的影响的具体体现都可以展开论述。这些内容需要学生自己去先行填充。在先导的阅读教学活动中，这个环节实际上是选题环节的雏形，教师可以提供几个选题，同时辅以学生自行选题，选题尽量具体，目的是引导学生基于对原始文献的阅读，进而阅读参考书或者百科全书类二手资料的相关章节，由此，原始文献的广度被大大拓宽。在准备相关资料的过程中，学生可能根据自身的兴趣，对某一个或某几个话题深入查找资料，在自由民主的气氛中完成自主决策和自主学习的先导阅读活动。

三、哲学和宏观角度为视角，梳理西方思想文化史为主线，跨学科跨文化分析为提升

学生成为教学活动的主体，并不意味着教师的作用被弱化了，相反得到了增强和提升，教师对教材内容的切入点不再是个别词汇语句涵义的解释、语法结构的分析或修辞手段的阐释，而是应该从哲学和宏观的角度切入材料。《西方思想经典导读》选取的文章均为经典名篇，探讨西方文化史上的价值观念的演变、重要思想家及思想流派、主要文学与艺术成就、宗教传统以及社会历史变迁。教材内容在历史、美学和哲学三个层面同时展开：在历史层面，勾勒西方文明史的演进路径，尤其关注对西方文明曾产生重大影响的社会与文化事件；在美学层面，深度感受西方艺术和文学名篇中传达的西方思想和价值观；在哲学层面，阅读分析西方政治、经济、社会、伦理、法律、科学、文艺、宗教思想史上具有里程碑意义的名片，让学生学会运用证据和逻辑有效组织和陈述自己的观点。很显然，仅仅停留在语言层面的阐述远远不能满足教学的需要，这对教师而言，无论在思想层面还是教学能力层面，都提出了非常高的要求，需要教师本身具备一定的哲学文学功底和良好的思辨能力。同时，关于哲学问题的思考和分析对于提高学生的思辨能力是大有益处的。教师需要能够对西方文化史进行纵向考察和梳理，并引导学生对西方思想经典文献进行深度阅读。英语专业学生由于缺乏对于西方思想发展史的整体了解，从个别的文学作品通常得到的只是对文化背景碎片化的知识，无法建立完整宏大的知识体系和框架，在"写文章需要论述的时候……常常会脑子里一片空白，觉得无话可说；或者朦朦胧胧似有想法，却一片混沌，不知从何说起"[1]，只能在短小的文本中打转，就事论事，无法展开有深度、有广度的论述。因此，教师的讲授不能停留在篇章讲解的阶段，应该更多采用苏格拉底式教学方法（Socratic method），也就是通过启发式提问与相互辩驳的方式来开展教学，而不是单向地传授知识，应引导学生对富有挑战性的问题展开思辨[2]。在阅读教学活动中，引导学生展开联想和想象，把经典与生活现实紧密联系起来，反复思辨；不必追求"标准答案"，鼓励学生利用个人的生活经验和审美经验对内容进行富有创意的诠释，借以提高学生的思辨能力[3]。教师对相关内容做跨学科跨文化的引导，可以有效地开拓思维发展，提升思辨能力。

比如，《申辩篇》中苏格拉底深刻的哲学智慧至今仍是人类思考的主题，教师可以引导学生讨论苏格拉底名言"know yourself"的涵义，如何解读"an unexamined life is not worth living"的内涵，引导学生思考哲学存在的意义，反思个人的现实生活；讨论苏格拉底之死对于西方民主法治的深远影响，从历史、法律的角度审视这一世纪审判；将苏格拉底与中国古代先贤孔子作比较，同处在人类由蒙昧走向理智、由迷信走向自信的时代，二者互为参照，重新认识西方思潮，并对中国传统文化进行现代诠释。学生提出的问题可能在初始阶段很宏大，但是在讨论过程中会逐渐缩小范围并清晰细化。再如，达尔文主义本是生物学上的一次革命，但是其被引入了社会学领域，产生了社会达尔文主义，教师应对这些知识进行有必要的讲解和扩展。又如，讲解"自由主义"一章时，适当引入经济学

---

[1] 黄源深："思辨缺席"，载《外语与外语教学》1998年第7期。
[2] 孙有中："突出思辨能力培养，将英语专业教学改革引向深入"，载《中国外语》2011年第3期。
[3] 秦秀白、蒋静仪、肖锦银、崔岭："加强评判性阅读，提高学生的思辨能力——'新世纪大学英语系列教材'《综合教程》第五、六册简介"，载《外语界》2010年第2期。

和政治学等相关知识，引导学生发现不同学科之间的联系。

四、形成性评价为保障，口头报告、辩论、论文、答辩等为主要手段

传统的评估方法基本属于终结性评估，即在学期末或学习阶段结束时进行的终结性评价[1]。终结性评价是检验教学成果的一个重要手段，但是无法对教学过程作出评估，无法监控学生的学习过程、方法、情感态度，并相应地对教学做必要的调整。终结性评价的评价主体过于单一，学生只是被动接受评价，因而学生无法对自己的学习过程进行反思，他们在学习中的主体性、能动性以及高层次的思维活动也被大大地抑制了[2]。与之相对，形成性评估能够及时提供各种协助性反馈，再依据学生的情况作出下一步的教学决策，注重过程评价和及时反馈，通过实时跟踪，全面掌握学生的思维状况，引导学生进行合理假设、逻辑分析、公正评判，从而使他们的批判性思维能力得到逐步提高。孙有中指出，英语专业测试改革的三个方向：一是要在专业知识课程上普遍采用基于阅读或调查的研究性小论文写作，二是要在所有课程中引入形成性评估机制，三是要对传统的多项选择客观性考试形式进行改造，增加对语言和思想输出的考查[3]。黄源深认为，除了"少数英语课，一般课程都要用撰写论文的方式来代替以往语言游戏式的多项选择"，尤其谈到口试的问题，"如果是口试，那就是围绕一个问题发表自己思辨式的见解，而不是过去那种呆板空洞却百用不厌的'自我陈述'"[4]。两位学者都指出了传统的终结性评估机制已不能满足现实需要，强调评估手段要为内容服务，评估方式也是提高思辨能力的手段，形成性评估机制是提高思辨能力的最好形式。传统的终结性评估机制也不应省略，但要增加主观题的数量，考试应全面覆盖大纲，以弥补前几种评估方式的不足。

有效使用形成性评估，能够连续地、动态地评估学生的学习过程，不仅关注学生对知识的掌握情况，也重视学生思辨能力的培养。形成性评估能够及时反馈学生当前思维发展状况与预期目标之间的差距，从而引导他们依据清晰性、相关性、逻辑性、深刻性和灵活性的认定标准来不断提高自身的分析能力、推理能力

---

[1] Bachman, *Fundamental Considerations in Language Testing*, London: Oxford University Press, 1999.

[2] 韦晓保："促进外语类大学生思辨能力发展的多维培养模式构建——基于一份调查报告"，载《北京第二外国语学院学报》2012年第8期。

[3] 孙有中："突出思辨能力培养，将英语专业教学改革引向深入"，载《中国外语》2011年第3期。

[4] 黄源深："英语专业课程必须彻底改革——再谈'思辨缺席'"，载《外语界》2010年第1期。

和评价能力。形成性评估是在学生的学习过程中进行的，因此，不同层次、不同个性的学生都有参与和自我表现的机会，他们分析和解决问题的能力可以得到更加全面的施展，进而促进学生的积极思维。形成性评估是以学生为中心的评价，学生的自评和互评强调学生的主动参与，加强了学生间的交流和沟通，以及相互之间的评价与监督。这种互动模式不但可以让学生获取多方面的信息和情感支持，还可以帮助学生弥补相互之间思维方面的不足。此外，形成性评估还可以让教师及时获取反馈信息，了解学生的思维状况，发现学生的困惑和薄弱环节，进行正确归因，适时地调整教学方法，进而有效地促进学生思辨能力的发展。

形成性评估诉诸的手段包括口头报告、辩论、论文、答辩等形式，这些评估手段同时也是教学手段，因为全部教学也贯穿在形成性评估的过程之中。口头报告（presentation）是自主学习的成果表现形式，教师应向学生提供参考书目。学生经过前期大量的阅读，可以选择自己感兴趣的主题，在全班或者小组内轮流进行口头展示（根据学生数量和话题性质确定小组的人数）。例如，还原苏格拉底在审判中为自己辩护的《申辩篇》（由柏拉图记录）的历史背景，探讨《申辩篇》的核心内容及历史意义。之后重要的一环是接受同学的提问，对提问做出答辩，例如：如何理解德尔菲神谕的真正涵义。下一步则是在全班或小组内就口头展示中有争议的话题进行讨论，可以分为正反两方进行辩论，辩论涉及的一般是有冲突性的话题，如苏格拉底对其究竟予以承认还是否认，从而使神谕的真正涵义在辩论中越来越明确。这种头脑风暴会让学生更专注于学习，开放思路，教师在其中发挥引导和升华作用。做口头报告的学生根据集体讨论的内容，将自己的发言整理成小论文。

值得一提的是，除了几种常用的形成性评价，期中答辩的形式为首创。除了在口头展示的环节使用答辩之外，在教师的指导下完成小论文后，加上一个期中答辩的环节，形式与毕业论文答辩相同，这次答辩是课堂答辩的升级。由教师对论文的内容提问，要求学生对提问做开放式的回答，引用史实、论据佐证观点，强调论证过程。经过答辩、与教师的协商和修改，在小论文的基础上发展成学年论文，甚至毕业论文。学习活动从一次结果变成贯穿整个教学过程，使学生的口头表达能力、文字写作能力、思辨能力、创新能力等综合素质能力得以全面的训练和提高。真正实现了学生角色的转变，变被动学习为主动学习，变灌输式教学为探索和研究，使教学的时间和空间得以增加和扩展，对教师也相应地提出了更高的要求。学生也由开始的紧张状态，通过形成性评估有步骤、有节奏地发展到比较自如地作出应对，这种尝试取得了良好的效果。

整个教学评测的过流程包括：选择题目——先导阅读——口头展示——答辩——辩论——小论文——与教师沟通——期中答辩——大论文。形成性评估过程中的同伴反馈意见（peer-assessment）、教师反馈意见、修改环节中的自我评估都可以有效地促进学生反思学习过程，不仅可以获取多方面的信息和情感支持，还能帮助学生进行发散性思维，多角度、全方位地思考问题，提高分析问题的综合能力。

五、小结

高等教育应该培养学生的抽象思维能力、逻辑思维能力、有效推理能力和论据评价能力。提高学生的思辨能力对于创新人才的培养意义重大。笔者在教学实践中，尝试构建一个以培养思辨能力为核心，自主学习为支撑，填充历史背景知识为先导；哲学角度和宏观角度为视角，梳理西方思想文化史为主线，跨学科跨文化分析为提升；形成性评价为保障，口头报告、辩论、论文、中期答辩等为主要手段的多维度教学评测模式，致力于提高英语专业学生的思辨能力。同时，教师自身思辨能力的提高是对学习者思辨能力培养的保证，提高学生的思辨能力是一个需要长期为之努力的系统工程，需要教师不断地探索和长期的努力。

谢 娟*

英语名著选读课程建设初探

国内英语教育的普及和国际交流在国家与私人层面的不断深入，既为大学英语教育提出新的挑战，也提供了新的思路。顺应新时期对人才培养的要求，大学英语教学改革中的分科教学已成必然之势。就中国政法大学的人才培养目标而言，要培养的不是只懂专业的技能型人才，而是要有国际视野，能面向未来、引领未来的综合性人才。若要拥有国际视野，继而引领未来，必先了解他人的世界，而非武断地以自身的知识视野和预设去对他人加以评判和强制性改变；若想给世界带来有益的改变，必先学会在比较中甄别真伪，择善而从。英语文学课恰恰能为这个目标的实现起到一臂之力。因为文学创作是一种思想实验，对于生命样态的多样性与可能性的探究，给予读者一个"梦想照进现实"的想象空间，这种想象的自由正是文学的宝贵赠予。心自由，方有对未来的设计与企盼；心窄仄，则易一叶障目，自困于一隅。一叶障目，自困于一隅者，何以奢谈"国际视野"？说到国际视野和中西方的沟通，我们不由想到凯斯·R. 桑斯坦在《信息乌托邦》中提到的自己在20世纪80年代末造访中国时发生的一个插曲。他有一次在参观博物馆时，巧遇关于成吉思汗的一个展览。当他看到成吉思汗的名字时，脱口而出："他是一个恐怖的暴君。"陪同他的中国朋友颇有礼貌但不失坚定地纠正他："不，他是一个伟大的领导者。"于是，桑斯坦立马补充了一句，借以缓和尴尬的气氛："在美国的学校，我们都被告知他是一个恐怖的暴君。"中国朋友闻言，也"解释"道："在中国，我们都被告知他是一个伟大的领导者。"[2] 由此可见，真相是一个多面体，恰如切割后炫目的钻石，只有从高处去俯瞰，才能领略它的真实面目与真正价值。而这个高度，取决于观看者知己知人的意愿与能

---

* 谢娟（1979—），女，山东临沂人，中国政法大学外国语学院副教授，研究方向为英美十九世纪文学。

〔2〕 Cass R. Sunstein, *Infotopia*: *How Many Minds Produce Knowledge*, New York; Oxford: Oxford University Press, 2008, p. 217.

力。英语文学课虽然对于中国的学生来讲，多了一道语言的藩篱，但是通过"浸入式"的阅读所带来的语言技能的提升与读者视野的拓宽，这道藩篱将不再是不同文明形式与个体思想沟通的障碍，而是成为走近彼此、了解彼此、改变彼此的有效助力。而就最基本的人性所需而言，只要人们尚且保留着对未知事物的好奇之心，以及与他人心灵沟通的需求，阅读就不会从人们生活中消失，那么，讲述阅读技巧，培养一双善于聆听的耳朵、一颗善于感受的心和一张善于表达的嘴巴的文学课就有存在的理由和发展的空间。

作为通识课程之一的英语名著选读课程开设的初衷，旨在通过理论教学与实践操作训练，以具体而多元的文本赏析培养学生的多元文化视野，在比较借鉴中加深学生的文化底蕴，以多样性的课内外活动丰富学生的阅读体验，激发学生的想象力与创造力，从而帮助学生提高文学赏析、文化跨越、价值判断与思维创新能力。就专业学习而言，亦可为不同专业的学生继续研读本专业的英文文献、以英文撰写本专业的学术论文等后续课程奠定必要的语言能力与人文知识储备之基础。

因此，英语名著选读课程在培养学生的审美情趣与能力、完善他们的人格、提升他们的智识能力、增进他们对西方文化传统与思想理念的了解等各方面，有着自己独特的优势。如何使这一优势得到最大程度的发挥，即是课程建设首要思考的问题。笔者认为，在前文所提到的预期目标的指引下，结合本院校学生的英语水平与职业发展的具体情况，课程建设大致涵盖以下五点：一是教材的选择，通过建立在问卷调查基础上的对学生英语文学能力的评估，自编教材，为学生量身定做私家书橱。二是讲授方式要以点带面，授之以渔；将基本文本与评论文本结合使用，讲评与讨论并重，注重课程的延伸性。三是思想语言，形神兼顾；授课语言与使用的材料皆为英语，营造浸入式的语言思想氛围，既注重语言使用层面的文学性，又兼顾蕴含于语言之中的历史、文化、哲思等思想理念。四是将读者反应纳入教学过程，由浅入深，注重体验，增强学生课程的参与度，结合学生的听课反应来调整授课进度与细节安排。五是考查方式采取形成性评价和期末笔试相结合的形式，加大主观题的比重，给学生更大的发挥空间，更加注重对学生综合能力的考查。本文便从这五个方面对英语名著选读的课程建设做一抛砖引玉的初步探讨。

一、教材的选择

以调查问卷的形式,对学生目前的英语文学知识储备进行初步评估,从而"量体裁衣"。通过对调查问卷的分析,不难发现,这门课程面向的大二学生的英语文学知识储备呈现出如下特点:一是词汇量相对狭窄,限制了对英文作品的欣赏能力。首先,仍有相当一部分同学停留在背单词书、被动记忆的思维模式,还没有养成主动地用英语表达自身观点的意识与习惯;其次,阅读习惯的缺位和语篇意识的缺乏也易造成单词理解碎片化、浅表化,从而降低了英语使用的能力。二是对英语文学的了解较为片面,接触的大多是当代流行小说,比如《吸血鬼日记》《追风筝的人》《哈利·波特》《小王子》等,或改编成影视作品的经典作品,比如《伟大的盖茨比》《傲慢与偏见》《苔丝》等。而且很多同学读的是中文译本,而不是英文原著,有英语文学阅读习惯的人的比例则更少。三是对西方文化、宗教、文学的了解限于一些中文的、通史性质的概况介绍。而中文的西方文化通史,有时会语焉不详,只是粗线条的勾勒,难以帮助读者形成鲜明深刻的印象和完整的知识体系。四是对英语文学的赏析不得其门而入,尤其是英文诗歌。由于多年来中文诗歌所培养的阅读习惯的差异,和对于英文诗歌所涉及的思想背景和表达形式的陌生,导致学生们在接触英文诗歌时不得要领,有"只缘身在此山中,云深不知处"的挫败感。诸如对散文、戏剧、小说等相对熟悉的体裁,学生们更容易理解文本含义,但是就理解的纵深性与层次感而言,仍有所欠缺。

在此调查结果基础之上,又考虑到受众群体(非英语专业大二的学生)、本门课程的学时、本门课程的培养目标和院校整体的培养目标四项综合因素,我们选择使用自编教材,优势有以下三点:

1. 相比市面上经典文学教材所采用的编年文学史附加选择性的作家作品选段的编排形式,自编教材采取了文学知识点和人文知识点并置的编排形式,以对作品的理解来带动对更宏阔的文化历史思想背景的了解。例如:"道德与审美:奥斯卡·王尔德的《道林·格雷画像》""法理与人情,傲慢与偏见:莎士比亚的《威尼斯商人》""科学与人性:霍桑的《胎记》""女权主义与两性关系:凯特·肖邦的《一小时的故事》""从众与从心:爱默生的《自立》与罗伯特·佛罗斯特的《一条人迹罕至的小路》""死亡的诱惑与超越死亡:济慈的《夜莺颂》""信仰隐退,道德失范与心的迷茫:叶芝的《再次降临》和贝克特的《等待戈多》"。

2. 选篇打通英美文学，兼顾英美文学代表作，囊括主要文学体裁，涵盖了诗歌、短篇小说、戏剧、论说文与长篇小说等体裁，以点带面，从各体裁代表作来加深对不同体裁文体特色的了解，为学生课外的持续的文学阅读打下基础。

3. 文字资料为主、影音资料为辅，比如，进行诗歌的朗诵，观看英文原著改编而成的影视作品，以及具有主题相关性的影视作品，既能有助于加深对文字的理解，又能增强学习过程的趣味性。如在剧场版的《等待戈多》中，演员对文字的演绎能帮助读者更好地体会贝克特的创作意图和手法，而罗宾·威廉姆斯主演的经典电影《暴雨骄阳》（*Dead Poet's Society*）则令人印象深刻地诠释了"从众与从心"这一话题。

二、讲授方式

讲授方式根据基本的教学目标而定。本课程所要达到的基本教学目标主要有以下四点：①通过文本的阅读，帮助学生增强对文字使用的敏感度，加深对词法和句法的理解和记忆，而这种理解能力正是提升英语综合运用能力的基础；②增强学生对文本整体架构的把握和细节之处的细读能力，做到既能提纲挈领，又能品味细节之处诸如关键概念和独特写作手法的用意，而这种架构能力与对细节的把握是撰写学术文章所需的基本技能；③将输入转化为输出，以口头和笔头的形式体现阅读和思考的过程与所得；④通过阅读、讨论与辩论所激发的头脑风暴，培养学生的批判性思维，带来思维方式和行为方式上的转变。故而，讲授方式呈现出如下特点：以点带面，授之以渔；基本文本与评论文本结合使用，讲评与讨论并重，注重课程的延伸性。

文学课更注重学生对文本的思想性与文学性的理解，因而在讲解过程中不会面面俱到，不以生词讲解为主，而是以对文本的整体把握来带动对字词的理解。为增强学生对基本文本理解的纵深性与层次感，评论文献的阅读必不可少，中文与英文评论文献相互补充，可以从不同的视角帮助学生理解文本所蕴含的主题思想与作者创作手法的匠心独运之处。与文学作品的对话（基本文本的阅读）和与其他读者的对话（评论文献的阅读）可以将读者从对"绝对性"或者"标准答案"的执念中解放出来，进而培养对生命样态多样性的尊重。如爱默生在《自立》一文中所讲的顺从（conformism）和不顺从（nonconformism）是可以交替的状态，并不是用后者来完全取代前者。人生本就是各种存在样态的交替，关键在于平衡，或者说生命中各元素之间的协调与比例。之所以强调后者，正是因为前者的追随者打破了这种平衡，压缩了后者的生存空间，使得后者有死于无视的可能。所谓对"多样性"的尊重，也体现于屏蔽预设、对文本信息的全面把握中。一件文学作品最有价值的地方在于故事讲述过程中的展示，在于细节。所有大而化之的概括都是带有一定误导性的简化主义（reductionism），带有某种窄仄预设的阅读方式会极大妨碍读者对于作品细节之处的赏析，进而影响到对其全面而深层次的理解，也遮蔽了作品自身的多重魅力。比如《士兵突击》，如果只是把它归结为一个草根士兵的成长史，也就是文学上常见的成长小说（Bildungsroman）的题材，便落入了过于空泛的简化主义的陷阱。虽然在主线的把握上没有问题，但这部文学作品更大的魅力在于对各种环境中人性的揭示，对不同性格人物的不同人生选择和不随波逐流的阿甘式主人公的刻画，对"不抛弃，不放弃"精神的生动演绎，对生活中我们也曾留意到的现象和感悟以戏剧性的展现，由此触发了诸多共鸣。而这些细节恰是最能展现文学作品的文学性（literariness）之处。

所谓课程的延伸性，不仅指打通课堂内外，有学时限制的课堂学习与终身阅读习惯相结合，还意味着打破学科的疆域，将文学课所谈的内容与学生其他专业的学习内容衔接起来，比如哲学、政治学、法理学等，实现文学课与专业课的双赢。

三、思想语言，形神兼顾

本校中文系亦开设有中外名著赏析性质的课程，在学生中颇受欢迎。李忠实老师的文学课将莎士比亚四大悲剧中的《哈姆雷特》和《麦克白》搬上戏剧舞台，观者云集，反响热烈。与之相比，英语名著选读课程更加强调英文原著的阅读和英文评论文献的使用，达到"思想语言，形神兼顾"。原因有如下三点：

1. 直接面对英文原著可以消除中文译本中译者阐释的介入有时会带来的消极影响。

2. 文学语言中存在的"不可译性"现象，尤其体现于对英文诗歌和英语国家独特的文化现象的翻译。英译中如此，中译英亦然。金庸先生的逝世触发的武侠情怀与怀旧热潮亦引发了人们对金庸作品代表作《射雕英雄传》的英文译本的关注。英译本中对武侠招式与带有鲜明中国传统文化特色的物态与意境的翻译不乏值得商榷之处。再如，中医理念的英译，若要理解这些"不可译"的文化与文学现象，必须以原汁原味的宏大文化语境与绵长的文学传统为依托。

3. 浸入式学习方式便于打造立体式学习环境，随着知识积淀的增长，阅读过程中的"触点"才能增长。所谓"触点"，也就是读者对于文字的敏感性，以及读者视野与作者视野的不断趋近所引发的共鸣。

对一件事的兴趣源自接触中的不断了解，有句话叫"山不走向穆罕默德，穆罕默德走向山"。主动性是做好任何事情的必备要素。需要强调的一点是，措辞只是思想的外壳，我们所要了解的不只是外壳。只有将思想与文法相结合，才能体会英文写作的魅力之处。这也是强调"思想语言，形神兼顾"的英语名著选读课程的优势所在。

四、教师学生双主体，双向互动重体验

教师、学生皆为课堂主体，不是教师一言堂，而是讲解加讨论，由浅入深，注重学生的学习体验，增强学生课程的参与度。主要体现于以下四点：①浸入式学习法。课上课下无缝衔接，微信、微博、公众号，结合使用，打造立体式学习环境。②讨论式学习法。通过各种平台上的交流、提问，而后知不足。③建构式学习法。通过教师课上对主要知识点的精讲，引导学生通过笔头和口头的传达方式来建构起自己对于某一问题的系统性看法，并清楚无误地加以表达。④观察—倾听—修正学习法。通过教师课上对学生微表情的观察和学生定期的反馈，掌握学生学习过程的动态，并提出相应的学习建议。

五、考查方式

考查方式采取形成性评价和期末笔试相结合的形式，加大主观题的比重，给学生更大的发挥空间，更加注重对学生综合能力的考查。形成性评价由出勤率、课上表现和学期总结三部分构成。课上表现主要体现于每堂课讨论环节中学生的个人表现。鼓励学生勇敢发表个人见解，将文学课所探讨的内容与自己的阅读体验和生活体验相衔接，让英语文学走进个人生活。学期总结是对学生一学期学习成果的检测，在第16周递交，有两种形式可供学生选择：一是小组视频的形式，二是学期论文的形式。小组视频的话题可以对某位作家或某个时期进行专题研讨，亦可围绕某个主题展开，组员可以选择有相关性的不同作家作品进行评论。形式不限，比较有表演天赋的同学可以排演戏中戏的话剧，将对话题的演绎和对话题的评论结合起来，或让剧中人以内心独白的形式自陈，从剧中人视角解读他们眼中的世界，也可以采取传统的交替个人发言形式，或座谈研讨形式，或其他可以全员参与，给大家最大的发挥空间。教师根据学生在视频中展现出的英语文学知识水平和表达能力给出个人得分。不习惯在公众场合发言，或更擅长写作的同学亦可采取第二种学期论文的形式。学期论文采取英文评论的形式，考查学生的知识面与语言驾驭能力。

随着中外交流的不断加深，英语基础教育的不断加强，每次英语名著选读课程面向的受众群体都会呈现出不同的特色，教师对课程的安排也需要做出相应的调整，才能获得良好的教学效果。故而，每次的总结都是一个新的起点。希望这一抛砖引玉之作能够引发业内人士和文学爱好者的广泛探讨，让文学融入我们的生活方式，为我们的日常生活带来更多的诗意与远方。

吴康平*

教改背景下的翻译本科口译教学定位

自 2004 年上海外国语大学第一次确立了"翻译学"硕士点和博士点的学科地位后，2006 年我国开始招收"翻译"专业本科生（BTI），2007 年设立"翻译硕士专业学位"（MTI），标志着我国翻译学科建设和人才培养体系已逐步完善，形成了一个完整的覆盖本、硕、博阶段的教育体系。笔者所在学校也在翻译日趋职业化和英语专业改革的大背景下进行了改革，于 2015 年同时开始招收 BTI 及 MTI 学生。在过去三年人才的培养过程中，本校相关任课老师在新设立的专业尤其是 BTI 的定位和课程设置、BTI 与 MTI 课程如何进行有效衔接等方面，进行了深入探索和反复思考。本文将从教学翻译和翻译教学的区别出发，阐述笔者对 BTI 口译教学定位的看法，并简要介绍教学实践中的培养重点。

一、翻译专业本科口译课程的定位

（一）教学翻译和翻译教学

让·德利尔（Jean Delisle）首先区分了"翻译教学"和"教学翻译"的概念，提出"教学翻译是为了学习某种语言或在高水平中运用这种语言和深入了解这种语言的文体而采用的一种方法"[2]，认为这种练习"一般都不是围绕具有实际交流价值的文献进行的，而是围绕语言形式进行的，是一些代码转换练习"[3]，而"翻译教学不是为了掌握语言结构和丰富语言知识，也不是为了提高文体的水平。纯正意义的翻译的目的是要实现翻译自身的成果，而教学翻译的

---

* 吴康平，中国政法大学外国语学院翻译研究所，硕士，讲师；研究方向：口笔译研究。

[2] ［加拿大］德利尔:《翻译理论与翻译教学法》，孙慧双译，国际文化出版公司 1988 年版，第 45 页。

[3] ［加拿大］德利尔:《翻译理论与翻译教学法》，孙慧双译，国际文化出版公司 1988 年版，第 45 页。

目的只是考核学员外语学习的成果"[1]。

穆雷提出不能把教学翻译和翻译教学混为一谈,指出用翻译进行外语教学或者来检查学生对外语的理解程度和对语法规则的掌握是外语教学法流派中的翻译教学法,而非翻译教学。在教学翻译中,翻译是外语教学的目的。而真正的翻译教学,"是使学生树立正确的翻译观,培养良好的翻译工作习惯,学会初步的翻译技巧,了解一定的翻译理论,具备基本的翻译能力"[2]。

《翻译本科专业教学质量国家标准》提出翻译本科专业学生应达到"具备良好的能力,主要包括语言能力和翻译能力",而"翻译能力是指学生经过专业口译训练后,能胜任一般体裁的工作交际、商务会谈、社区事务等场合的对话口译工作"。

具备良好的语言能力,是口译学习的重要前提条件,也是口译能力的一个部分。翻译专业本科学生在进入真正翻译专业课程之前,大多接受过以语言学习为目的的翻译训练,即上文所说的"教学翻译",尤其是大学第一、二学年的基础英语课,经常进行这种练习。然而接下来的口译课程应该以语言能力的培养为目标还是翻译能力的培养为目标,即是教学翻译还是翻译教学成为争论的焦点。例如,鲍川运就从口译的过程和口译技能训练的自然规律,以及大学本科口译课程课时量的局限性出发提出"大学本科口译课的性质是教学翻译,是外语教学的一个有益的手段……但是大学口译课也可以为翻译培养做出贡献,作为一门口译入门课,口译教学中除了向学生介绍口译的基本概念、口译的策略和技巧,也可以对口译进行尝试,进行一些口译基本功的训练,为将来真正意义的口译训练打好基础"[3]。郑鸿颖认为,"大学本科口译课应该定位为翻译教学,因为教学翻译的重点是比较语法和两种语言的基本特点及其在表达方式、习惯用语等方面的异同,主要用于教学目的,不用于交际目的,提高交际翻译能力,是采用教学翻译的伴随性任务。而翻译教学则是利用学生已经获得的双语交际能力,训练他们掌握双语交流的特点和技术,即学生通过翻译教学,获得语言理解能力,提高语言

---

[1] [加拿大]德利尔:《翻译理论与翻译教学法》,孙慧双译,国际文化出版公司1988年版,第46页。

[2] 穆雷:《中国翻译教学研究》,上海外语教育出版社1999版,第114页。

[3] 鲍川运:"大学本科口译教学的定位及教学",载《中国翻译》2004年第5期。

交流能力，达到学习口译课的真正目的"[1]。叶霭云[2]研究发现，本科学生尚未具备足够的语言能力和学习经历完成翻译教学的任务，因此本科教学应定位于教学翻译，课堂教学应侧重于提高学生的语言能力。

笔者认为，不宜简单地把大学本科翻译课程划定为教学翻译或翻译教学，正如德利尔指出，"在教学翻译和翻译教学之间没有一个确定的方程式"[3]。不论对于英语本科的翻译课程，还是翻译本科的翻译课程，核心定位就是培养正确的翻译思维，而翻译思维的培养虽然是一个长期的过程，其起点应该是本科的翻译课程。下文将主要从口译课程的角度分析如何培养学生正确的翻译思维。

（二）翻译思维的建立

区分教学翻译和翻译教学的标准在于教学的目的，同样是翻译课程，以语言的提高为目的则为教学翻译，以提高翻译能力为目的为翻译教学。这一区别如何体现在具体的教学过程中，我们可以以下面句子的课堂翻译为例。

例1[4]：中美关系是最大的发展中国家和最大的发达国家之间的关系，两国经济有很强的互补性。

译文1：The relationship between China and the United States is one between the world's largest developing country and largest developed country. Our economies are highly complementary.

译文2：The relationship between China and the United States is one between the world's largest developing country and largest developed country. The economies of our two countries can support each other.

两种译文的差异在于"互补性"这个词的翻译，译文1是教学翻译想实现的目标，即学习使用"complementary"甚至"complementarity"这个词。而译文2是在口译课堂上笔者的学生经过一段时间的犹豫给出的译文，这位同学在"互补性"这个词的翻译上卡壳了，无论是不知道这个词的翻译还是一时忘了，他整体

---

[1] 郑鸿颖："论大学本科口译教学的定位及方法"，载《西南交通大学学报（社会科学版）》2006年第4期。

[2] 叶霭云："全国高等院校翻译专业师资培训对本科口译教学的启示"，载《语文学刊（外语教育教学）》2012年第1期。

[3] [加拿大]德利尔：《翻译理论与翻译教学法》，孙慧双译，国际文化出版公司1988年版，第47页。

[4] 例文和译文1出自于第十三届全国人大一次会议国务院总理会见中外记者中李克强总理的发言和现场翻译。

翻译的效果受到了影响,最后的译文"support each other"虽然不如"complementary"忠实于原文,但如果这位同学在开始就确定想不起或译不出"complementary"这个词,"support each other"不失为一个好的译文。

对于口译或者笔译课程的入门来说,关键是要求学生建立起正确的翻译思维,这里体现的就是避免"找词"的陷阱。这是教学翻译和翻译教学最根本也是最重要的一个差异。

例2[1]:In fact when we start comparing international trade, we get some strange statistics. We see for example that a trading partner such as Switzerland is almost as important as China for the European Union.

译文1:在我们研究国际贸易的时候,对各个方面做一下比较会发现一些比较奇怪的数据,比如说,在对欧盟的贸易中,瑞士和中国是同样重要。

译文2:实际上,如果研究一下国际贸易的数据,会发现一个奇怪的现象:尽管瑞士是一个小国,但从贸易的角度来看,瑞士对欧洲的重要性不亚于中国。

如果以提高语言能力为基础,表达的忠实为最高标准,那么译文1的翻译非常忠实准确,完全实现了翻译教学的目标。而译文2的翻译比忠实于字面的译文1更能达意,传达言者的意图。如果说教学翻译的终点是译文1,那么翻译教学的目的应该是达到译文2的效果。

如前所述,翻译专业本科学生在学习专业翻译课程之前所接受的外语训练,特别是翻译训练主要是字词句的表达,学生容易形成一种思维定式,即翻译等于字词句的语言转化,在刚接触翻译课程时,最容易陷入的就是"找词"的尴尬或"句型对译"的困境。那么本科翻译课程作为学习翻译的启蒙阶段,首要任务就是建立正确的思维,即认识到翻译(包括口译)的本质是意义传达。

约翰·罗伯特·安德森(John Robert Anderson)把技能发展分为认知、联结、自动化3个阶段。王斌华认为口译技能的学习和进步亦是如此:"在'认知阶段',口译学习者学习口译的相关知识,如源语的听辨理解和分析的程序和方法、记忆的程序和方法、笔记的程序和方法、多任务操作的程序和方法等;在'联系阶段',学习者主要通过有意识的练习,在不断试验、犯错、发现问题、解决问题的过程中对所学的方法进行掌握,同时在各种方法之间建立起联系;在

---

[1] 例文和译文均出自于李长栓:《理解与表达,英汉口译案例讲评》,外语教学与研究出版社2013版,第35~36页。

'自动化阶段'，学习者对各种程序和方法的执行达到熟练、快速乃至自动化的程度，并且对其他认知资源的占用也会越来越少，在这一阶段，学习者便成为专家译员。"[1]

笔者认为，BTI 的训练属于口译技能认知阶段，MTI 属于联结阶段，最终的目标是实现自动化阶段，成为职业译员。原因在于，如上所述，BTI 阶段由于学生的双语能力和翻译课时量的局限，只能对于口译的基本原则建立认知，特别是翻译思维的确立，MTI 阶段应该是在正确的翻译思维的指导下，有意识地进行大量的训练建立这些技能的衔接，为技能"联结阶段"。这两个阶段之间的区别不在于教学翻译和翻译教学的区别，而是技能领悟和技能实操的区别。因而 BTI 的教学不属于教学翻译，教学的目的在于帮助学生建立翻译的本质是信息传递的正确观点，摆脱教学翻译时形成的思维定式。

然而，BTI 的教学也不是完全的翻译教学，原因有两点：①学习者双语能力尤其是外语能力仍然有很大的提高空间，不能完全胜任核心的翻译技能训练。②本科翻译阶段的专业训练时间不足以让学生掌握核心的翻译技能。

笔者认为，本科阶段的翻译课程应该是为翻译教学做好准备的一个阶段，是介于教学翻译和翻译教学之间的一个承前启后的过渡阶段。这个阶段最主要的两个任务：①继续提高双语能力，特别是针对翻译技巧的双语能力。②灌输正确的翻译思维。其中，正确的翻译思维，即以上所讲的理解翻译的本质：信息的传递。所有技能课程的设计都应该服务于这个目的，而双语能力的提高包含多个方面，作为教学翻译准备阶段的双语能力培养，应该以源语的听力理解、目标语的表达为核心培养任务。

二、翻译本科专业教学模式

明确了本科翻译教学的基本定位和目标之后，必须借助教学理念建立相应的教学模式来保证教学目标的实现。

《外国语言文学类教学质量国家标准》中列出的翻译专业核心口译课程包括：联络口译、交替传译、专题口译。各学校根据自己的情况分别开设了相关的必修课和选修课。如广东外语外贸大学 BTI 开设了基础口译、连续传译、专题口

---

[1] 王斌华："从口译能力到译员能力：专业口译教学理念的拓展"，载《外语与外语教学》2012 第 6 期。

译、同声传译、商务口译、视译、口译工作坊、模拟国际会议传译等口译相关课程，MTI 开设了连续传译、同声传译、高级英汉汉英口译、视译、专题口译、商务口译、法庭口译、新闻口译等口译相关课程。中国政法大学 BTI 开设了联络口译、基础口译、法律专题口译、商务谈判口译、视译实践、国际会议口译、法庭口译、法律英语口译实践等口译相关课程，MTI 开设了交互口译、视译、同声传译等口译相关课程。

而目前翻译人才培养中存在的一个比较显著的问题是：专业硕士课程和翻译本科课程重复开设、课程体系层次不分明，重点不清晰，区别仅仅在于材料难度上的变化。"作为完整的翻译专业培养体系，其中每个层次都应有自己明确的培养目标，以及与之相应的培养重点。"〔1〕 BTI 培养性质是从教学翻译向翻译教学的过渡，是翻译教学的准备阶段，因而在教学模式上应该既区别于教学翻译的语言学习，又区别与 MTI 以技能学习为重点的翻译教学。下面以 BTI 的核心课程联络口译、交替口译、专题口译以及视译和同声传译课程等大多数院校开设的口译课程出发讲解如何体现 BTI 教学和 MTI 教学的区别和衔接。

（一）突出联络口译的重要性

首先，联络口译的重要性不亚于会议口译。"在当今世界，各种各样的语言和不断加强的文化多样性使得人们每一天都要在商务、司法、医疗、行政、文化等各种领域进行大量的跨语言沟通，这些沟通大部分仍是通过'联络口译'来完成的。而随着我国对外开放的不断深化和经济实力的不断增强，社会上对于各领域的中外沟通活动会越来越多，对从事联络口译的译员需要也会随之不断加大。加强对联络口译的学习和实践，对于我们开展职业化口译训练来说，既是一个重要的途径，也是一项迫切的要求。"〔2〕 著名口译研究学者吉尔教授在 2008 年 5 月于广东外语外贸大学举行的第七届全国口译大会暨国际研讨会上指出，中国目前最需要的口译人才还是从事商务和文化交流活动的口译人才，而不是从事会议口译工作的人才。其次，由于联络口译从技能要求（包括语言能力、记忆负担和互译能力）上比会议口译简单，因而应该在本科阶段把联络口译作为口译入门和重点学习内容，会议口译作为 MTI 重点学习内容。

（二）语言学习与口译技能并重

刘和平提出，"学生在二年级下半学期、三年级上半学期开始进入翻译技能

---

〔1〕 仲伟合、穆雷："翻译专业人才培养模式探索与实践"，载《中国外语》2008 年第 6 期。
〔2〕 詹成主编：《联络口译》，外语教学与研究出版社 2010 年版，第 5 页。

训练，但这并不意味着他们的语言理解和表达能力已经达到或接近职业译者译员的水平。因此，语言提高还是本科阶段一项重要任务"〔1〕。根据笔者十多年为本科生讲授口译课程的经验，学生的语言能力，特别是外语能力是学生在口译入门时最大的障碍，脱离语言学习的口译学习只是无源之水无本之木。而语言学习涉及各个方面，以口译能力为导向的语言能力训练将集中在听力理解、词汇句型记忆和信息表达几个方面。而口译的基本技能之中，包括信息处理（包括听力理解和对源语信息的分析加工）、口译记忆、口译笔记、语言转换和目标语表达，以及同声传译中的同步听说等，只有信息处理和目标语表达应该在BTI阶段被作为主要训练的对象，其他技能应该是MTI学习阶段的主要任务。

（三）以培养正确的翻译思维为核心任务

如前所述，对于刚刚接触口译专业课程的学生，培养正确的翻译思维应该被作为核心任务。语言能力的培养是一个长期的过程，短时间见效不明显。而正确的翻译思维的建立，一方面，对于处理由于语言问题造成的翻译困境有很大的帮助，如例1所示；另一方面，能够帮助学生正确地应对口译中各个环节遇到的问题，合理分配精力。这里所谓的翻译思维，即认识到口译的本质是信息的交流，口译的过程可以分解为听辨——剥离原语语言外壳获取原语意义——用译语重新包装原语意义的过程，而不是简单的听到源语，直接将文字转换为译语的过程。

对于交替传译学习的意义在于：处理好听信息和听词的关系，以信息的获取为首要任务；笔记不是简单机械地记录源语字词，而是记录加工处理过的信息，翻译过程不是简单的字词转化，而是传达源语所承载的信息意义的过程。这里区别于MTI交替传译学习的重点在于：①强调对原文信息整体的听辨，甚至可以牺牲源语个别信息以及信息的精准度，后者是MTI强调的内容；②弱化笔记的作用，在本科生语言能力没有达到一定水平的时候过度使用笔记会占用信息听辨的精力，笔记可以作为MTI阶段的重点任务进行系统学习和巩固；③强调表达的流利和信息传达的力度，而非表达的完整性或用词的精确度。对于口译初学者，敢于开口翻译以及翻译的自由度比用词准确表达完美更重要。

视译训练主要集中在两个方面的技能：①看源语快速抓取信息，用译出语表达源语信息的能力。这一技能的指导思路就是释意派理论下的剥离原语外壳理论。在看源语时，要快速理解字词背后隐藏的信息而非只是字词本身，在表达

---

〔1〕 刘和平："论本科翻译教学的原则与方法"，载《中国翻译》2009年第6期。

时，不要受制于字词的束缚，用更灵活的句型和字词表达源语要传达的信息。这种方法训练的是翻译的速度、表达的逻辑性和流畅性，强调翻译的整体效果，而非细节的完善。②顺句驱动技巧，依照源语语言的词序和语序对源语进行切分翻译，是同声传译的基础练习技巧。这时对于翻译的精准度要求更高。BTI 的视译课程应该以前者为重点，提高学生阅读、获取信息和自由表达的能力，这一能力更多的与语言提高相关。MTI 的视译课程应该以顺句驱动技巧训练为核心，这一能力更多与口译技能相关。

对于在本科阶段开设同声传译课程，大部分专家持怀疑态度，如鲍川运认为："鉴于本科口译教学的课时量以及学生的语言能力，同声传译似乎不太合适，不宜作为口译教学的内容。"[1] 但大部分开设 BTI 的院校都开设了同声传译课程，部分也取得了比较好的效果。在 BTI 阶段开设同声传译课程，关键在于课程的内容要区分于 MTI 内容，以建立起同传意识为主要目的：①训练应主要集中在培养学生边听边说的能力，可以进行总结性的翻译。相对加大听说时差（EVS），可以减少对细节的要求。②以耳语同传作为主要方向，结合联络口译进行训练。③以有稿同传为主。

三、结语

本科翻译专业是翻译教学的重要组成部分，是从教学翻译到翻译教学的过渡阶段。只有在明确定位的基础上，教师才能制定合理的教学目标、教学内容和教学材料，在正确的教学思路指导下，为学生展开相应核心课程的训练，一方面为学生培养基本翻译技能和正确的翻译思维，保证本科教学质量和教学目标的完成，另一方面为学生进一步学习口译核心技能打下坚实的基础。

---

[1] 鲍川运："大学本科口译教学的定位及教学"，载《中国翻译》2004 年第 5 期。

霍颖楠[*]

基于篇章语用学的德语听力课程

在外语教学所重点培养的听、说、读、写、译五项技能中,听力是最重要的语言输入手段之一,因此外语教师必须对此予以重视。但是,目前德语专业学生在听力理解方面遇到诸多困难,对其原因进行深入解析并根据现代语言学理论提出合理的解决方案是当务之急。篇章语用学理论是个开放型、动态性的框架。该理论认为不能孤立地观察和描述篇章,而必须将其融入人的行为实践以及具体的交际情景当中。笔者希望借助该理论中关于篇章、人与世界的三元互动关系的论述,探讨如何在德语系本科二年级开设的"德语听力"课程中尝试将人文素质教育与外语教学有机结合,使外语学习者充分认识到语言科学中的丰富资源及其连接其他学科的可能途径,为复合型人才培养贡献一份力量。

一、影响德语听力效果的因素分析

在多年的听力教学实践中,笔者逐渐总结出德语专业学生在听力训练中主要遇到如下障碍:

(一) 词汇量不足

一方面,由于二年级的学生只学过一年德语,其拥有的词汇量有限,所以课上的听力材料难免会出现生词,这时学生的思维往往会停留在对词义的思考上,而忽略了其余部分的听力材料,从而影响了对篇章的全面理解;另一方面,学生无法将所学过单词的声音信号与其词义相匹配,因此在听力过程中也经常出现听不懂音频,却能读懂听力原文的现象。

(二) 关注个别词语,忽视篇章整体意义

很多学生的听力方法有问题。他们认为只有把听力材料中的每个词都听出

---

[*] 霍颖楠(1978—),女,吉林东丰人,德语语言学博士,中国政法大学外国语学院德语语言研究所讲师。研究方向:篇章语言学、法律语言学、语料库语言学及教学法。

来,甚至写下来,才算完成听力的任务。这是因为他们"平时很少听到完整的语言交际,缺乏音位能力和信息处理技巧"[1]。他们没有养成按意群听音,从整体上把握篇章信息的习惯,却习惯于逐个单词地听。因此,一旦语速过快或者出现生词,他们就会感到无所适从,甚至不能将听到的几个孤立的单词有机地结合起来,从而无法完成听力任务。

(三)缺乏相关的背景知识

中德两国在语言、国情和文化方面存在着许多差异。学生对自身文化和德国文化了解得不够,也会影响其听力理解的准确性。[2]语言学研究指出,一个词的意义只有在一定的语境中才能实现。如果缺乏德国的国情以及社会文化知识,仅仅了解单词的字面意义,是无法完成既定的听力任务的,今后也无法适应真实的交际场景。听力理解需要在短时间内通过上下文的已知部分并结合常识经验和背景知识对词义进行逻辑推理,所以背景知识显得更加重要,有助于学生推测词义、预测篇章的内容。

(四)听力动机不足,缺乏自信

中国学生在学习德语的过程中缺乏身临其境的语言(生活)环境。在听力课上也是根据事先准备好的听力材料,完成一定的听力任务。有些听力材料是经过改编的,并非真实材料。而且课堂的环境并不是真实的交际场景,因此学生并没有真实的听力动机,动机不足必然会影响听力效果;另一方面,有些同学反映,在课堂的听力环境下常常会感到压力大,心情紧张,这些因素会严重影响听力效果,从而导致缺乏自信,构成恶性循环。

二、篇章语用学的基本理念

为了消除上述障碍对德语听力训练的负面影响,笔者在认真研读语言学理论后,发现篇章语用学的理念比较适合解决这一问题,现将该理论的基本理念简要介绍如下:

钱敏汝提出一种动态的篇章观:"篇章作为人类语言的一切使用形式,是一

---

[1] 束定芳、庄智象:《现代外语教学——理论、实践与方法》,上海外语教育出版社1996年版,第123页。

[2] 何春艳:"提高学生德语听力理解能力的策略——德福考试与德语专业八级考试听力理解部分的内容介绍与比较分析",载《北京第二外国语学院学报》2013年第2期。

种有结构、有意图的符号编码和解码创造活动。"[1] 在此过程中，篇章生产者根据自己对篇章接受者和交际场景的各种因素做出评价，同时激活大脑中的各种知识系统，这些知识在篇章里是以多维结构的方式体现出来的，而且篇章不是活动的结果，它自身就是一种活动。这种动态的篇章观旨在探明篇章与人和世界之间的关系，这三者原则上能够组成三种互动关系：[2]

- 以篇章为中心：人←篇章→世界
- 以人为中心：篇章←人→世界
- 以世界为中心：人←世界→篇章

（一）以篇章为中心

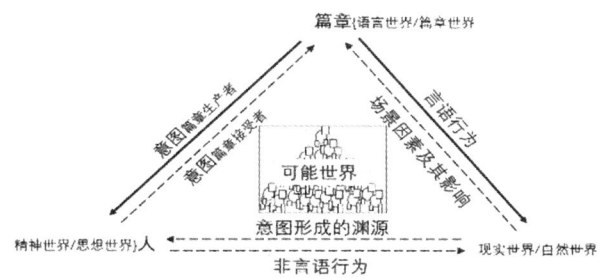

图1 以篇章为中心的"人←篇章→世界"三元关系模型

图1是从篇章功能的角度来看待人使用语言符号的状况的。篇章被看作语言的使用形式，是篇章生产者和接受者有目的地使用语言的活动。在这个模型中，作为篇章生产者的"人"构建一个不仅语法上衔接而且语义连贯的篇章，就是为了实现其某种意图。也就是说，篇章生产者将在其精神世界/思想世界形成的意图赋予以篇章为载体的语言世界/篇章世界。另一方面，作为篇章接受者的"人"如果希望理解篇章，就必须调动自己所储备的各种知识，努力推断出篇章生产者的意图。Heinemann 和 Viehweger 认为，语言学研究中应将交际双方的知识系统纳入考虑范围。这里的知识系统包括：百科知识、语言知识、互动知识以及关于篇章总体范式的知识。[3] 该模型中的第三个要素是指现实世界/自然世界。

---

[1] 钱敏汝：《篇章语用学概论》，外语教学与研究出版社2001年版，第224页。
[2] 钱敏汝：《篇章语用学概论》，外语教学与研究出版社2001年版，第327页。
[3] Heinemann, Wolfgang/Viehweger, Dieter: *Textlinguistik*. Tübingen, 1991.

篇章通过人的言语行为影响和改变着世界,而世界作为场景因素也可能对篇章产生影响。

(二) 以人为中心

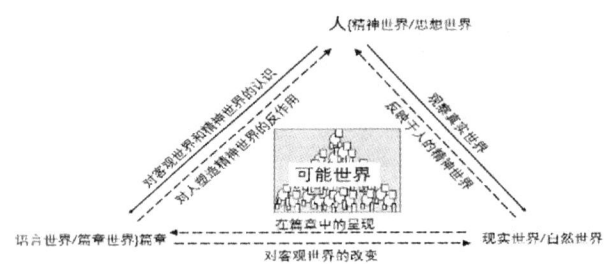

图2 以人为中心的"篇章←人→世界"三元关系模型

图2的模型关注的是符号性关系。篇章在这里被视为语言的使用形式,因而它具有符号的性质。篇章只有通过人的使用才能完成一个交际活动,这时篇章的符号特性才能得到体现。居于该模型中心位置的人不仅对篇章而且对世界都产生了直接的影响。人不仅观察着现实世界/自然世界,而且还将对客观世界和精神世界的认识都呈现在篇章之中。反之,人在解读篇章的过程中,篇章对人的精神世界也可能起到塑造作用;人在观察真实世界的同时,客观世界也反映于人的精神世界。人与篇章和世界处于一种直接或间接的互动关系之中。通过人生产篇章,现实世界/自然世界才能在篇章中呈现;另一方面,通过人对篇章的理解和使用,篇章才可能改变客观世界。

(三) 以世界为中心

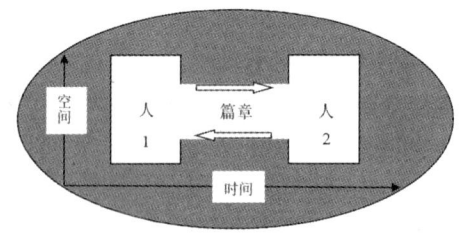

图3 以世界为中心的"人←世界→篇章"三元关系模型

如图3所示,世界在这里向人和篇章提供了时间和空间两个维度,没有这两个维度,不仅人和篇章缺乏衡量依据,甚至连其存在的物质性都会消失。世界是以背景的形式出现的。人和篇章之间发生的各种互动关系都是在这个背景之下发生的。这些互动关系包括篇章生产者与篇章之间、篇章接受者与篇章之间以及篇章生产者和篇章接受者之间的关系。首先,篇章生产者根据其行为目标通过激活知识的程序完成编码创造活动,从而创造了篇章;其次,篇章接受者根据其行为意图调动头脑中储存的各种知识完成的解码创造活动,从而完成了对篇章的理解,篇章理解被看作一种有建设性和持续性的活动,它是根据内容、观点和场景的种种关系对接收到的篇章做出系统阐释的过程,所以总带有篇章接受者的主观态度;最后,篇章生产者和篇章接受者在世界这个背景下也会发生互动,但是这种互动关系是通过篇章这个媒介实现的。

总之,上述三种三元互动关系模型分别展示了三个不同的研究视角,它们共同构成了一个开放而且动态的理论框架,可以为不同的篇章分析所采用。在德语听力课程的教学过程中,自然离不开篇章,因此也必然构成"篇章与人和世界"的三元互动关系。笔者在下文中试图借助上述理论模型为德语听力教学提供改革建议。

三、基于篇章语用学的德语听力教学改革建议

Schumann 指出,听力理解包含三个过程:感知、理解、诠释。这一过程既包含借助耳朵接收各类声波,也包含认知和识别所听到的内容,并理解和加工其内涵。[1]。听力理解的过程需要一位讲话者和一位接收者。讲话者通过一个篇章向接收者提供有关信息。接收者只有掌握了有关语言体系、上下文、交际情景、篇章类型等方面的知识,才有可能准确地理解所听到的信息。这些知识不是杂乱无序地排列在大脑之中,而是以知识框架(Schemata)的形式储存于大脑之中。顺利实现听力理解,需要两个步骤:首先,信息从篇章出发,抵达听者耳中,听者对此进行加工,并理解其涵义;而第二个步骤则与此相反,它指听者将其已拥有的知识用于理解信息。[2]该步骤受大脑中的知识框架(Schemata)控制,听者可借助该步骤预设理解预期,并对不完整的信息进行补充。这两个步骤交替发挥

---

[1] Schumann, Adelheid. übungen zum Hörverstehen [A]. In Bausch, K. R., Christ, H., Hüllen, W., Krumm, H. J. (Hrsg.) *Handbuch Fremdsprachenunterricht* [C]. Tübingen: A. Franke Verlag, 1995.

[2] 何春艳:"提高学生德语听力理解能力的策略——德福考试与德语专业八级考试听力理解部分的内容介绍与比较分析",载《北京第二外国语学院学报》2013 年第 2 期。

作用，从而帮助听者进行沟通交流。从这个角度来看，听力理解不是一个简单被动的过程，而是一个积极主动的过程。听力理解不仅仅是"听"，更侧重于听者在接收信息的过程中借助自身已有的知识框架、理解能力、判别能力对所听到的信息进行理解、加工、反馈，其全过程是一个不同信息相互融合、相互作用的过程。基于以上对听力理解的认识，笔者认为可以利用篇章语用学的三元互动关系构建德语听力课程体系。德语听力课程中所体现的"篇章与人和世界"的三元关系如下所示：

· 篇章＝听力课上使用的音视频材料；
· 人＝教师和学生以及听力材料的讲话者和接收者；
· 世界＝听力材料（篇章）中所涉及的可能世界。

基于上文中对影响听力效果的原因分析以及相关语言学理论梳理，并经过长期深入思考之后，笔者希望对德语听力课程的教学提出如下建议：

（一）立足篇章层面开展教学工作

首先，听力教学的材料应该尽量选取真实的语言材料，而且不能仅仅局限于个别词汇的讲授，应该多从篇章功能的角度引导学生去理解听力材料在真实语言场景中的作用，因为这种功能只有在篇章中才能得到充分地体现，对听力材料的讲授只有结合其篇章功能才更有助于学生理解。其次，应该重视语言的实际应用。在讲授的过程中，不能孤立地关注单个篇章，而应该重视篇章之间的互文关系，每次课上的听力材料应互相关联，成为有机的整体，这样有利于学生构建相应的认知体系，促进听力效果的显著提升。最后，教师应该引导学生改变听力方式，不需要逐词听音，而应具有篇章意识，学会从整体上理解听力材料的意义及功能。

（二）关注篇章的生产者和接受者

这是因为篇章语用学不再把篇章看作终结性的结构来考察，而是通过交际者的篇章建构过程以及转换为语言符号等生成和理解的一系列处理过程来对篇章进行描写。[1]所以，在听力课上，教师应该培养学生的篇章意识，听力理解的过程中需要认真考虑所选材料的篇章生产者和篇章接受者。这里的篇章生产者就是指听力材料中的说话者，而篇章接受者就是听力材料的接收者，也就是课堂上的学

---

[1] 钱敏汝："基于篇章语用学的篇章语言学课程"，载北京外国语大学德语系编：《北京外国语大学德语系特色专业建设研究论文集》，外语教学与研究出版社2010年版。

生。如果引导学生以篇章接受者的身份从思考以及再构建篇章生产者的意图的角度进行听力理解，则有助于增进学生的听力动机，从而大大改善其对听力材料的理解能力，学生的自信心也会随之提高。这里体现的是"人"和"篇章"的关系。此外，通过对以篇章接受者的身份参与交际实践的方式学习听力材料，学生在接受和理解篇章的同时，有可能改变对与此相关的社会问题或相关文化的认知。这也体现了"人"和"世界"的互动关系，对复合型人才的培养也可以起到巨大的推动作用。

（三）开展场景教学并引入跨文化因素

笔者在上文中对理论模型的分析表明，篇章的内容体现的是代表三元关系中的"世界"，也就是指"现实生活情境"。为了更好地理解"篇章"和"世界"的互动关系，在德语听力教学中开展场景教学是非常有效的方式。通过让学生扮演听力材料中的角色，不仅可以将听力材料的内容与社会交际的真实情境相结合，而且可以更直观地看到某种篇章类型如何通过言语行为实现其特有篇章功能。在德语听力教学中，也可以将模拟场景作为听后任务，因为在外语教学的各环节和任务中应以培养学习者的交际能力为主要目的。此外，场景教学需要不断拓展学生社会常识、德国的国情以及历史和文化等方面的知识，同时也需要积极培养他们的跨文化能力。[1]这一点体现的是"篇章"和"世界"的互动关系。只有具备了这些关于"世界"的背景知识，作为篇章接受者的学生才可以更加有效地完成每次听力训练任务，充分理解作为听力材料的"篇章"的多维内涵，从而认识到语言学科与其他学科相联系的多种途径。

四、结语

综上所述，从德语听力课程的特点来看，它的课程设计实际上涉及多个领域。因此，教师必须以合适的理论、方法和原则为依据，才能不断改善教学效果。而运用篇章语用学的篇章与人和世界的三元关系可以指导德语听力教学的有效开展。在该理论的指导下，教与学都不能孤立地观察和描述篇章，而必须将其融入人的行为实践以及具体的交际情境当中，从而实现培养具有国际视野的复合型外语人才的目标。

---

[1] 霍颖楠："从跨文化视角谈法律德语教学"，载《社科纵横》2014年第7期。

张春阳*

本地化市场分析与 MTI 本地化课程探究

随着国内经济的发展,越来越多的跨国公司开始将重点转向中国市场,同时,许多国内企业也开始开拓海外市场。这一变化极大地推动了本地化行业的发展,也拉动了市场对于高端本地化翻译人才的需求。

不同于翻译学术硕士,MTI 重在与市场有更全面、更紧密的对接,适应市场需求,培养技术性强、实践能力高的专业翻译人才,因此,将本地化纳入 MTI 的课程设置是 MTI 发展的必然趋势。然而,目前国内开设本地化课程的高校很少,所以对于 MTI 本地化课程设置的探究十分重要。

作者深入本地化公司,通过一系列实际参与和访谈,详细了解了本地化市场的趋势和对人才的要求,并以此为依据,对 MTI 的本地化课程开设提出建议。

一、本地化行业浅析

作者在一家国际本地化公司兼职三年有余,其间作为高级语言专家参与了许多大型本地化项目,与此同时,也多次与 Lionbridge、SDL、Moravia、Welocalize 等多家国际知名本地化公司的项目经理、翻译、审校人员和高级语言专家沟通,从不同的角度了解国内本地化市场,获取了第一手真实信息。

(一) 市场概况

本地化是语言服务中十分重要的一个类别,据《中国翻译服务业调研报告 2014》(以下简称《报告》)显示,有 50% 的翻译服务企业主营业务类别涉及本地化服务[1]。经过调查了解,作者认为本地化市场的以下几个特点值得注意:

1. 依赖自由译者。《报告》显示,翻译服务类企业大多人员规模较小,有 74% 的翻译服务企业全职员工在 50 人以下。全职员工岗位中,"管理岗位人员"

---

* 张春阳(1990—),女,吉林省吉林市人,英语口笔译文学硕士、英语口译专业硕士,中国政法大学外国语学院翻译研究所助教,研究方向为中英笔译、口译和本地化。

[1] 中国翻译协会:《中国翻译服务业分析报告 2014》,中国翻译协会 2014 年,第 23 页。

占全体员工的77%，比例最高，而"全职翻译人员"仅占15%。绝大多数翻译服务企业依赖于兼职人员，也就是自由译者，来完成企业的大部分业务。数据显示，高达61%的企业将50%以上的业务量交由兼职人员完成，其中甚至少量企业的全部业务量都通过兼职人员完成[1]。

经过与多名本地化行业从业人员的沟通，作者了解到，造成这一现象的原因主要是全职翻译的薪资吸引力不够。作为本地化公司的全职翻译，每天需要坐班，工作量无法由自己掌控，而且由于主要客户都是外企，工作的派发并不会顾及中国的传统节假日，致使全职翻译经常要在五一、端午、十一，甚至春节等主要节假日加班。自由译者则不同，可以根据自己的时间灵活安排工作，无需每天上下班通勤，遇到不喜欢的工作也可以拒绝。最重要的是，相比之下，付出同等的时间和精力，许多翻译在做自由译者时赚的钱要比全职翻译多得多。因此，招聘新的全职翻译成为让许多本地化公司的人力资源部头疼的事情。

2. 从业人员能力水平参差不齐。本地化入行门槛低，由于使用机器辅助翻译，且可以随时在网络上查找资料，因此对于翻译的英语能力要求相对不高。据了解，很多本地化从业人员都不是翻译专业出身，甚至不是英语专业毕业的。非英语专业的翻译，尤其是学习计算机或者工程类的翻译，在处理技术类文档的本地化时反而比英语专业占优势，但遇到句型复杂或者俚语等内容的时候，可能会犯错。而英语专业毕业的翻译水平也是参差不齐，尤其遇到技术类文档时，很多人会败下阵来。

3. 本地化价格整体偏低。随着经济全球化和企业国际化的快速发展，本地化市场在快速扩大，我国本地化公司的数量也在不断上升。而且截至2008年，全球25强的本地化服务公司，已经超过80%在中国开设了分公司[2]。虽然行业规范正在逐步设立，但公司之间为了利益最大化，互相压价的情况仍然存在，导致国内整体价格非常低。作者从一位从业十余年的本地化翻译处了解到，本地化10年前的价格与现在所差无几。

4. 与传统翻译相比，本地化流程较为复杂。传统翻译一般只做一遍翻译加一遍简单的校对，甚至很多时候，译者翻译好后便直接提交给客户。而本地化项

---

[1] 中国翻译协会：《中国翻译服务业分析报告2014》，中国翻译协会2014年，第29~36页。

[2] 崔启亮："本地化服务行业的技术与商业新趋势"，载本地化世界网，http://www.giltworld.com/E_ReadNews.asp?NewsId=619，最后访问时间：2018年8月24日。

目大多有着非常严格的多层级处理步骤，审校与翻译一样都是必不可少的，审校完成后，还有桌面排版、质量保证（QA）等步骤，有时候为了保证质量，还会在审校之后加一层 proofreading（即只看译文不看原文，以提高译文的可读性）。多个步骤的实施会压缩译者的收入，而且本地化行业中，一般译文质量会与收入挂钩，错误超过一定比例，会导致翻译费用减少。

综上所述，随着 MTI 的兴起，翻译人才数量确实大幅增加了，但是本地化行业因为从业人员高强度、低薪资的现状，仍然面临对高质量翻译供不应求的状况。

（二）本地化对翻译的要求

由于本地化与传统翻译的差别较大，很多本地化公司在招聘时对翻译在本地化行业的经验有着较高要求。作者曾采访过一些本地化公司负责招聘翻译的人员，"为什么不找 MTI 专业毕业的学生？"对方认为，没有本地化经验的人做本地化项目会产生很多问题。

本地化需要使用机辅翻译软件，没有相关经验的人都不会使用这些软件；本地化项目对于译文和术语翻译的一致性、标点符号、甚至数字的处理都有十分严格的要求，没有相关经验的人往往不习惯遵循这些要求，从而导致项目因错误比例过大而影响所获得的报酬；本地化项目中有许多特殊符号，比如占位符（placeholder）和表示特殊格式或者超链接的符号（tag）等，无相关经验的翻译不清楚如何处理；本地化的翻译往往缺乏上下文，比如 UI（用户界面）的翻译，只给出一个单词"Home"，可能是"住宅"，也可能是"主页"，需要翻译根据参考文件和信息加以判断，而没有本地化经验的人经常不会仔细查看参考文件，从而导致译文错误；一些翻译语言能力不错，不过因为没有本地化经验，语言比较随意，更偏向于在创作，增减非常多，不考虑原文。

提及本地化行业对于翻译人才的要求，作者结合对业内人士的采访和个人经验积累，认为有以下要素值得考虑。

1. 较高的语言能力和翻译技能，这是所有语言服务工作最基本的要求。

2. 对本地化行业的了解和基本技能的掌控，包括对主流机辅翻译工具的使用。

3. 快速学习的能力。不同的客户对文档的处理和使用的工具有不同的要求，很多时候，译者需要快速学会使用一个新的工具来做本地化项目，因此快速学习的能力必不可少。

4. 认真负责、爱思考、爱钻研的态度。作者认为，这是一个好翻译不可或缺的品质。本地化由于其特殊的形式和性质，源语言文本经常缺乏足够的上下文或参考资料。很多翻译带着得过且过、"差不多就行"的态度工作，在对原文理解不透彻的情况下，写下了凭空猜测的译文，从而导致错误百出。更有很多译文无法通过审核，仅因为在错别字、标点、空格等方面出现了低级错误，或者翻译为了省时间没有查看参考文献或者项目要求。一个语言能力好的人好找，但一个态度认真的人难得。作者曾经测试过一位国际知名高校的翻译专业毕业生，其语言水平非常高，但因为粗心大意，译文仍然有很多错误，从而导致测试没有通过。

（三）翻译专业毕业生的问题

在于本地化业内人士的沟通过程中，作者了解到，一些本地化公司对翻译专业的毕业生并不看好。一是因为这些学生在学校并没有接受过本地化方面的培训，又没有相关经验，在做测试稿（招聘翻译时，本地化公司往往先让应聘者翻译一份测试稿，以判断其能力）时将本地化文件当作普通翻译来做，往往效果不佳。二是因为很多应聘的翻译专业毕业生语言、翻译水平并没有那么高，加上比较粗心，测试稿也经常无法通过。

此外，那些有翻译证书的人也不一定就很适合做本地化工作，因为国内的翻译水平考试主要针对传统翻译，和本地化的实际应用比较脱节。例如，许多翻译水平考试的试题曾以文学翻译为主，而市场上文学翻译占比十分小，虽然近几年趋势有所改变，不再偏重文学，但试题内容仍与本地化相差甚远。其次，几乎所有笔译水平考试都不允许考生上网查资料，而查资料的能力在本地化项目中十分重要。

二、国内本地化教学情况分析

国内的本地化教学起步较晚。最初，翻译多是英语专业下的一类课程，翻译类的专业也多偏向于理论研究。2006年，国内有三所高校开始招收"翻译"专业的本科生；2007年，国务院学位委员会批准了第一批15所高校开设MTI（翻译硕士）课程，截至2018年1月，全国已有246所高校和科研机构获得了MTI办学资格。翻译专业从学术化逐渐转向专业化，为语言服务市场输送了大量人才。

然而，这些院校中，开设本地化方面课程的仍占少数，开设本地化方向本科、硕士或博士学位的院校更是少之又少。本地化在翻译市场中占有十分重要的地位，然而提及"本地化"，很多外语专业，甚至是翻译专业的老师与学生都不了解这个概念。因此，虽然 MTI 专业遍地开花，但本地化人才仍然极其欠缺。

南开大学外国语学院是全国第一所正式开设"本地化翻译"MTI 课程的大学，此后对外经济贸易大学也开设了"本地化翻译"课程[1]。而本科化方向专业的开设则要更晚一些，据作者了解，截至 2018 年，在全国所有拥有 MTI 招生资格的院校中，也只有广外高级翻译学院、西安外国语大学（MTI 笔译专业下设"本地化与翻译"方向）和北京语言大学高级翻译学院有本地化相关的专业。其中，广东外语外贸大学于 2015 年 9 月招收了第一批 MTI "翻译与本地化管理"方向的学生，是全国最早的；而北语高级翻译学院则开设有本科（本地化方向）和博士（翻译技术与本地化）的本地化相关专业，硕士阶段也开设了本地化相关课程。

三、MTI 本地化课程探索

本地化公司不愿意招没有本地化经验的翻译，主要原因是无经验的译者会犯上文中提到的错误，为了避免这些错误，翻译招进来后，本地化公司需要花大量实现去为他们做培训，这不仅要花费时间和资金，还会压缩原本就不高的利润。因此，大多数本地化公司愿意寻找已经受过相关培训的翻译。但如果 MTI 专业的学生能够在学校期间将这些技能都掌握，就可以解决这一问题。

此外，接受过本地化技能培训的 MTI 专业学生会比有本地化经验但语言水平欠佳的翻译更有竞争力。站在本地化公司的角度考虑，招聘有本地化经验的非语言专业翻译，虽然省去了本地化技能培训这个过程，但长期看来，若遇到原文比较复杂或者客户要求较高的情况，就需要再投入时间和精力帮助翻译提升语言和翻译能力。本地化公司往往缺乏足够的专业语言教育者，且翻译（尤其是自由译者）会因为家庭、工作、年龄等原因，对这类语言培训的重视程度和接受程度不高，从而导致语言培训收效甚微。而招聘翻译专业的毕业生则大大减少了这一问题，如果我们能让学生在学校期间就掌握本地化相关技能，就能进一步提升他们在本地化市场的竞争力。

因此，作者认为，在 MTI 专业中开展本地化课程十分必要。私以为课程应该

---

[1] 崔启亮："中国本地化行业二十年（1993—2012）"，载《上海翻译》2013 年第 2 期。

包含以下内容：

（一）强化语言水平和基本翻译技能

拥有 MTI 招生资格的院校从 2006 年的 15 所增加到 2018 年的 246 所，短短 12 年间，翻了十几倍。全国高校响应趋势，大范围开展 MTI 课程建设，然而很多学校并没有足够的经验和师资。而从学生角度看，作者了解到，很多 MTI 专业的学会选择这个专业并非因为对口译或者笔译感兴趣，而是因为"只需要两年就能拿到硕士学位"或者"MTI 不需要考二外"这样的原因。整体看来，并非所有的 MTI 学生在毕业时都能有足够好的语言水平和翻译能力，因此在研究生阶段还应该着重加强。

（二）学会使用相关工具

此处的相关工具主要分为两方面：

1. 主流机辅翻译工具，如 Trados、Deja Vu、MemoQ 等。学校应该投资购买一到两款相关软件，或者与这些软件公司合作。比如英国巴斯大学就跟 MemoQ 公司有合作，在机器辅助翻译课上为学生提供免费的软件以供学习使用，学生上完课后，如果想要购买该软件，公司还会提供特别折扣。

2. 基本的计算机软件的使用，比如 Microsoft Office 系列产品的使用。虽然学生本科阶段都会有计算机课程，但很多学生对于 Word、Excel 等工具的使用仍然知之甚少，仅了解最基本的操作。无论是笔译、本地化等语言类工作，还是其他文职工作，都必不可少地要使用到 Microsoft Office 系列产品，而熟练掌握这些工具，能够让学生在从事一些工作时做到事半功倍。

此外，学生还应该通过对这些工具的学习与使用，克服对于新工具、新软件的排斥与恐惧，增强自我摸索与学习的能力，以便在本地化工作中遇到新软件也能够快速掌握。

（三）掌握本地化的基本信息和技能

学生需要了解本地化的相关信息和基本技能。比如，什么是本地化，本地化与笔译的差别是什么，本地化的基本流程，占位符和其他特殊符号的处理方法，以及项目管理、桌面排版、质量控制等。如果是本地化专业，则应在加入一些计算机编程方面的基本课程。

（四）搜索技能

搜索技能的训练是往往会被忽略的一点。如上文所述，本地化项目中经常缺乏上下文，或出现原文语意不清晰的情况，学生应掌握如何利用手里有限的信息快速确定原文含义。搜索并不是简单的在浏览器中输入一个单词,这样往往会浪费大量时间,却也无法找到正确的答案。搜索有很多技巧,可以帮助翻译快速、高效地找到想要的内容。让学生掌握这些技巧,并养成利用搜索帮助解决问题的习惯,可以进一步提升学生的竞争力。

(五)项目管理和团队合作

本地化行业的工作并不仅限于翻译与审校,还有质量保证(QA)专员、工程师、测试人员、排版专员、项目经理等高度专业化的细分职位[1]。而由于本地化的复杂流程,每个本地化项目都需要许多人的共同合作。因此,这方面的培训也十分重要。

在北京语言大学高翻学院调研期间,作者了解到,高翻学院帮助学生组建翻译团队,从项目管理到翻译到审校,皆由学生自己负责,老师从旁指导。这个由学生组成的翻译团队承接了许多大型的翻译项目,学习与实践相结合,这一模式十分值得借鉴。

四、结语

本地化行业日益增长的市场决定了加强本地化教育势在必行,近些年的教育趋势也证明了这一点。然而目前开设本地化方向课程的学校并不多见,本地化方向专业更是凤毛麟角。MTI项目的根本目标是培养翻译市场急需的各类职业翻译人才,正适合在此项目中开展本地化方面的培训。课程设置中,应结合市场的需求以及实际工作的真实情况,开展相关的技能培训与知识传授。同时,不可忽视对学生的一些通用技能的培训,如搜索技能、工具使用能力和团队合作能力等。

---

[1] 王华树:"职业化时代背景下的MTI教育创新与本地化人才培养",载《外国语(上海外国语大学学报)》2017年第5期。

郝轶君[*]

通识教育视点下对大学
日语教学的再认识

一、通识教育起源及发展

追溯通识教育（General Education）的起源，可以认为是古希腊哲学家亚里士多德所倡导的 Liberal Education（现多译为自由教育、博雅教育等），所谓适用于"自由人"的教育。而当时的"自由人"是指拥有接受教育权利的统治阶级阶层，"自由人必能使用其时间于其所认为具有特定的修养价值之任何科目之上[1]"，即倡导"培养通达智能，而非专门技术的教育[2]"。亚里士多德所倡导的自由教育不是为了实用，而是以提高自我修养、完善人性为目的的教育。因此，一般认为西方社会到18世纪为止的精英阶层教育沿用的就是自由教育的传统，在大学里学习神学、医学等专业之前，天文、音乐等科目也是大学必学基础科目。

现代意义的大学教育借助工业革命之势，科技发展迅速带来了以科技为主的专业化、实用化教育，同时对古典的自由教育重新认识为"应具备理性精神和思辨精神，思考能力和创造能力，只有在大学的科学研究与学术探讨中才能得到保存和发扬"（威廉·冯·洪堡），自由教育逐步向现代通识教育转变。1828年美国耶鲁大学的《耶鲁报告》指出，"教育的目的不是简单的教授单一的专业技能，而是提供广泛、深刻而坚实的完整教育，为精英教育奠定基础；不是为谋求日后的商业利益，而是通过思维和心智的训练以谋求终身快乐；不是缔造某一行业的

---

[*] 郝轶君，女，中国政法大学外国语学院副教授。
[1] [英] John Adams：《教育哲学史》，余家菊译，中华书局1934年版，第275页。
[2] 江宜桦："从博雅到通识：大学教育理念的发展与现况"，载《政治与社会哲学评论》2005年第14期。

专家,而是培养拥有全局观点,能够领导群伦的通才"[1]。强调目标在于培养受过良好教育的全面发展的人,以实施完整教育的理念,在大学课程设置体系上不能仅有几门科目的片面教育,而是在一定的时间内尽量开展全面的教育课程,注重学生人文精神熏陶,提高学生人文知识素养,完善人格。

1945 年哈佛大学发布的"General Education in a Free Society"(《自由社会中的通识教育》)被称为现代高等教育史上的"The Red Book",对通识教育进行了系统的论述,明确了通识教育实施的思想和构架,强调对大学生的人文、社会及自然科学领域的教育,目的在于培养学生眼光远大、通融识见的人文精神和具备有效思维、准确判断的能力。之后哈佛大学进一步通过课程教学改革方案和工作报告建立了课程设置完整、课程体系完善、具有广泛意义的现代通识教育。[2]

通识教育在美国的大学形成并发展后,对其他国家和地区的大学教育也带来了新的认识。日本积极引进西方文明成功实现近代化过程中,近代化西方教育模式的引进无疑起了重要作用。特别是二战后通过颁布法律,在所有的大学中设立教养学部,对所有学生均要求其在入学后的前两年里接受通识教育。东京大学在本科学生培养上更与其他学校不同,学生在入学时不需选择专业,而是先入教养学部选择文、理方向进行通识教育课程学习后再具体申请专业,以通识教育课程成绩和面试情况为录取衡量标准。东京大学的通识教育如同《东京大学宪章》里的一句所述:"(东京大学)培养同时具有宽广视野和高度专业知识并兼备理解力、洞察力、实践能力、想象力以及拥有国际性和开拓者精神的各专业领域中的指导性人格。无论文、理科学生,训练其在学习外语、信息、身体运动和健康科学科目后,能够理解不同文化并加以吸收,以培养可以应对全球化社会的行动力、判断力。"

东京大学的通识教育在开设的综合科目中包含了"语言·交流""思想·艺术""国际·地域""社会·制度""人类·环境""物质·生命""数理·信息"七个系列,每学期可开设四五百门课。在大学最初的两年里积蓄学生的广阔基础能力及多样的能够适应专业学术的能力,使学生能够自我摸索、决定之后的学术道路,并做出有利于自身发展的选择。

---

[1] 曹春春:"《耶鲁报告》解读",载《淮北职业技术学院学报》2013 年第 1 期。
[2] Harvard Committee, *General Education in a Free Society-Report of Harvard Committee*: Harvard University Press, 2011.

二、中国大学的通识教育

作为高等教育人才培养的经验,通识教育在中国近代大学教育活动中也得以实施。近代中国大学的教育家大多数既有幼少时期受到的中国儒学教育基础,又有接受新式学校、教会学校甚至留学西方大学的教育经历,通过中西教育的交流体验,达到了对中西方文化的融会贯通。因此,在中国大学的办学过程中能够体现出遵循传统、引入现代教育理念、完善教育实践的策略。

近代教育学家对于大学通识教育注重人格的培养,提倡生活教育,大学的教育须以开拓学科基础和学术视野为出发,培养有通识教养的"通才";通识教育课程设置集自然科学、社会科学和人文科学三类,全面涵盖、各自发挥作用,达到整体育人的目的。

蔡元培在北京大学创立的文理综合、选科制、学分制、跨科选修,以及最早将美育、体育引入大学课程的体制,改变了"轻学而重术"的思想。1931年教育部颁布了《大学课程编制的意见》,将大学课程分为公共必修课、公共选修课、主系必修课和辅系选修课,改变了以往除国文、英文、数学必修课外选课宽泛、目的不清、收获甚少的课程结构,提升了通识教育的高度。如清华大学外文系减少语言类课程而加强文学类课程,对语学学习强调"精",而对能扩大知识范围、提高学术视野的文学课程加以扩充,促进学生完善知识结构。

进入20世纪50年代后,学习苏联的办学模式,大学经过院系调整后建立了专才培养的教育模式,为当时的经济发展所需,专业划分机械、狭窄,只为尽快造就对应各生产部门的技术人才,通识教育也被忽视、弱化。随着政治安定、经济发展,我国的大学教育已由过去的精英化逐渐向大众化转变,由高度专业化人才培养模式向培养复合型、国际化人才的模式转变也势在必行,通识教育的开展又被重提。2000年起,北京大学已经开设了三百多门涉及自然科学、社会科学、哲学、文化语言学学科的通识教育课;浙江大学、复旦大学、中山大学都建立了不同的通识教育课程。

同样,中国的大学外语教育也经历了由专业(培养翻译)→政治服务(对外宣传革命思想)→技术(培养科技人员阅读),到新时期实现对外交流、理解不同文化观念、减少异文化间误解的作用。外语是一门人文科学、社会科学,是了解世界文化的素质教养课程,不仅具有工具性更具有人文性。外语教育也不能再停留在语言基础课程的层面,而要扩大成通识教育的内容。

三、中国大学日语教育现状

谈到通识教育视点下的大学日语教学，首先要厘清的是"外语教学"和"外语教育"这两个概念。目前外语学习活动中的"教"与"学"两方所围绕的是语言范畴的学习，倾力于语言的发音、词汇的释义、句型的结构、文章的解读等方面，是对外语基本技能的学习掌握，只能称之为"外语教学"，反映出的是对外语工具性认识的实践。

而"外语教育"强调外语人文性特质，将语言作为文化的载体，学习过程中不仅追求基本技能的掌握，更要以语言国文化为导向，培养语言学习者成为视野开阔、包容不同文化观念、独立思维、跨文化交际的人才。"外语教育"才是符合通识教育理念的教育模式。

因此，"可以认为外语教学是立足于语言基本技能和知识的教学，而外语教育是建基于外语教学之上的视野、包容、人格、情操、格调、思维和行为的教育。由此，外语教育可定义为借助对外语基本技能和知识的传授这一途径而使学生获取精神、素养、思维和行为的熏染"[1]。

通识教育视点下的大学日语教学从现状来看，主要问题在于：

1. 虽然在教学形式、教学硬件上有所改革（增加听说课、增加视音频材料），但整体的教学活动还是脱离不开基本技能的操练，教师满堂读音、词汇、句型、文章详解，学生鹦鹉学舌机械练习。进入中上级程度后，课堂上又有相当一部分时间用于应付大学日语四、六级考试或日语能力考试，师生一起刷题。这样的教学方式没能把日语语言学习与日语文化学习结合起来。

2. 目前大学日语教学过程中有关跨文化内容的教材开发和课程设置还不尽人意。现通用的教材在对日语语言知识进行系统地编纂之外，已无多余篇幅用于日本文化知识的编纂。同样在课程设置上，大学日语教学的重点还是拘泥于语言知识的传授，对文化知识的课程设置涉及太少。应该从初级程度开始确定类似《日本事情》的课程，保证课程内容和课时。

3. 大学日语教师的知识结构狭窄也是在大学日语实施通识教育的障碍。目前大学的日语教师基本都是日语专业毕业，本身受到的通识教育有限，对于跨学科、跨专业的综合性课程把握不住，无法胜任通识教育下的大学日语教学。

---

[1] 王文斌："外语教学与外语教育、工具性与人文性之我见"，载《中国外语》2018年第2期。

大学日语教学要摆脱目前停滞不前的状态，必须将"外语教学"扩展为"外语教育"，即通识教育范畴内，才能从根本上改变大学日语教学的现状。

四、通识教育视点下的大学日语教学改进

将大学日语教学置于通识教育的范畴，是新时期大学日语教学的新要求。《大学日语课程教学要求》（2008）对大学日语教学的教学性质和目标作出了如下规定："大学日语是高等教育外语课程的一个组成部分，包括必修课和选修课。其教学目标是培养学生不同层次的日语综合运用能力，使他们在今后的工作和社会交往中能在一定程度上运用日语完成各种任务，同时增强学生积极参加中日交流的意识，提高跨文化交际能力和综合文化素养，以适应我国社会发展和国际交流需要。"[1]

通识教育视点下的大学日语教学首先从观念上要更新。以学生为中心，认同学生的不同学习兴趣、不同学习方式、不同学习目的，尊重学生的学习需要。不仅进行语言知识、技能的培养，更要以文化为导向，从学生的视点认识本国文化和异文化，锻炼、提高语言应用能力和跨文化理解沟通能力。

通识教育视点下的大学日语教学要以跨文化角度对课程进行再构建。语言教学与文化知识教学双管齐下，有效结合。除了既往的综合日语基础课（包括词汇、会话、读解、语法、作文），增加日语·日本文化课（包括日本概况、日语听解、日语读解等）。设置有关日本社会、文化特征和基本现象的《日本事情》课程，选择日本社会问题、文化问题为话题进行讨论，并结合本国情况加以对比，以加深了解日本文化的多样性、探求日本文化的真谛，实现跨文化理解能力的提高。

在以法律专业为主的中国政法大学进行的大学日语教学过程中，适时增加了学术日语的篇幅。根据学生的语言掌握能力和认知结构，采取灵活的教材选择，扩充与日本文化中社会、政治、法律等多方面相关的内容，并注重教材的时效性和可操作性。如 2015 年日本最高法院大法庭裁定，《日本民法》中"禁止女性在离婚后 6 个月内再婚"的规定违反了《日本宪法》，围绕这一诉讼及时选择《日本民法》第 773 条及相关条款进行教材补充，解读日本的法文化特征和日本

---

[1] 教育部高等学校大学外语教学指导委员会日语组编：《大学日语课程教学要求》，高等教育出版社 2008 年版。

人的法意识特点，并引导学生将中日法律文化进行对比分析，从文化的视角以文化融入的方式进行思考，形成接纳多元文化的观念。

通识教育视点下的大学日语教学要革新目前的以教师为主导、单向灌输的教学方法。设立以重视学生的个人交流实践、语言与文化相结合的新型教学模式。协作学习是目前较多采用的教学方法之一，是指在日语课堂上通过学生与学生之间或学生与教师之间就学习材料一起研读，先就词汇做意思确认、解答文章读解问题，之后更进一步在语篇构成、作者意图、学习者个人解读等方面以谈话、讨论等方式互相协作、相互问答、总结概括的学习方式。协作学习促进学生对知识的理解与掌握，有利于学生在协作活动中随时掌握自己的学习程度，修正自己的学习路径。

以《日本事情》课堂上"あいさつ（寒暄语）"的学习为例，采用协作学习模式进行了课堂实践。首先，指导学生就寒暄语中有关"わかれる（分别）"表现的相关文献进行整理、归纳，分析不同语境下使用不同"わかれる（分别）"所显示的文化背景。其次，明确协作学习者分工，通过文献查阅、资料收集，详细整理出所有"わかれる（分别）"的表现情景、寓意及禁忌等内容，就学习任务撰写报告，提出自己的认识或问题。最后，以"プレゼンテーション（展示）"的形式，用PPT、图表、视频等辅助手段就学习内容进行讲解，之后师生共同讨论与提问，就"わかれる（分别）"的多样表现，与中国文化背景下的寒暄表述进行对比，加强对不同文化的认识与理解。不仅深化语言知识的学习，更促进学生通过自主、协作，强调学术问题意识，激发研究兴趣。

通识教育视点下的大学日语教学除了完善课程体系、改进教学方法、深化课程文化内涵之外，培养胜任通识教育的日语教师也不容忽视。纳入综合性、跨学科的通识教育体系之中的大学日语教学，对于专才教育模式下培养出来的日语教师来说，在专业语言技能之外缺乏社科、历史、哲学等专业的知识储备，只有提高跨学科意识、增强跨学科知识、充实日语教师的人文内涵，才能实现日语教师从语言技能传授者转变为通识教育实践者，才能保证通识教育视点下的大学日语教学顺利开展，取得成效。

五、结论

信息化、现代化高速前行的当代，外语教育不能再仅仅止步于满足语言功能的掌握，外语绝不只是工具，语言承载的是信息、思想和文化等诸方面的内容，是兼具人文性的社会科学。大学日语教学追求语言知识学习与人文知识获取的平衡，将通识教育作为大学日语教学的主内容，才能有效优化完善大学日语课程，培养学生的跨文化交际能力，实现大学外语教学的最终目的——培养具有国际视野、通晓国际规则和文化、满足国际交流需要的人才。

范小菊[*]

《英文纪录片制作与赏析》的课程构建

为了响应我校开设创新创业课程的号召,本人拟开设《英文纪录片制作与赏析》课程。文章将就我国纪录片市场的现状,世界纪录片市场的现状,及开设此课程的可行性和必要性等诸多问题进行阐述,并总结近两年来在我的指导下,我班同学拍摄英文纪录片的成果。本课程的开设旨在习得同学们的英文知识,从编英文剧本、拍摄、剪裁、配乐、配音等多项实际操作来提高同学们的综合能力,使同学们能够学有所用。纪录片取材多是着重于中国的传统文化、古村落、伟大人物,让世界人民更了解中国文化的伟大、人民的勤劳和勇敢。相信此课程的开设会对同学们现在的知识整合及将来就业都会有所帮助。

一、背景和意义

目前,我校尚未开设纪录片制作与赏析课程。我们开过英文电影欣赏课程,但和纪录片创作与欣赏还是有本质的区别。不过,通过几年的上课经验及与学生共同拍片的经历,我的学生在英语口语及拍片实践中取得了诸多的收获。诚然,电影欣赏课程在大学英语教学过程中只占很小的比例,课时不多,学生人数多,加之,学生英文水平、欣赏水平参差不齐。那么,如何将有限的电影欣赏课上成英文口语及纪录片制作实践课呢?如何解决这个矛盾?这就给教授大学英语的老师们提出了一个更高的要求,在我国,英语不是母语,不是日常交流的语言工具,所以日常的使用范围有限,缺乏真实的交际环境和交际的意图,学生获得用英语交流机会少之又少,加之,英语的语序与中文不一样,所以需要培养英语思维,这更增加了学生讲英语的难度。外语教学要培养交际型人才、创新型人才、实践型人才。因此,以纪录片为教材、为媒介的英语教学可谓一个很好的解决办法。

---

[*] 范小菊:中国政法大学外国语学院,副教授,硕士。

随着科学技术的发展，新媒体技术的不断创新，广电市场对于人才的需求也产生了重大的变化，传统的教学模式已经不能满足应用型、创新型人才培养目标的要求。因此，将纪录片欣赏与纪录片制作为一个综合课程应是一门很好的实践课。为了适应纪录片行业日趋激烈的市场竞争，提高学生们的纪录片欣赏与纪录片创作的动手能力，结合纪录片特点和人才培养需求，制定以创作纪录片实践为基本的教学内容和标准。要做到在欣赏纪录片的同时，创作纪录片。《英文纪录片制作与赏析》是一门实践性较强的课程，本文将从此课程的教学理念、教学手段、教学效果评估三个方面加以论述，并阐述实践教学的重要性及必要性，期望探索一种新的教学模式。

二、先进的教学理念

"由于受教学理念、手段、方法的局限，传统电视教学难以适应现代化的快速发展，这往往造成了课堂教学与实践难以对接。"在《英文纪录片制作与赏析》课程的教学过程中，将会及时传授此领域的最新动态，开拓学生的英文纪录片的创作视野，提高同学们纪录片的赏析能力，使同学们积极关注英文纪录片发展历史，及现状，培养学生的学科先瞻意识。

（一）选择国外获奖英文纪录片作为教材，让同学们听懂、看懂、学习、分析、讨论、合作实践

在观看纪录片过程中，教师根据纪录片主题、内容、人物、情节提出有关问题使同学们展开大脑风暴，对所观看的内容进行整合分析，再通过同学们互动交流，锻炼口语表达能力。这种教学模式能够为学生提供丰富有趣的教学内容，激发学生的学习兴趣，培养学生的创新意识和协作学习能力，进而提高学生的口语水平。

外文纪录片为教材的教学，为教师备课和学生自主学习提供了丰富的教学材料，特别是人文、历史、地理、文学、艺术、科学、技术等纪录片，不仅有丰富的文化背景知识，也是丰富的学习应用工具，学生可以根据其内容与同学一起练习口语，有效地提高英语交际能力。丰富、生动、有趣的纪录片能够直观地展示西方的政治、经济、社会和文化，学生可以通过观看纪录片，模仿地道的英式、美式英语，丰富同学们的各个方面的知识，与传统的把课本作为唯一教学材料相比，以纪录片为教材的大学英语教学更有趣味性，更能激发学生英语学习的兴趣。由于纪录片为教材的英语学习不受时间和空间限制，使得师生、同学之间的

频繁交流互动成为可能。首先，教师可以利用网络建立一个学习群为学生提供纪录片资料，学生也可以在这个平台上共享纪录片资源。其次，教师可以通过师生沟通平台与学生沟通交流，了解学生在学习过程中的进步和不足，做好学生平时学习情况的记录。

（二）"以赛促学，以赛促教"的教学理念

立足于国内外纪录片大赛，拓宽学生的创作视野。积极主动地组织学生参与国内外的各种纪录片、微电影赛事，让学生了解影视业界的最新动态，学习纪录片创作的先进理念，使纪录片创作深入校园、深入课堂。几年来，我班同学在我的带领下；创作了《兔儿爷》《范仲淹》《范蠡》《爨底下》《明欣学校》等优秀的英文纪录片。摄影、编剧、剪裁、配乐、配音、翻译等都是同学们共同努力的结果。

（三）教师与学生"双主体"的教学模式

现代素质教育理念，强调"以学生为学习主体的教学""以教师为主导的教学"。在教学实践活动中，教师与学生均为课堂的"主力军"，使得教学过程不再是教师单纯的"传授"和学生单向的"接收"，而是一个师生互动、共同的信息交流、知识与能力提高的过程。在纪录片创作实践中，带领学生参与课堂实践尤其重要，会帮助同学完善学生的知识结构，培养学生的创新创作意识。

三、灵活的教学手段

（一）实践式教学

外文纪录片创作是一门实践性很强的课程，而此课程的教学方法是强调理论与实践相结合，目的是基于《英文纪录片制作与赏析》课程的特点，使学生做到学以致用，培养学生的动手实践能力，增强创新意识，建立应用型、创新型人才培养模式。在具体的教学实践过程中，改变传统的单一理论教授方法，而采用理论指导实践、实践强化理论、理论与实践相结合的教学方法。

1. 画面语言直接叙述故事。
2. 对画面进行故事化剪辑。
3. 讲述故事兼有画面接应。
4. 话筒采访故事，配上相应的画面。
5. 解说词直接叙述故事。

在纪录片的创作中，我们不管使用上述哪一种创作形式，纪录片都不应该是严肃的政治论文和哲学讲义，它应该是供人们观赏沟通的艺术品。

例如，在拍摄《爨底下》纪录片时，首先让同学们知道，我们拍摄古村落的重要性及价值性。然后我就同另一个老师带领同学们进行实地拍摄，组织大家讨论这个话题可以拍摄的角度和思路，并指导同学们写剧本、翻译、配音、剪裁等工作直至制片成功。

6. 设置兴奋点。为什么有的片子在看素材的时候兴奋不已，可是编出成片看的时候，却没有意思，原因就是编导不会安排故事情节的兴奋点。对于纪录片的兴奋点的把握，是从选题开始的。

一个富有矛盾、富有戏剧化冲突的选题，已经具备了作品兴奋点的原形。我们都知道，有矛盾才会有冲突；有了冲突就会有兴奋点。兴奋点就是我们通常所说的"看点"，有了"看点"，才会有"播点"和"卖点"。因此，一部纪录片里必须具备许多"兴奋点"，使观众觉得有意思并且愿意看下去。当然，故事情节也是必需的，我们要杜绝"流水账"式的纪录片。

（二）研讨式教学

研讨式教学就是要研究并与同学们讨论有一定深度和难度的问题，培养学生的独立思考、认真探究、创造创新的意识和能力。这就需要教师积极组织课堂讨论，注意对学生要采取启发式教学，充分调动学生学习英文纪录片并制作英文纪录片的积极性，提高学生发现问题、分析问题和解决问题的能力。

四、多样化的教学效果评价方式

教学效果评价是此课程的最后一个环节，也是非常重要的一个部分。课堂教学效果评估主要包括：教师的教学水平、学生的学习水平、师生教学过程中共同制作的纪录片作品三个方面。教学评价要科学、客观，要以纪录片作品质量为依据的评估，实现评价方法的多样化和评价指标的多元化。科学地评价教学效果关系着教学的成败，关系到是否可以培养出合格的应用型、创新型的英文纪录片导演人才。

通过编制和施测"课堂教学效果评价问卷"，了解教学内容效果。问卷内容将包括对教学内容的质量（科学性、前沿性、实用性）和容量（如纪录片信息是否丰富、有无多元性等）的评价，也包括对教学实验实施方法、手段和过程的评价，还要包括学生在研习英文纪录片及制作纪录片时是否有收获，今后课程需要进一步改进的设想和建议等。

《英文纪录片制作与赏析》课程是教学模式改革的一个重要组成部分，关系着应用型、创新型人才培养目标的实现和教学模式改革的成败。此课程作为一门实践性较强的课程，必须改变原有的、单一的教学模式，提升纪录片实践教学的力度，为纪录片产业发展培养更多的应用型、创新型人才，进而为纪录片产业化发展提供更多的技术支持和理论支持，这才是电视纪录片创作课程教学的最重要目的。

　　五、结语

　　《英文纪录片制作与赏析》课程，是一个新的设想，新的实践，新的视角，新的内容。相信利用这种方法进行大学英语教学，会使同学们在英语口语方面有大幅度的提高，并且会挖掘自己的潜力，成为新一代的导演人才，为我们社会主义祖国做出应有的贡献，希望不久的将来，我国纪录片会在世界影坛上占有一席之地，也希望能够通过我们的纪录片让世界了解我们，了解我们中国伟大的文化，让世界人民知道中国人的伟大。

塞尔的言语行为理论视角下
大学英语课堂教学探析

塞尔是言语行为理论的集大成者,他继承并发展了奥斯汀的理论。塞尔对言语行为进行了分类,将言语行为分为断言式(assertives)言语行为、指令式(directives)言语行为、承诺式(commissives)言语行为、表情式(Expressives)言语行为、宣布式(Declarations)言语行为五类。塞尔还着重阐释了字面意义、说话人意义、间接言语行为、隐喻、指称与属性、虚拟语篇的逻辑状态等关键概念与言语行为的关系。本篇论文将着重探讨塞尔字面意义和说话人意义的有关理论对大英课堂教学的影响。

一、塞尔字面意义理论

塞尔对字面意义的阐释主要集中在字面意义和语境的关系上。塞尔质疑了广为接受的一个观点:"句子的字面意义可以理解为不受语境影响的意义",[1]或曰,"句子的字面意义是在'零语境'或'空语境'下的意义"。塞尔认为,句子的字面意义只有相对于一系列语境或背景假设时才适用;对于很多句子来说,在理解句子时,并不存在零语境或空语境,句子的句意只有在一系列背景假设的语境基础上才能得到正确表达。[2]这是塞尔对于句子字面意义的思想基础。

塞尔把他所反驳的、当时被广泛认同的、有关句子的字面意义的观点,总结为:"句子具有字面意义,一个句子的字面意义,完全取决于组成这个句子的词语(或者词素)的意义和把这些要素连接起来所依据的句法规则。一个句子可以有一个以上的字面意义(多义)或者他的字面意义可能是有问题的或者难以

---

* 郝瑞丽(1977—),英美文学硕士,法律语言学博士(在读),中国政法大学外国语学院大学英语教研室,副教授,研究方向为英美文学、法律语言学。

〔1〕 参见[美]约翰·R.塞尔:《表达与意义》,王加为、赵明珠译,商务印书馆2017年版。
〔2〕 参见[美]约翰·R.塞尔:《表达与意义》,王加为、赵明珠译,商务印书馆2017年版。

解释的（无意义）。"

句子的字面意义与说话人实施言语行为时所表达的话语意义不同的几种情况：①说话人的意思和句子的字面句意根本不一样，如隐喻；②说话人的意思与字面句意完全相反，如反语；③说话人的意思就是字面句意，但是除字面句意外，他还有别的意思，如会话含义和间接言语行为。只有在极少数情况下，字面句意和说话人意义可能完全相同，例如，猫在垫子上。[1]

"句子的字面意义"这一表达中"字面"一词是赘语，因为所有有关其他类型的意义——反语、隐喻、间接言语行为和会话含义，根本不是有关句子的特性，而是关于说话人和句子话语的特性。[2] 句子的字面意义不受任何语境的影响。

这些观点同时也是对语义学和语用学的讨论。塞尔反驳了这些观点。本人认为，公众的这些观点值得商榷。首先，句子的字面意义是句子众多意义中的一种，去掉"字面"的表达句子意义可以有很多种含义，例如，可以指会话含义，可以指隐喻的含义，等等。其次，句子的其他含义离不开句子的字面意义，它们跟句子的字面紧密相连，但又不相同，因而认为句子的其他意义是有关说话人和句子话语，而与句子的字面意思毫无关联的观点是十分偏颇的。可以说，句子的任何意义都离不开句子的字面含意，字面含意是句子的所有其他类型的含义的基础和核心。句子之所以有其他类型的意义，是以字面含意为基础和核心，加上其他的因素，最后产生的。这些因素，可以是各种形式的语境，也可以是说话人的意向。

塞尔对于字面意义的观点："在很多情况下，句子的字面意义这个概念，只有在跟一系列的背景假设相关时，才适用。而且这些背景假设根本不能在句子的语义结构中得以实现。但是，句子的真值条件，如预设和指示依赖成分，可以依靠句子的语义结构实现。"[3]

塞尔为了解释他自己的观点，引用了一个看似根本不依靠语境，但是，实际上其字面意义的解释却是要依靠一系列语境的句子："猫在垫子上（The cat is on the mat.）。"这个传统意义上认为其字面意义绝对不依赖语境的表达，实际上是

---

[1] 参见[美]约翰·R. 塞尔：《表达与意义》，王加为、赵明珠译，商务印书馆2017年版。
[2] 参见[美]约翰·R. 塞尔：《表达与意义》，王加为、赵明珠译，商务印书馆2017年版。
[3] 参见[美]约翰·R. 塞尔：《表达与意义》，王加为、赵明珠译，商务印书馆2017年版。

依赖一系列语境因素的。首先，这个句子中的指示语（the）只有依靠语境才能确定其具体所指，带有指示性话语的句子，其真值会随时间、空间和说话人的不同而具有不同的真值和意义。其次，这句话须在地球引力场中才具有实际意义，否则很难确定方位。在将指示语替换为描述性的话语后，仍然需要依赖语境来最终确定句子的字面意义。原句可以改为："约翰·塞尔家那只绿眼睛的猫2010年7月10日上午9时坐在他家门口的垫子上。"相比上一句话，本句话的信息更加确切，在这里，描述性的话语代替了指示语。某种程度上讲，这句话对语境的依赖程度低于带有指示性话语的上一句话，但是，仍然摆脱不了对语境的依赖。因为，名叫约翰·塞尔的人有很多，这里到底指的是哪一个；还有一种可能是，约翰·塞尔家有两只或者更多绿眼睛的猫。所以，在对上一句的表达添加了更加详细的信息后，仍然摆脱不了依赖语境才能确定其字面含意的命运。对于某些语境因素的确定会引发一系列的其他语境因素的确定，因此，完全脱离语境就可以确定其字面意义的句子是不存在的。

依靠语境才能确定其字面含意的例子，不仅有上面分析到的陈述句，还有祈使句。祈使句的字面意义的确定需要依赖语境。例如，"开炮！"这个表达，其字面含意可以指：①把炮弹打开；②向天上开炮；③向自己开炮；④向敌人开炮；等等。到底指的是什么，需要根据说本句话时所处的场景确定。例如，在战争中，由将军对士兵喊出，这种情况下，显然是意项④的含义。在庆祝场合，总指挥官对负责礼仪炮的士兵或相关人员下达命令，这种情况下，显然是意项②。总之，祈使句字面意思的理解离不开语境的限定。除此之外，祈使句所传递的命令的成功实施也离不开语境的关联。例如，只有将军在战场上对士兵下达这个命令，这个命令才会被真正的执行；如果，不是将军对士兵下达，下达的场合也不是在战场上，这个命令就不一定会被成功的执行。

有关句子的字面意义与语境的关系，塞尔的结论是：一个句子的字面意义只有在语境中才能发挥作用，没有所谓"零语境"的字面意义，并且语境是难以通过语义或语法结构在句子中表现出来，因为，对背景设定的言说难以穷尽，且提出一个背景设定就涉及这个背景设定的背景设定。[1]

语境概念是语用学中的关键概念，也是塞尔言语行动理论中的关键概念。在语用学所涉及的各种意义的阐释中，字面意义是与语境的关联度最小的一个概

---

[1] 参见［美］约翰·R. 塞尔：《表达与意义》，王加为、赵明珠译，商务印书馆2017年版。

念。即便如此,塞尔仍然认为,并且利用实例证明了,语境对于字面意义的不可或缺性。可见,语境对于塞尔言语行为理论的重要性。在塞尔言语行为理论每一个关键概念的阐释中,语境都是重要参与者。

二、塞尔字面意义理论对词汇教学的启发

在塞尔的字面意义理论中,关键因素是语境。与其他理论家截然不同的是,塞尔认为字面意义的理解离不开语境。离开了语境,字面意义是无法确定的。这一点,对于大英教学尤其是词汇教学有很大的启发。首先,词汇学习应放在一定的语境中,这样的学习才是有效的和有可能是高效的。离开语境的词汇学习,缺乏背景知识和必要的语义关联,这样的词汇学习是孤立的,低效的。其次,确定将词汇学习放在一定的语境中学习后,要确定语境的层次,词汇学习要分层次进行学习。本人认为,第一层语境应该是单词所处的语言体系,这一体系包括词汇的读音、词汇的构成(词根和词缀),以及词汇在语言体系中规定作用(词性)。第二层语境是单词所处的文化体系,这一体系包括单词的释义。第三层语境是单词所处的具体的上下文,即通常意义上的语境。这三层语境是层层递进,范围逐步缩小的关系,在词汇的学习中缺一不可。缺少其中的任何一个语境,词汇的学习就是不完整的,这样习得的词汇往往是"死"词汇,即只能貌似认识,但却不会使用的词汇。缺少任何一种语境习得的词汇在头脑中持续的时间也会十分短暂,最终由"死"词汇变为"零"词汇。

三、说话人意义

说话人意义就是说话人表达意义(speaker's utterance meaning),说话人意义的决定因素是说话人意向。语言哲学的两大经典问题:意义问题以及语言和世界的关联问题。对于这两个问题,塞尔的回答是:心灵赋予了声音和符号以意向性,由此赋予了它们意义,而意义把它们和实在关联起来。[1]

格赖斯认为"意谓某事"就是:说话人说话是企图通过让听话人意识到说话人传达某些事情的意向来传达那些事情。[2] 塞尔同意格赖斯的这个观点,原

---

[1] 参见[美]约翰·塞尔:《心灵、语言和社会:实在世界中的哲学》,李步楼译,上海译文出版社2006年版。

[2] 参见[美]A. P. 马蒂尼奇编:《语言哲学》,牟博、杨音莱、韩林合等译,商务印书馆1998年版。

因之一是，格赖斯对意义的这个解释纳入了意向的因素，而意向性正是塞尔言语行为理论的重要因素。塞尔认为，语言是由说话人心灵的意向性所派生而来，它一方面受到语言规则和语言惯例的制约，并因之具有约定俗成的意义，另一方面还带有说话人的意向。[1] 说话人意义与字面意义有可能重合，同时，又有可能存在很大的差异。字面意义由语言规则、语言惯例以及语境所决定；而说话人意义在很大程度上由说话人的意向所决定，即说话人"意谓某事"在更大程度上取决于这个人的意向。塞尔认为，"意义是意向性派生的一种形式"。[2] 意向性这个概念是塞尔解释说话人意义中的核心概念。

"意向性是心灵的一种特征，通过这种特征，心理状态指向，或者关于、论及、涉及、针对世界上的情况。"[3] 通过这个定义可以看出，塞尔认为意向性是沟通世界和心灵的桥梁。塞尔认为说话人意义更大程度上取决于说话人的意向，这样将意向和语言关联起来。

塞尔将意向性分为内在的意向性和派生的意向性。[4] 内在的意向性只和说话者相关，与观察者或受话者无关。派生的意向性依赖于观察者或受话者，语言的意义到底是什么，有赖于观察者对它的理解，而这种理解就是派生的意向性。所以，塞尔认为语言的意义是一种派生的意向性。

根据塞尔的这个说明，可以得出这样的结论，说话人的意义如何并不是决定话语意义的关键因素，关键是看观察者或受话者的理解，换言之，决定句子意义的不是说话者内在的意向性，而是由受话者决定的派生的意向性。

塞尔把意向状态结构表达为 S（r）。[5] S 表示意向状态的类型，r 表示表象内容。相同的表象内容可以对应不同的意向状态，与之对应，相同的意向状态也可以对应不同的表象内容。例如，"我希望你完成任务"和"我要求你完成任

---

[1] 参见［美］约翰·塞尔：《心灵、语言和社会：实在世界中的哲学》，李步楼译，上海译文出版社2006年版。

[2] 参见［美］约翰·塞尔：《心灵、语言和社会：实在世界中的哲学》，李步楼译，上海译文出版社2006年版。

[3] 参见［美］约翰·塞尔：《心灵、语言和社会：实在世界中的哲学》，李步楼译，上海译文出版社2006年版。

[4] 参见［美］约翰·塞尔：《心灵、语言和社会：实在世界中的哲学》，李步楼译，上海译文出版社2006年版。

[5] 参见［美］约翰·R. 塞尔：《意向性：论心灵哲学》，刘叶涛译，上海世纪集团出版社2007年版。

务"，这两个表达的表象内容相同，但意向性不一样，一个是"希望"，一个是"要求"。再比如，"我希望你完成任务"和"我希望你成功"，这两个表达的意向性是一样的，都是"希望"，但是它们的表象内容是不一样的，一个是"你完成任务"，另一个是"你成功"。

意向状态是有适应指向的。意向性涉及世界和心灵的关系，因此，跟言语行为具有适应指向一样，意向状态也是有指向的，或者是心灵指向世界，或者是世界指向心灵。不同的言语行为对应不同的适应指向，承诺式言语行为的适应指向是世界指向话语，断言式言语行为的适应指向是话语指向世界。因为，句子的意义由意向性决定，因此，在对应的言语行为中的意向状态的适应指向就是世界指向心灵（承诺式），或者心灵指向世界（断言式）。而那些没有适应指向的言语行为，想当然地也没有意向状态的指向。例如，表情式言语行为，"很高兴你成功了"，这句话是没有世界指向话语或话语指向世界的适应指向的，与之对应，这句话涉及的意向状态（高兴）也没有适应指向。

在本篇论文中，我们不考虑心灵和语言到底谁在先谁在后，也不考虑到底是谁决定了谁，只考虑意向性对于说话人含意的意义，以及意向性对于成功实施言语行为的意义。无论孰先孰后，意向性对于说话人含意和言语行为的成功实施具有重要的作用，这一点毋庸置疑。

意向性分为内在意向性（说话人的意向性）和派生意向性（听话人理解的意向性）；意向状态和命题内容不是一一对应的关系，同一个意向状态可以对应不同的命题内容，相同的命题内容也可以对应不同的意向状态；意向性具有适应指向，这个适应指向和承载意向性的言语行为的指向是一致的；一个语句可以有三重意向：意向1是说出话语的意向；意向2是将意义加诸话语的意向；意向3是让听话人听懂的意向，即交流的意向。

四、说话人意义理论对教师角色的启发

由以上分析，我们可以得出如下推理：一句话的以言行事力量由字面意义和说话人意义决定，说话人意义由意向性决定（派生的意向性），以言行事行为的指向性与意向状态的指向性是一致的。

意向具有多重性。一个人说出一句话，同样一句话可以兼具几个意向性。例如，在"我保证完成任务"这句话中，意向1是说话人有说出这句话的意向；意向2是说话者把意义，即内心意谓"我保证完成任务"加诸这句话上。同一个意向可以涵盖不同的意义，即同一个表达，说话人的意向是一样的，但可以指不同的意义。例如，"我爱死你了！"这一句话，说话人意义1可能是他特别特别爱对方，意义2可能是他已经由爱生恨了，这两个内在意义可以并行不悖。同时，这一句话的受话人所领略的意向（派生意向）可以涵盖意义1"他特别爱我"，意义2"他已经由爱生恨了"，意义3"他在威胁我"，甚至更多的意义。

表面来看，说话人意义由语言机制（构成句子的语素，即相应语言的语法规则），语境，即说话人含意来决定，但实际上，是说话人利用语言机制和语境来表达说话人含意的过程。因此，说话人含意最根本的决定因素是说话人的意向（内在意向）。而且，听话人能否正确领略说话人的意向（派生意向）的关键也在于说话人是否有真诚交流的愿望，若说话人有真诚交流的愿望，听话人才有正确领略说话人含意的可能性，若说话人根本没有真诚交流的愿望，只是一味顾左右而言他，甚至是胡言乱语，听说人根本不可能正确领略说话人含意。由此可见意向性对于说话人意义的重要性。

根据塞尔的理论，在交流中起关键作用的是说话人的意向，因为说话人的意向具有多重性，为了更好地被听话人理解，说话人应根据语境和语言机制，尽量使减少意向的多重性和表达的多意性，从而达到表达精确的目的。在课堂教学中，主角是教师，整个课堂活动由教师主导，因此教师的表达是否能够达到精准的效果至关重要。因此，教师应明确以下几项内容：所用语言机制、整体课堂教学任务、课堂活动任务、课堂教学内容。只有在明确以上几项内容的前提下，才可以明确表达意向，从而尽量减少表达意向的多重性，达到精确表达的效果，提高课堂教学效率。

三、课堂教学：模式与方法

张鲁平*

涉外法律人才培养视野下的
法律英语教学方法探究

一、引言

法律英语（Legal English），又称法律语言（Legal Language），是指以普通英语为基础，在立法和司法等活动中形成和使用的具有法律专业特点的语言[1]，也指表述法律科学概念以及诉讼或者非诉讼法律事务时所使用的英语。法律英语使用人群限定在普通法系国家，尤其是英、美、澳、加等英语国家的法律职业共同体之中。法律英语课程教学开展十余年来，教学成果显著，在一定程度上达到了培养法科学生专业英语实际运用能力的预期目标，然而不能否认的是，法律英语课程教学现状仍然存在种种问题，这些问题主要体现在课程教学方法陈旧、课程定位出现偏差[2]、课时偏少、缺乏相应配套课程、缺乏实践教学内容、学生积极性不高等方面[3]。

随着2011年教育部、中央政法委员会着手实施"卓越法律人才教育培养计划"，全国数十所高校相继设立了涉外法律专业，涉外法律人才培养对法律英语教学提出了新的、更高的要求，这对法律英语教学而言既是机遇也是挑战。从教

---

* 张鲁平（1981—），男，山东威海人，法律语言学博士，中国政法大学外国语学院副教授，硕士研究生导师，研究兴趣为法律英语教学、法律语言学。本文获得中国政法大学第五批青年教师学术创新团队——法庭科学工程技术创新团队（18CXTD09）及教育部人文社会科学规划基金项目——中国语境下的案件事实叙事研究（项目号：18YJAZH131）资助，谨致谢忱！

〔1〕 中国政法大学法律英语教学与测试研究中心课题组：《大学法律英语教学大纲》，外语教学与研究出版社2014年版，第2页。

〔2〕 在相当一部分大学中，法律英语课程讲授的主要内容仅仅为英美法基础知识，而忽视对法律专业英语词汇用法、语法、写作能力、口头表达能力的训练。

〔3〕 参见张文娟、沙丽金："法律英语教学现状分析与教学改革思路探讨"，载《四川教育学院学报》2008年第1期。

育部相关文件以及各大法学院校制定的涉外法律专业培养方案来看，涉外法律人才应当具备具有国际视野、通晓国际规则的能力，能够参与国际法律事务和维护国家利益[1]，具体而言，要求学生不仅要熟悉中国法律，而且对外国法以及比较法要有一定的了解，能够娴熟使用英语进行法律写作和法律辩论[2]，有的高校则将对国外法律的学习集中于对英美法系的学习[3]。不少高校涉外法律专业采取"3+1"的培养模式，即3年国内本科法学教育衔接美国法学院1年制的L.L.M.学位[4]。不同于"传统"法学专业，法律英语以及配套课程将承担培养法科学生专业英语理解与运用能力、熟悉英美法系法律思维方式、适应英美法系国家法学院教学模式的重任，并为前往英美法系国家进一步深造打下坚实基础。这些要求势必会对教材选用、教学方法、课程设置等法律英语教学各个方面都会产生重大影响，而本文着重探讨的是涉外法律专业视野下的法律英语教学方法问题，换言之，即法律英语教学方法如何服务于涉外法律人才培养的总体目标，进而实现最佳的教学效果。

二、涉外法律专业的培养目标与法律英语课程的教学

从比较的视野来看，大学法学院培养模式不外乎两种：以职业教育和法律技能教育为中心的美国法学院模式和注重概念、理论，以学科教育为中心的德国法学院教育模式。[5]而涉外法律专业的培养目标带有浓重的实用主义的色彩，[6]其核心所指便是培养能够参与国际法律事务的人才，同时大部分涉外法律专业将美国法学院L.L.M.或者J.D.学位作为培养的进阶阶段，因此，涉外法律专业培养自然而然出现了向美国法学院以职业教育为中心的模式靠拢的倾向。换言之，与"传统"法学专业相比，涉外法律专业应当更多地承担法律职业技能培养的任务，同时为更好地衔接美国法学院的相关学位，也应注重训练学生英美法

---

[1] 参见《教育部 中央政法委员会关于实施卓越法律人才教育培养计划的若干意见》，教高〔2011〕10号。

[2] 《清华大学法学院"国际型法律人才项目"培养方案》，2012年9月颁布。

[3] 《华东政法大学法学专业国际经济法方向（合作班）培养方案》，2013年6月颁布。

[4] 例如，中国政法大学涉外法律人才培养实验班将在国内学习3年法学，随后将赴美国杜兰大学攻读L.L.M.学位，就笔者了解的情况，浙江大学法学专业（涉外法律人才方向）也有类似计划。

[5] 参见沈宗灵：《比较法研究》，北京大学出版社1998年版，第17、182、183页。

[6] 以中国政法大学为例，涉外法律人才培养实验班培养方案中删除了普通法学专业必修的《法理学原理》等课程而增加了《海商法》《国际知识产权》等实用性课程。

律学习的基本技能，以便更好适应进阶阶段的学习。对于这两项技能的训练，法律英语课程应当发挥相应的作用。这些技能主要包括：

（一）法律信息获取能力

法律信息获取能力是指通过书面或者口头方式了解、捕获相应的法律信息的能力。对于涉外法律专业的学生而言，除了应当具备阅读汉语法律文献以及汉语法律听力能力以外，还应当具有一定的法律英语阅读能力以及法律英语听力水平。由于英美法系国家法律主体采取判例法的形式，因此，学习英美法律对阅读量的要求很高，法律英语课程对于法律英语阅读能力以及听力能力的提升也是为前往美国法学院进一步学习打下坚实的基础，具体而言，在完成全部法律英语课程之后，学生应当大体能够听懂英美法学院法学专业课程，能够大体读懂英美法学院相应的阅读材料。[1] 同时，法律信息获取能力还应当包含法律信息的检索能力，正如前文所述，普通法系国家判例浩如烟海，在庞杂而缺乏逻辑关联的众多判例之中快速查询所需的判例并非易事，上述法律文献检索技能与大陆法系的法律检索技术有着较大区别，因此，在法律英语课程中加以讲解极为必要。

笔者认为，法律信息获取能力的基础是法律英语专业词汇、句型结构的良好掌握。而法律英语词汇、句型结构具有很强的独特性，与普通英语差别甚大。法律英语词汇多用外来词、古语，普遍存在着一词多义、与普通英语含义差别较大等现象，具有保守性、权威性、精确性等特点[2]，因此需要专门学习掌握。在法律英语教学中，特别是法律英语教学基础阶段，法律英语词汇、句型的教学应当成为整门课程的核心。

（二）法律交流与表达能力

法律交流与表达能力是指能够熟练运用英语以书面或者口头形式发表自己对某一法律问题见解的能力，着重表现在法律专业写作能力和法律英语口语能力这两方面。

法律专业写作能力主要体现在法律备忘录（legal office memo）、律师辩论书

---

[1] 最新颁布的《大学英语教学大纲》中有关听力、阅读的要求也体现了这一点。具体要求参见中国政法大学法律英语教学与测试研究中心课题组：《大学法律英语教学大纲》，外语教学与研究出版社2014年版，第8页。

[2] 参见李剑波："论法律英语的词汇特征"，载《中国科技翻译》2003年第2期。

(brief)、英文合同等司法文书的写作上[1]。上述能力的训练也是为涉外法律专业学生前往英美法学院校深造打下坚实的基础,英美法学院校对法律英语专业写作水平要求甚高,以笔者掌握的情形来看,法学院期末考试某一科写作字数往往达到数千字之多,因此,法律英语课程应当着重训练提高学生专业写作速度,以适应英美法学院校的要求。同时法律英语写作应当要求使用"法言法语",在法律英语课程提升阶段,教师应当着重引导学生将掌握的法律专业词汇转化为积极词汇加以运用。

法律专业口语能力主要体现在使用英语进行法律谈判、法庭辩论、发表法律专业演讲等各个方面。一方面,由于美国法学院普遍采用苏格拉底问题讨论法(Socratic Method)的教学方法[2],学生掌握知识的主要路径并不来源于教科书或者教授对于相关法律制度的系统讲解,而是来源于学生自主学习的过程,在美国法学院的课堂上,教授起到的作用更多的是引导学生思考,解答学生的疑问,因此,一定的专业英语口头表达能力对于学生学习极其重要。另一方面,涉外法律专业的目的是培养能够参与国际法律事务的法律人才,这也就意味着这一专业的学生必须很好地适应英美法系对抗式(adversarial system)以及控告式(accusatorial system)的法庭模式,因此,相应的口语表达能力至关重要。

(三)法律逻辑分析推理能力与思辨能力

众所周知,英美法系国家的法律推理方式与大陆法系国家有着很大的区别,由于英美法系国家普遍采取判例法的法律形式,因此,英美法系国家在司法实践中主要采取的推理模式为类比推理,即在法律中,如果案件之间有质或量上的相同属性或关系,这些相同的属性或关系是相关的而且对于该问题而言是重要的,并且这些相同点比案件之间的差异点重要,则确定这两个案件具有相似性的法律推理过程。作为法律推理载体的英美法系国家判决书的形式结构也与我国有着极大的区别,主要由事实(fact)、法律争议点(issue)、判决理由(holding)、推理(reasoning)、政策考量(policy)[3]等若干部分组成。上述技能对于初学者而言并不容易掌握,且上述技能是英美国家法学院重点训练、培养的重要职业技

---

[1] 中国政法大学法律英语教学与测试研究中心课题组:《大学法律英语教学大纲》,外语教学与研究出版社2014年版,第8页。

[2] 参见杨莉、王晓阳:"美国法学教育特征分析",载《清华大学教育研究》2001年第2期。

[3] case brief 的示范文本,参见齐筠主编:《法律英语教程》,高等教育出版社2011年版,第28~29页。

能之一，也是参与国际法律事务所必需的。作为大学本科阶段一门介绍英美法律制度的主要课程，法律英语应当将上述能力的训练贯穿在课程的全过程之中。

三、法律英语理想教学方法的建构

(一) 法律英语课程教学方法简介

法律英语课程饱受诟病的一个主要问题在于教学方法过于单一、陈旧。在很长一段时间内，法律英语一直采取与通用英语类似的阅读教学模式，这种模式的主要特点是：法律英语教育只局限在课文文本的翻译与解读之上，将课堂的重心放在词汇记忆与句型结构的讲解之上，而缺乏对学生综合运用特别是专业口语、专业写作能力的培养[1]；课堂缺乏互动，气氛沉闷，仍然跳不出"满堂灌""填鸭式"的窠臼，难以调动学生自主学习的积极性；阅读量要求不高，与英美司法实践相脱节的情况比较严重。涉外法律专业对法律英语教学提出了更高的要求，显然上述教学模式远不能适应涉外法律专业对专业英语技能训练的要求。正如笔者反复强调的那样，法律英语理想教学模式的建构必须立足于服务涉外法律人才培养的总体目标。

同时，国内学界对于法律英语课程教学方法的研究虽取得了一定成果，对传统教学模式的弊端进行了一定的分析，并提出了案例教学法、交际法等若干源自英美法学院校的全新教学模式[2]，然而，现有的研究对于法律英语教学方法的探讨仍然基于宏观层面，没有将教学方法的探讨与培养法科学生某一特定能力结合起来，更加缺乏对涉外法律专业的法律英语课程教学方法特殊性研究的成果[3]。对案例教学方法的研究成为学术热点，但是，对案例教学方法的探讨大多着眼于教学方法本身（例如案例教学法的特点、具体操作方法、案例选取、作用[4]），而缺乏对案例教学法适用的范围、在整体教学方法体系中具体作用的研究。就法律英语教学方法层面而言，对交际法的研究过于粗略，笔者认为，可以

---

[1] 参见张自伟："法律英语教学模式比较研究"，载《中国校外教育》2010年第10期。

[2] 相关研究见李益军、杨德祥："论法律英语教学法"，载《甘肃政法成人教育学院学报》2005年第3期；王青梅："法律英语教学模式的探索——以案例教学法为例"，载《宁波大学学报（教育科学版）》2003年第5期。

[3] 虽然有论者尝试做了一些法律英语的教学改革与涉外法律人才关系的分析研究，但是上述研究基本没有涉及涉外法律专业下法律英语教学方法特殊性的探讨。

[4] 参见王青梅："法律英语教学模式的探索——以案例教学法为例"，载《宁波大学学报（教育科学版）》2003年第5期。

将相邻学科的实证研究成果迁移至法律英语教学方法的探讨中。在探讨法律英语教学方法的过程中,对于任务型教学方法的迁移与讨论仍然较为缺乏,而在笔者看来,上述教学方法对于法律英语教学方法的完善具有重大的借鉴意义。

笔者认为,合理的法律英语教学方法应当坚持将任务教学模式贯穿整个教育方法体系,针对不同专业素养的训练,例如,前文提及的法律英语信息的接受能力、法律英语表达与交流能力以及法律逻辑推理与思辨能力,应当根据相关能力培养自身的特征、学生的外语基础以及涉外法律专业学生培养的特殊目标来确定合适的教学方式。在笔者看来,整个法律英语教学体系应当包括讲授性教学法、互动性教学法[1]、案例教学法、模拟实践教学法等[2]教学方法。简而言之,笔者主张建构以任务教学模式为指导下,讲授性教学法、互动性教学法、案例教学法、模拟教学法等诸多教学方法优化组合,为涉外法律人才培养总体目标服务的科学合理的教学方法体系。

(二)作为法律英语教学方法体系灵魂的任务教学模式[3]

任务教学模式(task-based approach)是20世纪80年代以来逐渐兴起的一项语言教学模式,"是以完成具体的任务为学习动力和动机,以完成任务的过程为学习过程,以展示任务成果的方式来体现成就"[4]的教学模式。现有相关理论均对任务教学模式中任务的概念作出了微观层面的界定,有论者(Bygate,

---

[1] 在此处,笔者并未将网络教学法罗列在内,主要基于如下考虑:上述教学方法对于学生专业素质的培养方面并不特殊的作用,从现有的网络平台的作用来看,其教学模式类似于讲授性教学法,而网络平台发展的新趋势——人机交互功能则可以将其归入互动性教学法之中。

[2] 法律教学方法的分类参见中国政法大学法律英语教学与测试研究中心课题组:《大学法律英语教学大纲》,外语教学与研究出版社2014年版,第16页;肖鹏:"研究生法律英语教学方法及其应用刍议",载《广东外语外贸大学学报》2011年第4期。同时,笔者不是很赞同《大学法律英语教学大纲》将法律翻译的教学方式单独列举的分类,在笔者看来,上述分类更多是基于教学内容而非教学方法所做的分类,尽管将法律翻译单独罗列主要目的或许在于强调其重要性,但这种分类方式对本文研究的问题而言,意义并不大。就该大纲对法律翻译作出的主要界定来看,法律翻译适用的主要教学方法可以归入讲授性教学法之中。

[3] 笔者认为,任务教学模式与讲授性教学法、互动性教学法、案例教学法、模拟实践教学法等教学方法并不处于同一逻辑层次,具体教学法可以比较清晰地对应着干具体的教学活动,而任务教学模式则与传统教学模式相对应,是各项具体教学活动开展乃至教学方法选用的目的所在,从这个意义上来说,任务教学模式是具体教学方法的上位阶的概念或者说是指导的思想。

[4] 钟启泉:"为了中华民族的复兴,为了每位学生的发展",载钟启泉、崔允漷、张华主编:《为了中华民族的复兴为了每位学生的发展〈基础教育课程改革纲要(试行)〉解读》,华东师范大学出版社2001年版,第260页。

Skehan, Swain）认为"任务是要求学习者使用语言、为达到某个目的而完成的一项活动，活动中强调意义的表达"[1]，也有论者（Ellis）指出，任务应当界定为以意义为中心的语言运用活动[2]。在任务教学模式指导之下，整个英语学习过程并不是冗长而相对缺乏目的性的连续阶段，英语学习过程被"任务"切分为一个又一个具体而细微的不同阶段，我们可以将一个任务的完成视为一个英语学习阶段的暂时完结，因此，不同于传统英语学习模式对于连续性的强调，任务教学模式视野下的英语教学过程是跳跃与断裂的。

一般认为任务型教学模式具有如下特点：以问题或者说是任务为中心；学生而非教师在学习过程中起主导作用；语言的学习具有十分明确的目的性，即完成特定的任务；语言的学习更加注重学习者综合能力的培养而非具体知识的灌输；任务的设置与真实生活密切相关[3]。

笔者认为，任务型教学模式应当成为整个法律英语教学方法体系的灵魂，主要基于如下理由：

1. 法律英语作为 ESP（专门用途英语）的一个重要分支，与普通英语不同的是，ESP 英语学习的主要目标在于满足学习者特定的需求，而且上述内容的学习与职业有着密切的联系。相比其他专门学术英语，法律英语课程的实用倾向更加明显，即旨在为从事国际法律事务打下语言基础。换言之，法律英语课程对于涉外法律人才培养仅仅具有工具的作用，而非旨在建构宏大的逻辑科学体系。而任务型教学模式很好地避免了传统教学模式脱离实际、不甚实用的特征，将相关职业与学习技能的培养贯穿课程的每一个环节。同时，任务型教学模式最大可能地模拟法律英语在英美国家运用的具体情形，进而达到事半功倍的效果。

2. 法律英语课程自身的定位并不仅仅局限于纯粹的英语知识的教授。虽然

---

[1] 转引自龚亚夫、罗少茜：《任务型语言教学》，人民教育出版社 2003 版。

[2] Ellis R., *Task-based Language and Teaching*, Oxford: Oxford University Press, 2003，转引自杜洁敏："任务型教学法在大学英语词汇教学活动中的实践应用"，载《辽宁行政学院学报》2007 年第 6 期。

[3] 对于任务型教学模式特点的概括，笔者综合了 Skehan、Feez 等诸多论者的描述，并根据法律英语教学的特点进行了一定的修正。相关的具体论述参见杜洁敏："任务型教学法在大学英语词汇教学活动中的实践应用"，载《辽宁行政学院学报》2007 年第 6 期；杜洁敏："项目学习模式在跨文化交际课程教学中的应用"，载《语文学刊（外语教育教学）》2014 年第 4 期。

国内学界普遍认为法律英语课程应当以专业英语讲授为重点[1],但是,这并不意味着法律英语课程完全不涉及专业法律制度特别是英美国家法律制度的讲解,笔者认为,二者的培养应当是兼顾的。上述观点在最新出台的《大学法律英语教学大纲》中也得到了很好的体现[2]。由于英美法系法律主要通过判例方式呈现,对于如此纷繁复杂的判决进行系统讲解,既缺乏相应的课时支撑,又难以达到相应的效果,唯有采取任务型教学模式,以待决问题为导向,查找、分析相关判例,掌握英美法系国家独特的法律推理方式,才是正确之道,上述模式也能为涉外法律专业学子适应英美法学院教学模式发挥作用。

3. 从大学课程设置上看,法律英语课程普遍被安排在大学二年级或者三年级[3],参加上述课程的学生普遍通过了大学英语四、六级考试,具有相当的语言功底和一定的自主学习能力,因此,绝大部分学生能够达到任务型教学模式所要求的基础语言水平。此外,由于任务型教学模式在普通英语课程教学中已经普遍展开,以中国政法大学为例,大学一年级开始的法学英语、大学英语视听说、读写译等课程普遍要求学生进行口头展示(presentation)、写作小论文、表演情景剧、自主查找英文文献等工作,因此,法律英语课程延续上述教学模式有利于保持教学模式的平稳衔接。

结合学习的法律英语课程的亲身经历,笔者认为,法律英语课程的专业词汇、句型结构、情景会话教学中,尤其需要加强任务型教学模式的贯彻。在现有的法律英语课程中,专业词汇的讲授比较脱离司法实践,基本只停留在死记硬背的层面,教师对于专业词汇的讲解并没有结合特定的语境。法律专业术语具有极强的专业性,正如前文所述,多用古语、外来语,而教师对于上述词源流变、蕴含的法律文化却少有涉及。此外,法律英语考试中对于专业词汇的考察方式,主要采取英汉互译的题型[4],偏离了任务型教学模式对于专业词汇教学的基本要

---

[1] 持这种观点的文献较为丰富,例如何宏莲、王巍:"法律英语教学与法律双语教学的关联性分析",载《佳木斯大学学报》2006年第3期;封桂英:"大学公共英语、法律英语与法律双语教学的关联性研究",载《湖北第二师范学院学报》2008年第1期。

[2] 参见中国政法大学法律英语教学与测试研究中心课题组:《大学法律英语教学大纲》,外语教学与研究出版社2014年版,第17~18页。

[3] 以中国政法大学为例,涉外法律专业大学一年级学习英语视听说、英语读写译等普通英语课程,而在大学二年级上学期学习法律英语课程,其他开设了法律英语课程的大学院校情况类似。

[4] 《大学法律英语教学大纲》在某种程度上延续了上述风格,具体参见其样卷部分(Sample test II)。

求，不利于学生掌握专业术语在不同语境下的具体含义，更不利于学生对所学专业词汇加以自主运用输出。笔者坚持认为，即便在现有教学条件下，不能完全改变对专业术语英汉互译式的考查方式，也应逐步降低这一题型在法律英语课程评价体系中的重要性[1]，而增加采用语段阅读、法律文书写作、法律意见书起草等其他方式考查专业术语运用能力的比重。

---

[1] 根据笔者掌握的情形，不少高校法律英语课程期末考试时英汉术语所占比重高达30%～40%，这一点显然与任务型教学模式背道而驰。

陈　晖*

慕课视域下外国文化融入大学外语课堂教学模式研究

一、大学外语教学中融入外国文化背景知识的必要性

语言是文化的载体，文化是语言的内涵。联合国教科文组织阐述语言与文化的关系："语言是人类文化最普遍也是最多样的表达方式之一，甚至可能是其最本质的表达形式。"[1] 技能的操练及应用、语言知识的呈现、语言信息的输入都是与其背后蕴藏的文化内涵无法分割的。一门外语是其所代表的外国文化的重要组成部分和载体。大学外语教学的最终目的，是使学生通过学习不仅能够掌握外语这一交流工具，而且要了解中外世界观、价值观、思维方式等方面的差异，从而具备一定程度上的跨文化交际能力。因此，大学外语课程应该兼具工具性和人文性双重性质。

美国社会学家 Dell Hymes 认为，交际能力有四个重要参数，即语法性、适合性、得体性和实际操作性。[2] 其中，适合性和得体性的实质，就是语言使用者的社会文化能力。换言之，就是语言使用者能在外语环境中遵循彼之生活方式与价值观，恰到好处地与他者进行跨文化交际。

跨文化交际能力的高低是外语综合能力的重要体现，但在大学外语课堂的实际操作层面，却由于大学外语教学课时的不断缩减（以大学英语教学为例，现多

---

* 陈晖（1980—），女，山东青岛人，比较文学与世界文学博士，中国政法大学外国语学院副教授，硕士生导师，研究方向为德语翻译与文化、译本分析与评论。

[1] United Nations Educational, Scientific and Cultural Organization. UNESCO Guidelines on Intercultural Education, New York: Education Sector, UNESCO, 2006.

[2] Hymes, D., *On Communicative Competence*. Penguin, 1972.

数高校的大学英语课程学分仅 8~10 学分[1]），导致大学外语教学任务单一而繁重，故只能在授课过程中更多偏重于应试型教学。为了在极其有限的教学课时内保证或者提升大学外语四、六级考试的通过率，绝大多数教师往往仍然遵循公共外语教学理念，把精力放在四、六级考试分值比重较大的听力、阅读和写作等项目上面，以语言应试技能的训练与强化为教学重点，而常常忽略实践能力和应用能力的提高，忽视文化背景和文化差异等跨文化交际训练。

综上，大学外语教学中融入外国文化背景知识是十分有必要的，外国文化背景知识的导入有助于培养学生的学习兴趣、巩固学生的语言知识，提高学生的文化意识与修养，从而深层次地改善学生的交际能力。

二、传统大学外语教学中融入外国文化知识的可行性

如何在有限的大学外语教学中将广博的外国文化知识进行有效的融入呢？多数高校囿于诸多客观事实而只能停留在语言"技"的层面的强调，使得文化教学的融入陷入了"心有余而力不足"的困境。

面对这一困境，教育工作者们尝试了各种不同途径试图进行摆脱。比如，一部分学校试图通过开设外国文化类选修课来缓和课时有限和文化教学不可或缺之间的矛盾，但此类文化课程授课难度较大，可开设此课程的教师有限，开课规模的限制将直接导致受益学生群体数量的有限性；此外，将文化与语言课直接分裂进行授课的方式，也使得这两种知识不能有效地达成融会贯通；再者，选修课的教学地位远不及必修课，这种课程设置角度的不重视，也会导致学生仍将主要精力放在语言技能的学习上从而忽略蕴含在语言深层中的文化层面。

三、慕课视域下将外国文化融入大学外语课堂教学的模式

（一）慕课与翻转课堂

慕课，是英文 MOOC 的音译，全称为 Massive Open Online Course，意即"大规模开放式在线课程"。慕课的诞生经历了一段很长时间的变迁。在 19 世纪 90 年代到 20 世纪 20 年代数字时代以前，远程教育主要以函授课程形式出现，后来相继出现广播、电视课程及早期电子学习等方式，然而完成这些课程的学生不到

---

[1] 王守仁、王海啸："我国高校大学英语教学现状调查及大学英语教学改革与发展方向"，载《中国外语》2011 年第 5 期。

5%。2000 年以来,网络电子课程和远程教育都发生了巨大变化,网络的覆盖率更高,开放的学习机会更多,MOOC 也在快速发展。MOOC 一词由爱德华王子岛大学的 Dave Cormier 创建,兴起于美国众多的大学。2006 年首次推出,成为 2012 年流行的学习模式。《纽约时报》称 2012 年是"慕课元年",其被称为教育的 2.0,是"印刷术发明以来教育最大的革新"[1]。MOOC 是应全球化、大众化和信息化这一教育发展的三个鲜明时代特征及宏观趋势的要求而产生的一场革命。MOOC 的主要构成是课堂演讲视频,视频时长简短,一般长度在 10 分钟左右,方便学生利用碎片时间学习。学生还可以在平台上进行讨论、互评、测试,也可以向老师反馈问题,在完成课程及其他要求后,可以获得该课程证书。

国外的慕课浪潮推动了国内慕课课程的建立与发展,2013 至 2014 年,我国的一些知名大学,如北京大学、清华大学、上海交通大学、复旦大学、香港科技大学等先后加入 edX[2],并推出了本土化的慕课课程;果壳网和译言网分别加入了 Coursera[3],掀起了中国慕课建设浪潮。经过近几年的发展,我国打造出了一些影响力较大的慕课平台,具备了一定的规模和影响力,如慕课中国、中国大学、慕课网、学堂在线等。目前,我国线上慕课数量已经达 5000 门,7000 万人次选学课程,其中包括高校学生和社会学习者,这让中国在慕课的应用、制作和学习上在世界居于前列。[4]

在慕课的大背景下,新的教学模式——翻转课堂(Flipped Classroom)应运而生。翻转课堂即学生课前在家里通过观看教学视频学习未知知识,在课后做作业、交流、讨论、做项目和实验的一种教学形态[5],是知识传授与知识内化的颠倒,翻转了传统课堂的教学结构。在翻转课堂的教学模式下,教师不再是传统教学模式中的主讲,更需要其创建教学短视频,安排学生提前观看,在上课时组织课堂活动。教师在课堂上的作用是引导、协作、组织讨论和仲裁。在这个模式中,学生课前学习知识,课上主动讲述知识,课后巩固知识。因此,课堂被翻

---

[1] 黄渊柏、周亚君:"MOOC 在中国的现状及对策",载《文教资料》2018 年第 29 期。

[2] edX:麻省理工和哈佛大学联手创建的大规模开放在线课堂平台。

[3] Coursera:美国斯坦福大学两名教授创办的大型公开在线课程项目。

[4] 参见王晓晖:"从慕课的发展看其对高校英语教学的影响",载《科教文汇(上旬刊)》2018 年第 10 期。

[5] 参见曾明星等:"基于 MOOC 的翻转课堂教学模式研究",载《中国电化教育》2015 年第 4 期。

转了。[1]

（二）慕课视域下将外国文化融入大学外语课堂教学的构建途径

慕课形式如火如荼的推广，不仅给予了大学外语教育工作者们以现代的教学理论层面的启迪，而且给予了其创新的教学方法和课堂活动组织，使得教师们能"辨认和培养那些在传统教育中不被承认和没有被发现的智能强项，开发和试验新的课程、新的活动、新的评估方法和教学方法"[2]。在沿用传统教学方法的基础上，以慕课作为工具维度的教学模式调整，实质上是一种将外国文化知识融入大学外语课程教学模式创新的尝试，这种创新性的尝试基于互联网工具、教师、学生三者共同构建。互联网工具是知识信息的来源，教师发挥"知识信息中转站"的作用，以前置性的教学思路引导学生；学生则是知识信息的接受主体，在信息化情景中或者与教师对话，或是借助慕课完成学习任务。由此，借助先进的教学技术手段对大学外语课堂教学进行破旧立新，将外国文化知识通过慕课形式推广，通过提供丰富的信息资源，解决课时有限与文化知识不可或缺之间的矛盾，可充分实现大学外语课程的工具性和人文性的双重属性。

第一步：课前部分：目标设计，利用创新工具，完善课堂组织架构。

清晰准确的学习目标会给学习者开展、掌握学习（mastery learning）提供准确的方向。"制定目标是为了便于客观地评价，而不是表述理想的愿望，只有具体、外显的行为目标，才是可以测量的，在制定目标时要考虑到能够对该目标作出客观的评价，否则，制定出来的目标就是虚设的。"[3] John Hattie 认为，学生越向老师角色转变，老师越向学生角色转变，教学/学习的效果就越好。[4]慕课不仅仅是一门在线课程，更是在线课堂，是拥有教师、学生、教学内容和媒体的虚拟课堂，学生的学习过程和教师的教学过程清晰可见，课程制作者对教学目标的制定要非常具体，使学习者有目标可依，同时可以通过外显的方式检测自己是否达到了这个"目标"。[5]

---

[1] 参见于歆杰主编：《以学生为中心的教与学——利用慕课资源实施翻转课堂的实践》，高等教育出版社2015年版。

[2] 沈致隆：《亲历哈佛——美国艺术教育考察纪行》，华中科技大学出版社2002年版。

[3] 施良方：《学习论》，人民教育出版社2001年版。

[4] Hattie, J., *Visible Learning: A Synthesis of over 800 Meta-analyses Relating to Achievement*, Routledge, 2008.

[5] 参见蒋艳、马武林："论大学英语慕课建设应该避免的误区"，载《外国语文》2018年第1期。

综上，教师在课前设置慕课时，必须给学生提供非常明确的外国文化知识学习目标，包括外国文化知识学习的总体目标和根据教材有的放矢进行设置的每个主题的学习目标。在此基础上结合现代的教育技术，充分利用网络资源，利用多媒体、影像等手段向学生传递知识信息，扩大学生的认知来源。根据学生群体的学习特点，突出文化素材，引导学生主动从素材认知开始，深化语言认知，形成较强的语言文化交流能力。

第二步：课堂部分：教学交互设计，多重互动，发挥学生主观能动性。

交互是慕课的灵魂，教学设计要围绕交互展开。马武林等学者研究发现，学生与视频，学生与教师，学生与学生之间的多重交互是慕课区别于以往精品课和资源共享课的重要特点，三重交互有着各自的体现方式。[1]蒋银建认为，"互动教学强调参与、合作、交流和对话，激发参与学习的兴趣和动机"。[2]

所以，在大学外语教学过程中，通过慕课前置性课程植入，针对需要了解的文化知识内容进行预习，并与学生保持沟通，指导学生制作PPT，在实际课堂授课中利用少量时间针对某个文化知识点做演示，以此改变传统的教师大量灌输学生被调动接受的教学方法，让学生积极参与教学活动，保证了慕课的三重交互互动，以此充分发挥学生的学习主观能动性，从而有效激发学生的学习兴趣并锻炼学生对知识萃取的能力和外语组织表达能力。

第三步：课后部分：评价设计，翻转课堂，强化学生学习效果。

形成性评价的设计是保证课程质量的重要环节。慕课学习者学业成绩的确定是通过形成性评价来实现的。由于"慕课"的学习更多地源于自发性，所以，加强监管、保障学习效果就成了理论上最后一步亟待解决的问题。以美国杜克大学English Composition I为例，学生可以观看视频、阅读文献、完成作业、参与论坛讨论等，其中作业版块包括学习者独立完成的作业（peer graded assignment）、评价同伴作业（review your peers）、小测试（quiz）三个部分[3]。在此过程中，教师可以充分利用慕课平台，鼓励并引导学生参与同伴互评和在线讨论，引入学生自主学习，进行反思性小结，从而强化学生课前和课堂学习效果，更全面地提

---

〔1〕 参见马武林、胡加圣："国际MOOCs对我国大学英语课程的冲击与重构"，载《外语电化教学》2014年第3期。

〔2〕 蒋银建："外语教师电子白板互动教学能力发展案例研究"，载《外国语文》2016年第4期。

〔3〕 参见马武林、李艳、蒋艳："国际MOOCs教学设计优势及其问题分析——以美国杜克大学'英语写作I：获取专业知识'为例"，载《电化教育研究》2014年第9期。

高学生的跨文化交际能力和外语应用能力。

本研究通过系统设计将外国文化融入大学外语教学过程的知识体系构建，通过学生课前和课后时间进行视频观看学习、作业和讨论，在课堂中进行翻转课堂活动的方式，最大限度地缩减了将外国文化融入大学外语教学所需的时间，以此种混合教学模式合理解决了大学外语课程课时缩减与外国文化融入教学的必要性之间的矛盾。一方面，外国文化融入大学外语课堂意味着在操练语言技能的同时学习文化内容，更能帮助学生进行有意义的输出，在提升语言技能的同时，更能掌握蕴含在其背后的文化知识；另一方面，信息技术为外国文化融入大学外语课堂提供了技术支持，翻转课堂为外国文化融入大学外语课堂保障了教学效果。建设外国文化慕课充分满足了"互联网+"时代学生的知识学习、获得、产生方式变化的需求；翻转课堂的组织，利用慕课突破了传统课堂的局限，翻转了课堂的时间、地点，合理解决了大学外语课程课时缩减与外国文化融入式教学必要性之间的矛盾。通过课前的慕课学习，大学外语课堂上进行翻转课堂活动的方式，最大限度地缩减了外国文化教学所需的时间，同时避免了传统慕课因缺乏监管，无法保证教学效果的弊端。

四、结语

在慕课的大背景下，教与学都迎来了前所未有的机遇。在慕课视域下，教与学不再受时间、空间的限制，慕课带给大学外语教育工作者的，有危机，更有推动大学外语教学良性发展的契机。大学外语教育是高校教育的重要组成部分，它的发展关乎培养符合新形势发展需要的优秀人才的目标。因此，以慕课为依托，完善传统外语教学模式，是高校外语教学的重要任务。通过研究借鉴国外大学外语慕课的发展，并将慕课应用于大学外语教学，探索符合实际情况的教学模式，在慕课视域下将外国文化融入大学外语课堂教学中，可以给外语教育工作者们更多的自由，也可使学生既可自主探索，并在此基础上多重交互、共享资源，进行协作学习，同时也可以为将来大学外语课程改革提供方向，减少改革的盲目性。

刘 艳[*]

大学英语口语自主学习模式研究

一、引言

大学英语是我国高等学校教育中一门重要的基础课程，是高等院校中面向非英语专业的学生开设的公共必修课程。在传统教学的教师"满堂灌""填鸭式"的教学方法中，教师只是知识的传授者，学生是被动的接受者，语言教学很难达到运用和培养能力的目的，大学英语成为学生普遍认为困难较多的课程。对于教师而言，在短短的三四年时间里传授给学生的知识量是有限的，必须要研究如何在教给学生知识的同时，教会他们"学会"学习，即培养他们的自主学习能力。古人云："授人以鱼，不如授人以渔。"在我国，以学习者为中心的英语教学观念的确立，使培养学习者自主学习（Learner Autonomy）能力成为外语教学界的共识。各高校也就此采取各种积极措施，改进教学方法，促使学生提高自主学习英语能力。

2007年教育部制定颁布的《大学英语课程教学要求》明确提出，"大学英语的教学目标是培养学生的英语综合应用能力，特别是听说能力，使他们在今后学习、工作和社会交往中能用英语有效地进行交际，同时增强其自主学习能力，提高综合文化素养，以适应我国社会发展和国际交流的需要"。同时，《大学英语课程教学要求》也向各高校提出教学改革要求："教学模式改革的目的之一是促进学生个性化学习方法的形成和学生自主学习能力的发展。新教学模式应能使学生选择适合自己需要的材料和方法进行学习，获得学习策略的指导，逐步提高其自主学习的能力。"[1] 因此，在大学英语教学中，必须培养学生的自主学习能力，使其掌握学习方法，以适应科学技术迅猛发展、知识信息日新月异的社会的

---

[*] 刘艳（1976—），女，河北保定人，中国政法大学外国语学院副教授，主要从事英语教学研究。

[1] 教育部办公厅："关于印发《大学英语课程教学要求》的通知"（教高厅［2007］3号）［EB/OL］，教育部网站，http://www.moe.edu.，最后访问时间：2018年8月13日。

需要。

为了更好地进行大学英语教学改革，符合新的教学要求，笔者试图探讨大学英语口语自主学习的模式。以 2017 级大一新生的两个班级为样本，采取搜集资料，问卷调查等方式，通过对学生的反馈进行统计和分析，希望建立起大学英语口语自主学习模式，把课堂延伸到课外。

二、教学模式存在的弊端和学生口语自主学习的现状

笔者在 2017 级大一新生中进行了相关的问卷调查，根据参加问卷的 50 名学生的反馈，英语口语依旧存在着很多问题，主要体现在以下两个方面：

（一）学生信心的缺乏和语言环境的不足

在调查中发现，绝大多数的学生都有学好英语的愿望，而且已经意识到了口语学习的重要性。然而，很多学生往往由于自信心不足，不敢开口说英语，总是害怕由于说错或语音不准确招来同学们的嘲笑。虽然已掌握应对简单对话的能力，但对于课堂提问、问题讨论等随机性的口语练习束手无策、有口难言。同时，由于当前学生的语言环境没有实质性的变化，以及上课口语训练时间的限制性，学生在课堂上进行口语训练的机会很少，再加上学生的自信心缺乏，有些学生在大学英语的课堂上几乎没有进行过任何口语能力的训练。大多数学生走出大学英语的课堂后又回到使用母语的交际环境中，这种间歇性、隔离性的语言环境使其花费在口语训练上的时间和精力远不能引起学生口语能力的突破，从而导致他们对课堂教学活动的参与积极性不高、兴趣不大。又由于不积极、无兴趣，就更不愿意参与课堂口语教学活动，更不用说课外口语训练，这就造成了口语培养过程中的恶性循环。

（二）目前大多数的课堂教学模式没有得到根本改观

课堂教学过分注重语言知识的灌输，课堂上学生被动、消极地接受现成的课本知识，教师很少提供给学生自主学习的机会，很少留给学生自由发挥的空间。久而久之，学生让教师牵着鼻子走，失去了自主学习的能力。又由于长期在"灌输式"和"应试"教学模式下学习，学生习惯于被动地接受知识并热衷于知识的积累和关心考试分数的高低，对学习能力的发展关注得很少。自主学习意识也在被动的学习氛围中渐渐消失。虽然学生掌握了很多语言知识，但是，由于缺乏足够的语言输入和合适的语言表达方面的训练，在现实的外语交际场合往往显得力不从心，不知所措。与此同时，目前大学生的外语自主学习能力比较差，主要表现在：①学习计划性不够，即使有计划，也很难保证计划的实施。②课堂利用率比较低。③不能多渠道地学习、运用外语知识。

三、自主学习的概念

"学习者自主"这一概念最早由 Henric Holec 在 20 世纪 80 年代引入外语界。Helec[1]在他的著作中首次提出，学习者自主就是学习者在学习过程中"能够对自己学习负责的一种能力"。Candy[2]则认为，自主性学习既是一种能力又是一种个人的品质，是学习者自己组织学习的能力和意愿。Wender[3]则作出更直接的说明：成功的、擅长的、聪明的学习者会了解如何去学，他们获得了学习的策略、知识，拥有了正确的态度，这使得他们自信、灵活、恰当地使用这些技巧与知识并独立于老师。他们就是自主学习者。Dickinson[4]认为，自主学习就是学习态度和独立学习的能力。Benson[5]对外语自主学习能力作出了以下三个方面的描述：自主学习是个人主动学习的行为以及拥有主动学习的方法；它需要内在的动力来推动学习；要求个人掌握学习的内容和过程。而 Littlewood[6]则从心理学角度认为：自主学习从本质上说，是学习者对学习过程和学习内容的心理关系问题，是一种超越、批判性的思考、决策以及独立行动的能力。

自 20 世纪 80 年代以来，自主学习一直是国内外英语教学研究的热点。研究发现，成功的语言学习者的自我管理能力一般都比较强，他们不仅掌握了从事各种学习活动、解决各种学习困难的技巧和策略，而且能够根据具体的学习任务选择适当的处理方式。英语学习成功者更擅长有计划地安排自己的学习，善于反思自己的学习方法和过程，并且在学习过程中善于自我引导。简言之，自主学习就是指学习者不依靠别人而独立自主地学习，其特点是：学习动机可自我激发，学习方法可自我确定，学习内容可自我选择，学习过程可自我监控，遇到问题可自我解决或懂得请教他人解决。

---

[1] Holec H., *Autonomy and Foreign Language Learning*, Oxford: Pergamon Press, 1981.

[2] Candy, P. C., *Self-Direction for Lifelong Learning: A Comprehensive Guide to Theory and Practice*, San Francisco: Jossey-Bass Publishers, 1991.

[3] Wenden, A. L., *Learner Strategies for Learner Autonomy: Planning and Implementing Learner Training for Language Learners*, Hertfordshire, UK: Prentice-Hall International, 1991.

[4] Dickson, L., "Autonomy and Motivation: A Literature Review", *System*, 1995, 23 (2).

[5] Benson, P&Voller, P., *Autonomy and Independence in Language Learning*, London: Longman, 1997.

[6] Littlewood, W., "Autonomy: An Anatomy and A Framework", *System*, 1996, 24 (4).

四、初步尝试及模式总结

笔者在教学中注重对学生英语口语自主学习能力的培养，取得了较为满意的效果。主要尝试有群组和个人两种，做法如下：

（一）以群组为单位的尝试

笔者在学期初将两个班的学生分别分为5组，以组为单位安排口语活动，进行自主学习。为了使自主学习更有目的性，笔者为学生限定了活动类型，如角色扮演、采访等。为了使学生能够体会语言能力的逐步提高与改善，笔者要求他们把活动分为几个阶段：准备阶段、演练阶段、修改阶段以及最后的成型阶段。最终的成品以录像的形式完成，但这还不是活动的结束，组里的每一个成员要对录像中自己的表现进行评估，之后评估组员的表现，自评与互评相结合，发现口语活动中的长处及不足。由于各组的活动通常会从学期初贯穿至学期末，学生会精心准备，反复练习，能感受到口语能力的逐步改善。

（二）以个人为单位的尝试

1. 模仿。笔者要求学生以 VOA Special English 为媒介，模仿以英语为母语的播音员的语音和语调。刚开始模仿时，速度不要过快，要把音发到位，待把音发准了以后，再加快速度，用正常语速反复多说几遍，直到达到脱口而出的程度。对于自己读不准或较生疏的单词要反复多听几遍，然后再反复模仿，直至熟练，脱口而出。

模仿是强化语音训练的有效方式。目前我国大学生英语口语水平相对低下，主要问题在于学生英语口语基础不扎实。学生在自主学习的环境下，保持轻松、自然的心态，逐步建立自信心，制订适合自身的语音自主训练计划，及时检查学习成效，发现不正确的发音并及时矫正，进行自我监控与评估。学生在逐步掌握标准的语音语调及发音技巧的同时，不断摸索完善自身的发音策略，从而使其自主学习英语口语的能力得以提高，形成良性循环。

2. 复述以及背诵。复述是一种很好的自我训练口语的形式。复述有两种常见的方法：一是阅读后复述，二是听录音后复述。听录音后复述，既练听力，又练口语表达能力。学生可由一两句开始，听完后用自己的话（英语）把所听到的内容说出来，一遍复述不下来，可多听几遍，越练重听的遍数就越少。在刚开始练习时，因语言表达能力技巧等方面原因，接近于背诵。但在基础逐渐打起来后，在保证语言正确的前提下，复述可以更有灵活性，如改变句子结构，删去一些不大有用或过难的东西,长段可以缩短,甚至仅复述大意或内容概要。并且可以用录音机把自己复述的故事录下来,然后对照原文检查复述的准确性和完整性。背诵也是一种非常好的方法,背诵不仅可以增加词汇量,扩大文化知识,增强语感,而且背诵一些常用的句型和表达方式,并进行操练,在交际情景中,贮存的语言材料经大脑的处理加工,重新组织,就可用来表达自己的思想感情。

通过对知识的整理分析与加工后,自己组织语言进行内容再现,这种简单有效的口语训练模式,对自主学习者是行之有效的方法之一。

3. 创造语言环境。英语作为一门交际的语言,其价值在于实现有效的语言交际。在缺失语言交际的环境下进行语言学习,其成效难免差强人意。因此,要提高英语口语教学水平,应尽力创造条件为学习者提供英语口语训练的交际环境。鉴于此,笔者要求学生结对子,利用课堂外的时间用英文谈论天气、美食、电影、旅游等话题。同时,笔者要求学生平时多看一些英语的访谈或者英语电影(可以是中英字幕)。在信息化如此发达的时代,要充分利用网络资源,互联网为外语学习者提供了一个真实自然的语言交际环境,网上以电脑为媒介的诸如电子邮件、电子论坛、新闻组等形式多样的通讯、交流、讨论渠道为外语学习者提供了真实自然的交际情景,刺激他们使用所学语言进行交际的愿望,使他们能够在合作学习的气氛和自然的环境中学习外语,提高外语的交际能力。

创建英语口语交际环境对英语口语水平的提升有着不可忽视的推动作用。学生置身于目的语语言的环境熏陶下,发挥自主性,对语言进行分析,编码,再加工,形成符合自身特点的语言,实现目的语语言的输出。

经过一学年的实践,学生普遍感觉自己的口语有了显著的改善,大学英语口语自主学习是有一定的模式可以遵循的,笔者和学生尝试将模式总结如下:

(1)背诵模式。背诵词汇、句型、套话、对话和语篇等方式,以增加输入促进输出。

(2)犯错模式。不怕在口语表达中犯错,在错误中不断自省,达到错误自纠。

(3)个人完善模式。利用独白、复述等非人际互动方式单向操练口语。

(4)纠错模式。恳请比自己水平高的同学、教师和本族语使用者纠正自己的输出错误。

(5)媒体模式。在自主学习中,利用机器录音功能和人机互动的示范功能练习口语。

（6）社会交际模式。在真实语境或近似真实语境的口语活动中（如口头陈述、值日报告、看图说话、演讲、角色扮演、对话、小组讨论、演短剧、英语角、英语专题晚会和会话俱乐部等）学习如何用英语进行跨文化交际。

五、结束语

英语是一门实践课，其语言技能是需要通过学习者个人的实践才能培养和提高的，英语学习的效果在很大程度上取决于学习者的主观能动性和参与性。课堂教学加上自主学习的有效补充的确会明显提高学生的英语口语应用能力。因此，要想成功地学好英语，只有将发挥学生的主观能动性和自主学习能力相结合才能得以实现。自主学习是培养学生自主学习能力方面的研究，所以自主学习能力是英语学习的关键，这对高校为社会培养高素质的英语人才具有很重要的现实意义。同时，随着信息技术的突飞猛进，知识更新日新月异，为适应千变万化的世界，"学会学习"已经成为时代对个人，尤其是对当代大学生的要求。作为一种行之有效的学习方式，自主学习已然成为当代教育的目标之一。

附录：英语口语能力的自我评估标准及自我评估问题

Self-assessment standards：

Pass with distinction	Pass with merit	Pass	Fail
Master all the sub-skills in every language skill, completely achieve the standards.	Master 3/4 of the sub-skills in every language skill, achieve the standards but still need a little improvement.	Master 2/3 of the sub-skills in every language skill, basically achieve the standards but still need efforts for improvement.	Fail to master 1/2 of the sub-skills in every language skill, not achieve the standards, need to seek guidance, adjustment of study methods and plan.

Self-assessment Questions：

1. How would you compare your speaking now with the way it was at the beginning of this course?

2. Has your thinking about speaking changed in any way?

3. What pieces of work in your language portfolio show your development in this area?

4. How did any revisions of these pieces contribute to your growth?

5. In what specific ways has your language changed?

6. Everyone has a personal learning style. What kinds of activities in this course did you find useful for improving your speaking?

7. Which did you not find very useful?

8. What pieces of work in your language portfolio show this?

辛衍君*

英语专业开放式听力教学法研究

引　言

英语专业学生的学习目的在于提高英语交际能力。在语言学习的过程中，听力是最基本的技能之一，它是语言学习过程中最初的感知环节，也是获得可理解语言输入的最重要渠道，因而成为语言交流和维持正常交际的基础以及语言学习者的重点。然而，英语专业教师在实际教学中发现，国内学生在进入高校学习以前，鉴于其以往学习英语的内容、方法以及语言环境等诸多限制，多数学生阅读能力较强，听力能力较弱，如何最大限度地帮助学生提高听力理解能力已成为英语专业教师亟待解决的一个问题。为了切实提高学生的听力理解能力，笔者认为，教师应转变传统教学理念，创新教学模式和方法，构建立体化、开放型的教学环境，优化教学内容和材料，充分调动学生的自主学习积极性，加大听力课堂教学的延展力度，将课堂教学与课后拓展紧密结合在一起，以期达到提升学生听力理解能力的目的。

一、听力在语言学习中的重要性

（一）固本溯源，多元互动

英语是一个重在应用的学科，其重要特色就是通过听说读写多种途径的反复应用练习，使学习者循序渐进地提升综合交际能力。也就是说，听说读写几方面能力是彼此交织、互相依存的，不宜单独训练某一方面能力。然而，在英语的各项能力中，听力是交际能力中不容忽视的基础，学生只有在听懂的情况下才能将所学知识融会贯通，进而顺畅地交流，所以固本溯源，英语学习应该以"听说为

---

* 辛衍君（1972—），女，辽宁人，英语语言文学硕士，古代文学博士，中国政法大学外国语学院教授，硕士生导师，主要研究方向中西方文化比较和翻译。

本,读写并重"[1]。

(二)以听促说,以听促写,爱听悦读

语言学习者在接收听力信息的过程中,积累了大量的词汇,同时掌握了正确的语音和语调,这对学生今后口语能力以及写作能力的提高有异曲同工、水到渠成之功效。此外,现代听力教学还充分调动了学生听觉、触觉、视觉等多个感觉器官的互动,通过音像交流、影像交流等方式为学生营造了仿母语的语言环境,培养了学生的理解能力、分析能力、评判能力和表达能力,从而使学生的语言综合运用和交流能力一并得到提升。

二、创新教学模式和方法

随着互联网时代的到来,传统的听力教学训练,如听对话、段落、文章、做选择题、填空题和听写题等教学方式显然早已无法满足现代学生对于多样化课堂的需求。老式教学方法的弊端在于单一枯燥,很难保持学生的课堂专注度,效果较差。该问题的解决之道在于采用开放式、多模态、立体化的教学方法,利用课前准备、课堂教学及课后拓展三个完整的教学环节来开展教学活动。

(一)课前准备

课前准备主要是指事先设计教学导入内容。在课前准备阶段,教师需要以教材为核心,围绕即将讲授的内容做好导入的准备。例如,教师可以把全班学生分成若干个小组,邀请不同组利用每节课开始时段做展示(presentation),学生展示的内容要与即将教授的课程内容相关。该种环节的作用类似于翻转课堂,它的好处在于可以提高学生听力课堂的教学效率和参与度,让学生提前进入学习状态。因为做展示(presentation)的学生需要在上课前完成在播客或网络平台上的教学资源的筛选、观看和学习,在找到材料后,学生们需要在熟练听懂全篇的基础上凝练出简要的内容介绍,并罗列出难句和重点词汇,在课堂上展示给全班同学,进而一起协作探究和互动交流,完成答疑等环节。这种新形态教学以任务为基础、以学生为中心,旨在调动学生在篇章基础上学习、运用和掌握听力材料的积极性,促使学生体验输入、加工、凝练、输出的完整学习过程。此外,这种教学模式调整了课堂内外时间配比,"信息传递"的过程由课内延伸到课外,课堂

---

[1] 刘润清:"关于英语教学大纲改革——从分离式教学大纲到统一的课程标准",载《外语教学与研究》2002年第6期。

时间更多用于加深对新知识及技能的理解,该种模式下,听力教学的重点在于学生对所听内容的语音辨析与篇章理解,而不在于教师理论知识的讲授,课上的教学材料可以通过微信群发给学生,学生课后可根据自己的需求反复练习,从而更好地理解听力材料。

(二)课堂教学

课堂上,在学生完成了之前的导入内容之后,教师可以自然地进入事先设计好的内容教学。教师要注意把握课堂听力材料的难易程度和授课节奏,学习难点和重点应该多强调,多重复;注重学生的反馈,多问,多调整,避免一言堂;学生在课堂上的角色不仅是倾听者,还是加工者和输出者,对于老师提出的问题要主动作答,不懂随时提出,不要积攒问题;为了使学生积极配合,教师首先需要消除学生的听力心理障碍,听力初学者由于水平的限制,除了有听力的障碍,还有很大的心理障碍,这些心理障碍会引发学生的焦虑情绪和抗拒心理,从而对听力产生恐惧和厌烦情绪,直接影响学生的课堂注意力和学习效果。有些学生听不懂索性就走神了,从而跟不上教师讲课的节奏,因此,老师在课堂上应该时时关注学生的状态,鼓励学生,在纠正学生的错误时要适度,尽量减少学生的紧张情绪,帮助学生树立自信心,明确地告诉学生听力的提高是个水滴石穿的过程,起初听不懂实属正常,持之以恒方能奏效,不要急于求成。

课堂上,教师可以集中解决学生在听力练习过程中遇到的困难,并对其中出现的词语意思、用法、搭配等进行简要的讲解并且对其中涉及的文化现象做深入探讨。比如,通过英国酒吧的一段听力对话,教师可以将学习引向更深层次,将对话背后的英国酒吧文化植入课堂,把重要的句法和搭配列举出来,配以生动的图片或其他视频材料,深入探讨该话题,让学生体验耳目一新、身临其境的听力和视觉感受。教师在课堂中应该给学生以亲切之感,教师的人格魅力对所学内容起到积极的情感迁移作用。教师幽默的语言、得体的举止会使学生放松心情,激发学生的热情,从而有的放矢地参与教学活动,大胆模仿和表演。教师应该在有限的课堂时间内开展高质量的教学活动,给学生自己探究语言背后的文化以及模仿体验的机会,通过灵活的教学手段来调动学生的积极性,帮助他们完成学习、分析、应用及创造四个环节,减轻在语言"吸收内化"过程中产生的挫败和无助感,促进学生对新知识、技能及语言的内化吸收。

在听力训练中,良好的听力氛围、正确的听力策略可以提高学生对听力的兴趣,在训练中体会成功的喜悦,从而形成愉悦的积极学习循环,养成良好的听力习惯。教师可以根据听力的材料推荐适合学生的听力方法，这些方法包括精听、半精听和泛听。精听是指多次重复听同一段听力素材，确保听懂所有字、词、句，这种训练比较耗时但会有助于学生树立信心，拥有获得感；半精听是指记录重点关键词的听法，适合较长段落；泛听是指不拘泥于细节，只听大意的方法，适合听力感觉的培养。在听力教学过程中，教师应指导学生将三种方法有机结合，根据不同的听力材料采取不同的听力策略。

学生的听力学习是个循序渐进的过程，从最初的简单对话过渡到段落，最后到较长的篇章。较短的段落可以通过反复多次回放，化长为短，达到较好的学习效果。然而长篇对于学生来说，理解难、记忆难，调动记忆回答问题更难。为了解决这一难题，学生需要掌握特殊的听力技能——做听力笔记，它是目前解决这一难题较为行之有效的方法。

做听力笔记的理论依据在于：从功能系统来看，听力理解的信息处理过程可以分为控制过程（即选择策略）、储存过程（即理解储存策略）、提取过程（即提取策略）和运用[1]。这意味着，学生在做听力的过程中要经历语音解码、信息识别、录入、记忆存储以及输出几个环节。良好的听力理解能力需要输入、解码、内化之后才能提取。这样复杂的过程，如果信息量很大，一次记忆很难完成，而且认知心理学认为："人类记忆是一个信息加工的系统，记忆结构由三个不同的子系统构成：感觉记忆、短时记忆和长时记忆。这些不同类型的记忆在信息的保持时间和容量方面存在差异。"[2]于是我们需要借助听力笔记来完成短时记忆的记录，之后激活、复原记忆要点，从而达到理解和输出的目的。

但是，面对冗长的篇章，该记录什么？又如何记呢？首先，听力要以大脑理解为主，记录为辅，不能因为记录而耽误大脑的理解，本末倒置。其次，为了加快记录速度，可以采用缩略记录符号而非全拼单词。最后，记录时只选取听力材料的关键词、逻辑框架以及重要数字，也就是说，并非逐字逐句记录，而是记录听力材料的要义。

（三）课后拓展

为了巩固课堂教学成果，教师需要激发学生自主学习的积极性，加大课堂延展力度，培养学生课后训练听力的习惯，这是听力教学中必不可少的一个环节。

---

〔1〕 参见卢信朝编著：《英汉口译技能教程：听辨》，北京语言大学出版社2012年版。
〔2〕 参见彭聃龄主编：《普通心理学》，北京师范大学出版社2004年版。

只有课前、课中和课后环环相扣，互为补充，并且注重学生的作业审核和反馈，才算完成了听力教学的整套环节，才能达到较为令人满意的效果。

在课后拓展环节，教师可以通过给学生布置项目和任务的方式来开展课后训练。比如，教师可以按照课堂学习的内容、学习节奏、风格和呈现知识的方式给学生推荐相关的资源，布置精听和泛听相结合的作业，以满足不同学生的需要，促成他们的个性化学习，让学生通过学习实践找到真实的学习获得感。此外，笔者还尝试为学生建立微信群，课后每天定时向学生转发国外原版音频和视频材料。课堂上，老师偶尔会抽取过去一周发过的某条新闻展开课堂讨论，如此做法可以督促学生紧跟教师的课后指挥棒，培养每天必听的好习惯。

三、开放式、立体化教学

随着现代科技的发展和进步，英语专业教师需要采用现代化教学技术来改良教学手段，充分利用多媒体教学资源来改进学生接受语言信号的方式方法，从而将学生在听力课程中的参与积极性和理解程度提升到最优模式。比如，mp3 音频文件的回放和慢放技术可以有效解决学生遇到的连读、语速过快等听力问题；再如，计算机字幕添加软件可以在没有原文的视频材料中加入字幕，并且将学生听力难点以及不清楚的地方用带颜色的字幕标记出来，使得学生可以轻松地自我修正，提升听力效果。

此外，在听力提高方面，教师始终应该本着开放的理念，不应局限于听力课堂的传统做法。听力课堂可以借鉴在口译练习中的口译复述法，复述法使学生在理解时，将注意力集中在逻辑大意和核心内容上，通过有效的短期记忆，快速、高效地加工和创造信息并最终口头输出信息。可以借用该方法的原因在于，在语言学习中，听与说同等重要，二者密不可分，听力重在理解，口语重在表达，听是说的基础，说是听的提高。在传统的教学方法中，老师播放听力材料，学生做练习，教师给答案，这一过程中，学生的听力训练只局限于语言的听辨与识别，是个简单的单向语言活动，比较枯燥，容易导致学生上课注意力分散，积极性不高；如果换个方法，学生一边听，一边复述，学生就在课堂上实现了听说双向循环，可收到双赢的学习效果。

听力课堂气氛活跃、声形并茂对提高教学效果至关重要。英国教育专家 Harmer 先生曾经提出 ESA 教学模式，E 是指"投入（engage）"，S 是指"学习（study）"，A 是指"运用（activate）"。在这种教学模式下，他鼓励教师在语言课堂上尽力模仿以实现真实情境教学带来的效果。他指出，学生是教学活动的主体，教学活动要围绕学生的实际情况和兴趣展开，教师在课堂上的主要角色是引导、组织和协调。ESA 三个阶段可以自由组合，灵活运用。目前很多学校都配有智慧教室，教师应该充分利用该资源实现上述教学模式。在信息化的今天，教师和学生可以通过互联网获取海量知识，可以更便捷地获取更多实用的背景知识材料和听力练习材料，通过合理使用现代化的硬件打造立体化课堂。课上听力的资料不再局限于单一的音频资料，可插入图片、视频、网络链接，用蓝牙连接手机，随时在群里分享、互动，把听力课堂打造成视听说相结合的立体化课堂。

结　语

综上所述，笔者就如何提高听力教学质量和效度，从理论和实践层面，结合自己教学的实际经验和心得进行了简要的总结，以期对英语听力教学的研究起到抛砖引玉的作用。

蔺玉清*

大学英语中的英美文学探究式教学思考

《大学英语教学指南》(2017) 中指出,大学英语的目标"除了学习、交流先进的科学技术或专业信息之外,还要了解国外的社会与文化,增进对不同文化的理解、对中外文化异同的意识,培养跨文化交际能力"。在学生英语语言水平基础相对扎实的高校中,除了开设一些基础英语课程和专门用途英语之外,英美文学教学也应占据一席之地,因为它恰当地体现了高等教育中工具性和人文性的双重性质,对于促进大学生的知识、能力和综合素质的发展具有重要意义。文学作品是语言艺术的瑰宝,能为人们带来精神上的愉悦。在英语教学中引入英美文学作品阅读赏析,能够传递优秀作品带来的知识和愉悦,拓展学生的视野,激发他们学习的兴趣。文学名著赏析课程可以充分挖掘大学英语课程丰富的人文内涵,促进学生的综合素质培养和全面发展,进而为英语教学带来新活力。

目前,英美文学的课程还存在一些问题,导致学生对文学课的热情不足。其中的主要问题包括:①学生受功用主义观念的影响,对英美文学类的课程缺乏兴趣。②由于学生文化和文学知识储备不足,导致课堂教学缺乏互动,教学以教师为主,学生参与活动的积极性不足。③文学课需要大量的阅读,有些文学文本的语言难度相对较高,较难解决语言基础知识的问题。因此,如何引导学生在掌握语言基础知识之上,进入更深层次的学习是我们亟待解决的问题。本文总结中国政法大学近年来实施的英美文学教学的经验,为大学英语中如何利用好英美文学课堂提供一些建议。

探究式学习是一种积极的学习过程,它改变了传统的教学观念和模式,让学生"主动参与,乐于探究",培养学生搜集和处理信息的能力,获取新知识的能

---

* 蔺玉清 (1981—),女,山东青州人,英语语言文学博士。中国政法大学外国语学院副教授,研究方向为英美文学。

力,分析问题和解决问题的能力,以及交流合作的能力。[1] 教学要求学生能够参与进来,让学生充分发挥主动性探究问题。在英美文学教学中,我们进一步增强学生的跨文化意识,扩展他们的国际视野,并提升学生的语言综合应用能力和文学文化批判能力。该课程利用探究式教学模式,以教师为主导、以学生为主体,利用主题内容的启发点,最大限度地发挥课堂的杠杆作用,同时在多媒体和网络平台的辅助引导下,平衡学生的知识储备和文学文本的难度,激发学生的学习兴趣。

一、学以致知,提高审美与思辨能力

根据大学英语三级教学目标中的发展阶段要求,中国政法大学设立了英美文学名著选读课程。该课程作为二年级的通识选修课,一方面旨在满足学校培养国际化人才的需要,另一方面契合了学生的多元化需求,在保持文学课的思想性和批判性的前提下,为学生提供西方文学和文化知识,并引导学生鉴赏和对比我们国家的优秀文学传统。该课程选用英美文学经典名著,以文学内容为依托,注重学生的阅读认知体验,利用探究式的教学模式,既调动了学生的积极性和主动性,又重在提高学生的认知和思辨能力,在促使学生对文学产生兴趣的同时调动学生的求知欲。

作为基础性质的英美文学入门课程,该课程注重培养学生对于文学的兴趣,鼓励学生对文学文本做探索性尝试。课程内容根据文学的文类进行选材,包括短篇小说、长篇小说、散文、诗歌和戏剧等主要文类。每一种文类下选取了代表性作品,并根据文类的特点安排相应的探索性活动,调动学生的积极性。

针对功用主义的偏见,我们强调,学习不仅要"学以致用",更要学以致知。文学课对于培养健全完整的人格具有重要作用,能够提升学生的审美能力和批判性。教学过程中要侧重从艺术层面上对文本进行解读分析,从而使学生得到审美的熏陶。文学研究既能从艺术美学的角度,也能从政治、社会、哲学和心理的角度帮助学生全面理解作品,让学生得到美的享受。同时,在文本的阅读分析中,我们注重作品的意识形态,学生可以了解到不同时代的人所经历的思想危机和社会转变,以及他们对这些问题所做出的反应和思考。文学学习把彼时彼地的

---

[1] 参见晋刚、马茜:"探究式学习浅析",载《西南民族大学学报(人文社科版)》2008年第S1期。

问题和我们当下的背景环境关联起来,可以加深学生对人生、对社会的理解,并积极拓展他们的视野。理解文学作品的过程,就是教师引导下的学生认识世界的过程,具有深刻的教育意义。学习文学并接受潜移默化的影响,比空洞的说教和口号式的宣传更有力量。

探究式教学需要教师高屋建瓴,对课程活动有更全面的把握。教师需要有充足的文学背景知识和较高的人文素养,在教学过程中可以针对不同体裁的作品进行关联分析,研究它的写作表现手法和创作技巧,并结合作品所处的时代背景来揭示其蕴含的社会意义。教师的主导作用不能放松,教师的文学素养和人文底蕴在充实每一节课的同时,让学生有机会获得若干的启发点,推动他们在课下的自主学习和研究。

王守仁教授认为,英美文学课程作为"素质培养课",推动学生"主动参与文本意义的寻找、发现、创造过程,逐步养成敏锐的感受能力,掌握严谨的分析方法,形成准确的表达方式,这种把丰富的感性经验上升到抽象的理性认识的感受、分析、表达能力,将使学生受益无穷"。[1] 在这个前提下,教师首先必须创造良好的学术研究环境,鼓励学生发现问题,调查收集信息,并进行表达与交流等探索活动,从而获得知识,培养能力,特别是发展探索精神与培养创新能力。

教师对学生的引导可以激发学生的兴趣,针对不同层次的学生,教师应该在深浅有度的原则下从不同的方面引导。课堂教学既要传递文学知识,介绍作品、作家及其思想渊源,以及文学批评理论,又要传授文学研究方法,引导学生活学活用,恰当地运用到具体的文本分析中。

二、积极探索,调动学生认知主动性

探究式教学引导学生进行思考,要求调动学生的积极性,发挥学生的认知主体作用。探究式的教学活动中,教学过程不仅强调"教的目的",还要充分关注学生"学的需要",形成以教师引导和启发、学生积极主动参与为主要特征的教学模式。课堂上学生没有积极互动的原因有很多,其中之一是因为学生在本科期间的人文知识储备不足。教师只能充分利用课堂这个跳板进行有效的启发,否则很难顺利地完成课程的教学任务。必须从学生现有的知识点出发进行启发,鼓励

---

〔1〕 王守仁:"应该终结'文学史+选读'模式",载《郑州大学学报(哲学社会科学版)》2002年第5期。

学生们更大限度地投入到课堂中。文学教学必须最大限度地调动学生的积极性，设计丰富多样的活动，让学生们保持新鲜感。

1. 改变传统的授课方式，在课堂中尽量利用各种活动将文学的理论知识和思想性与学生的兴趣结合起来。在阅读中，引导学生不断地探索和假设，进行逻辑的思考。例如，在讲授叙事的"情节"时，我们不从枯燥理论的角度导入，而是通过阅读发现的方式让学生领会情节对于叙事的重要性，以及戏剧化的情节对于作品的意义。讲授凯特·肖邦的短篇小说《一小时故事》时，设计学生当堂快速阅读第一部分，女主人公得知丈夫死讯后痛苦无比，由学生来猜测接下来应该发生的情节，并相应地说明理由。学生们纷纷发言，提供各种设想，但绝大多数人都猜不到情节的走向。读完第二部分之后，他们吃惊地发现，主人公悲伤过后是按捺不住的自由喜悦，接着由学生继续猜测下一步的情节，女主人公的结局再一次出乎他们的意料，她的丈夫返回家中，她因此心脏病发作死亡。在猜测情节的过程中，学生对短篇小说的"情节突转"这一技巧有了更深刻的认识，也发现了作品人物和当代人的心理差别，能够从更深的层面分析为什么会出现如此戏剧化的心理转变。在这个猜情节和快速阅读的过程中，对学生的语言和人文知识要求并不高，但是，这种方式无疑会调动学生的积极性，使他们对作品的思想也有更进一步的理解。

2. 我们可以根据文学的体裁，探索设计有感染力的参与性活动，例如诗歌朗诵、戏剧演出、口才辩论和读书会等，将文学学习纳入学生的日常生活中。大多数诗歌篇幅短，寓意深刻，不同的学生对同一文本的感受也不同。通过简单的活动，例如朗诵和为诗歌选曲配乐等形式，加强学生的参与，给学生充分的自由去感受体会诗歌，鼓励他们模仿写诗，让他们对诗歌的艺术性有更加直观的体验，而不是干巴巴地讲诗词格律。散文一般带有明确的观点，需要学生在欣赏之外进行总结和评论，甚至可以就某些观点设计辩论等环节。在学习爱默生的散文《论自立》时，由于年代久远，并且文化差异较大，学生不一定能够赞同作者的观点，因此，首先要引导学生考虑彼时彼地的文化场景，对文章的内容进行总结和评论。其次，将文中的观点摘出来，设计辩论等环节。在讲授戏剧时，可以通过排剧演出的方式让学生感受文学的魅力，也可以和外语文化节合作，给学生创造机会，观摩和参与一些经典剧作的重现。小说因为篇幅较长，无法在课上做到细读，就可以采用讲座的形式由教师主讲，学生参与讨论，或者利用读书会的模式给学生更多的引导。

3. 现代化的教学手段可以为课堂提供更丰富、更真实的语境，教师要调动多媒体、多平台的作用。教师应改变传统的传授字句段落的讲解方式，拓宽授课的人文知识量，利用微课、慕课等网上优质的教育资源来拓展教学内容。还通过blackboard建设电子教材和辅助教材，增加学生的辅助阅读材料，利用文学文本、电影录像和网络资源，创造多角度、多方位的文学文化语境，让学生最大限度地进入文学的场域中。多媒体把许多文本的知识影像化，很多文学名著已经被改编成了影视作品，但是，由于文学和影视的受众群体并不完全重合，文学影视化过程中会做一些改动，课堂上可以通过对比这些差异来学习不同媒介的叙事手法。我们在阅读长篇小说《了不起的盖茨比》前，让学生先欣赏电影，由他们摘选出3至5幕电影中的代表性情节，然后与小说中相应的情节进行对比，将二者从内容、形式以及叙事的角度对照研究，既可以深化学生对小说文字的印象，又可以发现文学名著被改编所做的改动，通过分析两种媒体叙事角度的差异，可以深入解读叙事视角和聚焦背后的理论意义。

4. 为了从听说读写的角度综合提高学生的语言和表达能力，在文学阅读过程中，还要鼓励学生学习书写论文或者读书心得，将个人在读书过程中的心得体会用英语正式表达出来，加深对文学作品的理解，提高学生的理解能力、思维能力和文字表达能力。为了启发学生对文本的深入阅读，在阅读文本的同时，可以借助文学评论的文章，引导学生了解学术性论文写作的模式。学生通过研读文学评论可以深化对作品的了解，同时也可以了解学术论文的写作模式，对于他们自己的写作和批判性思维能力的提升都有很大的作用。

三、合作互动，创造良好沟通环境

探究性学习过程中，教师首先必须创造出良好的学术研究环境，鼓励学生进行表达与交流等探索活动。因此，必须有良好的师生互动和生生互动，才能引导学生在正确的方向下，积极探索文学中的问题。有了好的互动，才能解决教学中的难点。为了加强师生和生生之间的良好互动，最大程度调动文学课学生的积极性，英美文学教学需要加强教师的指导作用，也要改变传统教学中教师个人的独角戏角色。

在探究式学习中，个人的力量是薄弱的，教师应培养学生合作学习的意识，以小组合作的方式开展探究式学习，效果会更好。教师在学期初安排相应的学习小组，赋予学生更多的自主学习任务，加强教师与学生的互动，要求教师对学生进行引导，课前设置预习任务，以提问的形式进行检查，将文本阅读和相关背景资料放到课前的准备中。关于文中的知识点，可以采用简答题的形式提前发给学生，让学生提前准备。我们主张基础知识在预习时尽量解决，而把课堂和课后时间留给更多有趣的探究活动。

鼓励学生充分利用课外交流的途径，从单词到语言点的基础环节由专门负责的小组负责排查单词释义，并分享给全班同学。在学生已经掌握了相关基础知识的基础上，教师引导学生进行探究学习。文学课上学生面临大量的阅读材料，每周收到的可能是几十页的阅读材料，教师可以列出相应的问题清单，让学生更有针对性地阅读，调动学生朝着主动学习、自主学习和个性化学习方向发展。

教师适当的引导能提升学生的思维能力，因此，在学生进行合作探究的过程中，教师要密切关注学生讨论的过程和存在的问题，积极收集学生的各种结论，推动形成多元和谐的讨论环境。课堂上，应该充分利用课堂时间，四两拨千斤，给学生以启发。课外，利用每周的"office hour"办公时间，为学习小组的思维拓展提供更多的帮助。组织学习研讨活动，并带领学生拓展课外成果。把提升教学效果放在首位，利用好师生间应有的人际交往与情感交流，给予学生思想、情感、人格、审美等方面的熏陶和感染。

鼓励学生参与的同时，教师需要设计与课程相匹配的考核形式，从传统的"对课程结果的终结性评价"向"促进课程发展的形成性评价"转变，积极创建多元的教学和学习环境，有效地反馈教学。教师在教学过程中随时可以抽查学生的学习效果，利用多媒体和网络端对单词和语言点随时进行测试，通过批改网等平台让学生对自己的语言错误自行排查更正，而教师只需要从思想主题和深入程度等方面对学生进行评价。合理的评价体系是检测教学效果、保证教学质量的重要手段。

四、结语

通过阅读英美文学，我们可以进一步培养学生的独立思考能力和批判精神，能够帮助学生树立正确的世界观、人生观，提高其综合人文素质。英美文学课程的价值不仅在于知识的讲解传授，还在于对学生观点的启蒙，因此，它的教学方法绝不能是填鸭式的，而应是充满创造性的探究式。探究式教学是一种手段，不是目的，目的是激发学生学习英语的兴趣，增强其学习的积极性和主动性，让学生更好地掌握文学和语言知识，培养学生的审美，提高学生的综合研究能力。

赵洪芳[*]

非英语专业本科生跨文化交际能力现状与培养策略实证研究

2013年,党中央提出了"一带一路"的国际性倡议。这一倡议对跨文化交际人才的培养提出了更高的战略要求。"高校作为跨文化人才培养的主阵地,抓住'一带一路'倡议带来的机遇,在培养学生扎实专业知识的同时,培养学生较高的跨文化交际能力成为当前面临的核心任务之一。"[1]本研究以中国政法大学的非英语专业本科生为研究对象,对其跨文化交际能力的现状展开实证研究,并提出在大学英语教育中培养和提升本科生的跨文化交际能力的有效策略,以及对完善跨文化交际课程建设提出可行性建议。

一、跨文化交际能力的概念和要素

"跨文化交际能力"这一概念首先是由美国人类学家爱德华·霍尔(Edward T. Hall)于1959年提出来的,主要是用来指具有不同文化背景的人们之间进行沟通和交流的相关行为。Ruben认为,跨文化交际能力是个体或社团在不同文化情境中进行有效交际的能力,包括准确理解、表达和评价本土文化及目的语文化的能力。[2] 国内外学者对跨文化交际能力的构成要素提出了不同的见解。英国学者Byram认为,跨文化交际能力包括意识、态度、知识和技能四个子能力。[3]

---

[*] 赵洪芳,法学博士,中国政法大学外国语学院副教授,研究方向为法律语言学、法律翻译和英语教学研究。本文为中国政法大学教学改革立项项目"跨文化交际课程的建设与改革实证研究"的阶段性成果。

[1] 金桂桃、刘畅、程宗颖:"'一带一路'战略下高校大学生跨文化交际能力现状与培养策略",载《海军工程大学学报(综合版)》2017年第1期。

[2] Ruben B. D., "Human Communication and Cross-cultural Effectiveness", *International and Intercultural Communication Journal*, 4 (1976), 95~105.

[3] Byram, M., "Teaching and Assessing Intercultural Communicative Competence", *Multilingual Matters*, 10 (2008), 34~37.

Samovar & Porter 认为，跨文化交际能力包括动机、知识和技能三个子能力。[1] 国内学者文秋芳认为，跨文化交际能力由交际能力和跨文化两个能力维度构成，交际能力包括语言能力、语用能力和策略能力三个子能力，而跨文化能力包括对文化差异的敏感性、对文化差异的包容性和处理文化差异的灵活性三个方面。[2] 毕继万认为，跨文化交际能力是在跨文化交际环境中由语言交际能力、非语言交际能力、语言规则和交际规则转化能力以及文化适应能力组成的必备综合能力。[3] 杨盈、庄恩平提出了外语教学跨文化交际能力框架，该框架由全球意识、文化调适、知识和交际实践四大能力系统组成。[4] 胡文仲指出，跨文化交际能力的构成要素包括认知、感情和行为这三个层面的能力。[5] 虽然国内外学者对于跨文化交际能力的构成要素持有不同的观点，但学者基本都认为跨文化交际能力包括意识/动机、知识和技能三个方面。[6]

二、研究设计和调查对象

（一）研究设计

本研究采用问卷调查法和访谈法相结合的形式，对非英语专业本科生的跨文化交际能力和跨文化交际课程进行调研，并对调查数据进行定性和定量研究。对本调查问卷进行的信度分析表明，信度系数值为 0.908，大于 0.9，因而说明研究数据信度质量很高。其中，调查问卷分为三个部分：第一部分是基本信息调查，共 6 个题目，包括受试者的性别、专业、当前英语水平，与外国人接触的时间和关系等。第二部分是跨文化交际能力问卷，共 21 个题目，包括跨文化交际意识、知识和技能三大方面的内容，主要是在其他研究者的问卷基础上设计的。[7] 第三部分是跨文化交际课程调查，共 27 个题目，包括受试者选修该课程

---

[1] Samovar L. A, Porter Re, Stefanil A., *Communication Between Cultures*. Beijing: Foreign Language Teaching and Research Press, 2000.

[2] 参见文秋芳主编：《英语口语测试与教学》，上海外语教育出版社 1999 年版。

[3] 参见毕继万："第二语言教学的主要任务是培养学生的跨文化交际能力"，载《中国外语》2005 年第 1 期。

[4] 参见杨盈、庄恩平："构建外语教学跨文化交际能力框架"，载《外语界》2007 年第 4 期。

[5] 参见胡文仲："跨文化交际能力在外语教学中如何定位"，载《外语界》2013 年第 6 期。

[6] 参见张红玲：《跨文化外语教学》，上海外语教育出版社 2007 年版。

[7] 主要参见周旷怡："大学生跨文化交际能力和英语学习动机的相关性研究"，华中科技大学 2011 年硕士学位论文。

的动机、对该课程的教学效果评价、提高跨文化交际能力的主要途径、对教材的评价、对课程考核体系的评价、对课堂活动和课外活动的建议等。本研究对调查问卷所收集到的数据进行了SPSS统计分析和定性分析。为了更加深入、细致地了解调查对象的跨文化交际能力以及存在的问题和原因，本研究还选取了其中8个受试对象，根据半结构式访谈提纲对其进行访谈，并进行录音记录。

（二）调查对象

本研究的调查对象主要是中国政法大学选修过跨文化交际课程的非英语专业本科生。研究者随机选取跨文化交际课程的8个班级，对每个班级随机选取30人进行调查研究，共发放调查问卷240份，回收有效问卷209份，有效回收率为85.83%。其中，男生72人，占34.45%，女生137人，占65.55%。调查对象的专业涉及多个学科，包括法学、汉语言文学、工商管理、行政管理、网络与多媒体、金融、国际商务、思想政治教育、哲学、经济学、社会学。在英语水平方面，除了21名受试没有参加或没有通过大学英语四级考试以外，其余188名受试都通过了大学英语四级或六级考试，占89.95%。在209名受试者中，有49人曾经有出国经历，占23.4%，主要是出国旅游经历，少数受试者有出国访学或参加国际夏令营的经历。从调查对象的性别、专业背景、英语水平以及出国经历这些维度而言，调查对象具有很强的代表性和区别度，能够反映出非英语专业本科生跨文化交际能力培养的一般状态，从而在很大程度上保证了本调研结果的效度。

三、调查结果和数据分析

（一）非英语专业本科生跨文化交际的实践情况

"大学生跨文化交际行为发生的频率是学校跨文化交际教育效果和氛围的直接体现。"[1] 本研究的调查数据表明：有22.49%的受试者从来没有和外国人接触过，有53.11%的受试者表示他们同外国人的接触仅限于打过招呼，有20.57%的受试者表示与一个或几个外国人认识并交往比较多，而只有6%的受试者有比较亲密的外国朋友。该统计数据表明，非英语专业本科生在实践中同外国人的接触比较少，难以构成跨文化交际的有效氛围，也难以将跨文化交际的知识和技能

---

[1] 金桂桃、刘畅、程宗颖："'一带一路'战略下高校大学生跨文化交际能力现状与培养策略"，载《海军工程大学学报（综合版）》2017年第1期。

在实践中付诸实施。这同国家经济发展和全球化趋势对于跨文化人才的需求是不相符的。

(二) 非英语专业本科生跨文化交际能力的现状

在这一部分中，研究者采用李克特五级量表，要求受试者对跨文化交际的知识、意识和技能进行跨文化交际能力自评，根据每一个问题，从"1"到"5"中选择一个数字为自己的实际情况打分。其中，"1"表示完全不符合我的情况，"2"表示通常都不符合我的情况，"3"表示有时符合我的情况，"4"表示通常都符合我的情况，"5"表示总是符合我的情况。

1. 非英语专业本科生跨文化交际知识水平。关于跨文化交际知识水平的自我评价部分，共有7个题目（见表1）。统计数据如下：

(1) 当受试者评价是否了解英语惯用语时，大多数受试者评分为3分，占52.67%，只有1.91%的受试者对该项评分为5分。所有受试者平均得分为2.89分。

(2) 在评价是否了解外国人的禁忌时，8.13%的受试者选择1分，33.01%的受试者选择2分，45.45%的受试者选择3分，13.4%的受试者选择4分，没有受试者选择5分，平均得分为2.64分。

(3) 在评价其他英语国家关于手势语和表情等非言语性交际手段的知识掌握情况时，4.78%的受试者选择1分，32.06%的受试者选择2分，49.28%的受试者选择3分，13.4%的受试者选择4分，只有0.48%的受试者选择5分，平均得分为2.73分。

(4) 在评价是否了解外国人的生活交往礼仪时，5.26%的受试者选择1分，24.88%的受试者选择2分，50.72%的受试者选择3分，17.7%的受试者选择4分，只有1.44%的受试者选择5分，平均得分为2.85分。

(5) 在评价是否了解英语国家的精神生活知识，如历史、宗教、文学、艺术时，3.83%的受试者选择1分，25.36%的受试者选择2分，46.41%的受试者选择3分，21.05%的受试者选择4分，3.35%的受试者选择5分，平均得分为2.95分。

(6) 在评价是否了解外国人的生活习惯和价值观时，5.74%的受试者选择1分，24.4%的受试者选择2分，41.63%的受试者选择3分，24.4%的受试者选择4分，只有3.83%的受试者选择5分，平均得分为2.96分。

(7) 在评价是否了解英语国家的社会生活知识，如政治、经济、外交、教育和科技时，3.35%的受试者选择1分，26.32%的受试者选择2分，42.11%的受试者选择3分，25.84%的受试者选择4分，2.39%的受试者选择5分，平均得分为2.98分。

总的来说，受试者对跨文化交际知识水平的自我评价比较低，亟待提升。对8名受试者进行的访谈数据分析表明，学生普遍对自己的英语水平和跨交际水平不够自信，因此，自我评价打分都比较低。虽然绝大多数受试者（占总受试者人数的89.95%）通过了四级考试，但当他们评价自己的英语水平时，平均分的取值范围为2.75~3.07分（见表4），可见，受试者倾向于对自己具有较高的期望值，从而低估自己的语言水平和跨文化交际能力。从表1来看，受试者尤其需要进一步提高的跨文化交际知识，包括英语惯用语、禁忌、非言语交际手段和社交礼仪等。

表1 跨文化交际知识水平

排列次序	测试题目	平均分
1	是否了解英语惯用语	2.89
2	是否了解外国人的禁忌	2.64
3	是否了解其他英语国家关于手势语和表情等非言语性交际手段的知识	2.73
4	是否了解外国人的生活交往礼仪	2.85
5	否了解英语国家的精神生活知识，如历史、宗教、文学、艺术	2.95
6	是否了解外国人的生活习惯和价值观	2.96
7	是否了解英语国家的社会生活知识，如政治、经济、外交、教育和科技	2.98

2. 非英语专业本科生跨文化交际意识水平。关于跨文化交际意识水平的自我评价部分，共有7个题目（见表2）。其中，64.59%的受试者对题目"我认为每种文化都有它的优缺点"评分为5分，该题目平均分为4.43分；64.59%的受试者对题目"我尊重其他国家在文化方面与中国文化的差异"评分为5分，该题

目平均分为 4.45 分；47.37% 的受试者对题目"我有很强的好奇心和求知欲，愿意学习和了解英语国家和本族文化中的差异"评分为 5 分，该题目平均分为 4.2 分；47.37% 的受试者对题目"我愿意与来自不同国家的人交流"评分为 5 分，该题目平均分为 4.12 分；18.66% 的受试者对题目"我会利用各种机会用英语和外国人交流"评分为 5 分，35.89% 的受试者评分为 3 分，该题目平均分为 3.25 分；22.01% 的受试者对题目"在与外国人产生交流遇到挫折时，我不会退缩和放弃"评分为 2 分，27.27% 的受试者评分为 3 分，只有 21.05% 的受试者评分为 5 分，该题目平均分为 2.62 分；32.54% 的受试者对题目"身处另一种文化中时，我愿意积极改变自己，适应该文化的人"评分为 3 分，30.62% 受试者评分为 4 分，25.84% 的受试者评分为 5 分，该题目平均分为 3.7 分。

总体而言，非英语专业本科生跨文化交际意识水平比较令人满意。他们尊重各种不同文化的差异，认同不同文化的优缺点，愿意了解这种差异，并愿意改变自己，适应不同的文化。从表 2 中的跨文化交际意识水平题目的平均得分来看，受试者比较欠缺的是克服对外交流中的挫折的勇气。

表 2 跨文化交际意识

排列次序	测试题目	平均分
1	在与外国人产生交流遇到挫折时，我不会退缩和放弃	2.62
2	我会利用各种机会用英语和外国人交流	3.25
3	身处另一种文化中时，我愿意积极改变自己，适应该文化的人	3.7
4	我愿意与来自不同国家的人交流	4.12
5	我有很强的好奇心和求知欲，愿意学习和了解英语国家和本族文化中的差异	4.2
6	我认为每种文化都有它的优缺点	4.43
7	我尊重其他国家在文化方面与中国文化的差异	4.45

3. 非英语专业本科生跨文化交际技能。关于跨文化交际技能的自我评价部分，共有 7 个题目（见表 3）。总体而言，非英语专业本科生跨文化交际技能比

较令人满意。其中，受试者在"领会外国人的言语和行为""能根据他们不同的性别、年龄、社会地位、宗教等恰当地调整和选择自己的交流方式""能有效地将自己的意思传达给外国人"这三方面需要进一步提升自己的交际技能。

表3 跨文化交际技能

排列次序	测试题目	平均分
1	领会外国人的言语和行为	2.62
2	能根据他们不同的性别、年龄、社会地位、宗教等恰当地调整和选择自己的交流方式	2.66
3	能有效地将自己的意思传达给外国人	2.94
4	能站在外国人的角度看待各种问题，主动化解交流过程中产生的问题和矛盾	3.24
5	能遵守交际原则，在恰当的时候礼貌地发表观点，使得交流能持续顺畅	3.55
6	尽量少用评判性的话语，避免偏见和成见，多用描述性的词	3.7
7	经常会借助一些非言语方式，如点头、眼神交流、面部表情、手势等	3.72

(三) 跨文化交际课程调研

在跨文化交际课程调研方面，研究者主要考察了受试者对于自己的整体语言能力与跨文化交际能力的自我评价、提高跨文化交际能力的主要途径、跨文化交际课程的教学效果评价、考核体系评价和教材评价这几个方面。

1. 语言能力与跨文化交际能力。如前所述，对比受试者的大学英语四级通过率（89.95%）和受试者对自己的整体语言能力与跨文化交际能力的自我评价（见表4），我们发现，受试者倾向于对自己具有较高的期望值，从而低估自己的语言水平和跨文化交际能力。而在这些子能力中，受试者认为，其英语阅读能力最强，其次是跨文化交际能力和英语翻译能力。可见，中国政法大学非英语专业本科生的跨文化交际能力，相对于其英语语言能力而言，还是比较令人满意的。而在英语语言能力方面，英语口语能力最弱，其次是写作能力。而本研究的访谈数据表明，口语能力和写作能力的不足也正是受试者跨文化交际能力有待提高的主要原因。并且，本研究数据表明，多数受试者认为自己在跟外国人沟通时，会感到紧张（平均分为 3.35 分），原因主要包括担心自己外语水平不够（平均分为 3.68 分）和担心自己跨文化交流的能力不够（平均分为 3.63 分）。因此，要克服跨文化交际的障碍，必须切实提高学生的语言能力和跨文化交际能力。

表 4 语言能力与跨文化交际能力

排列次序	语言能力与跨文化交际能力	平均分
1	英语口语能力	2.65
2	英语写作能力	2.66
3	英语听力能力	2.69
4	英语翻译能力	2.74
5	跨文化交际能力	2.75
6	英语阅读能力	3.07

2. 提高跨文化交际能力的主要途径。如表 5 所示，受试者提高跨文化交际能力的主要途径是报刊、书籍和影视资料，其次是选修跨文化交际课程。而受试者比较欠缺的是通过讲座、学术沙龙、出国学术交流、国际夏令营、旅游和同外国人交流的机会来提高跨文化交际能力。同时，其他英语课程远远不能满足学生对于提高自身跨文化交际能力的需求（平均分为 2.57 分）。

表 5 提高跨文化交际能力的途径

排列次序	提高跨文化交际能力的途径	平均分
1	讲座和学术沙龙	2.06
2	出国学术交流、国际夏令营、旅游等	2.21
3	同外国人交流	2.4
4	其他英语课程	2.57

续表

排列次序	提高跨文化交际能力的途径	平均分
5	选修跨文化交际课程	3.3
6	报刊、书籍和影视资料	3.56

3. 跨文化交际课程的教学效果。当受试者被要求对跨文化交际课程的效果进行评价时，35.89%的受试者评分为3分，38.28%的受试者评分为4分，10.53%的受试者评分为5分，平均分为3.42分。该调研数据表明，大多数受试者认为跨文化交际课程能够有效地提升其跨文化交际能力。

4. 跨文化交际课程的考核体系。当受试者被要求对跨文化交际课程的考核体系进行评价时，13.88%的受试者评分为2分，35.41%的受试者评分为3分，33.49%的受试者评分为4分，13.88%的受试者评分为5分，平均分为3.41分。该调研数据表明，大多数受试者认为跨文化交际课程的考核体系比较合理，能够客观、有效地考查学生对这门课的学习情况。

5. 跨文化交际课程的教材评价。当受试者被要求对跨文化交际课程的教材进行评价时，10.53%的受试者评分为2分，31.58%的受试者评分为3分，33.49%的受试者评分为4分，21.53%的受试者评分为5分，平均分为3.6分。该调研数据表明，大多数受试者认为跨文化交际课程的教材可以有效、系统地介绍跨文化交际的知识和理论，尤其是大量的案例，可以直观地呈现出跨文化交际的冲突和差异。同时，在描述性题目中，很多受试者指出，该教材所引用的案例大多是20世纪90年代的，很多做法和观点有些过时，需要加以改编，介绍最新的国外文化发展趋势，用更新鲜、生动的实时材料和案例来替代过时的材料，以更贴近时代发展和现实生活。该教材主要介绍英美国家的文化，缺乏其他国家，尤其是"一带一路"沿线国家的文化习俗的介绍。该教材缺乏对各国文化、价值观及其形成背景和起源的探究。并且，大部分受试者认为教材上有必要增加用英语介绍中华传统文化的专题，占总受试者的77.51%。

四、跨文化交际能力提升策略和课程改革建议

(一) 转变教学理念和改进教学方法

研究表明，跨文化交际课程本身能够有效地提升学生的跨文化交际能力。然而，跨文化交际能力包括多方面的知识、意识和技能，需要多种英语课程联合培养。而受试者认为，目前其他英语课程的课堂教学远远不能满足学生对提高自身跨文化交际能力的需求（平均分为 2.57 分）。因此，大学英语教师必须转变教学理念和改进教学方法。教师应将跨文化交际的差异和策略贯穿在各种英语课程中以及英语教学的各个环节，通过不同的文化交际情境，让学生体会中西文化的差异；通过图片、音频和视频等多种教学资源，让学生更直观地观察和探寻不同文化的表现方式；通过讨论和小组任务教学法，让学生进一步探究不同文化形成的深层次原因和历史背景。

（二）进一步改革跨文化交际课程

首先，跨文化交际课程教材需要补充除英美国家之外的其他国家，尤其是"一带一路"沿线国家的文化习俗的介绍，使教材更丰满，更能适应"一带一路"倡议对于人才培养的需求。其次，跨文化交际课程教材需要增加对各国文化和价值观形成背景和起源的探究，使学生对各国文化脉络的发展与演变有更深的了解。再次，教材上有必要增加用英语介绍中华传统文化的专题，增强学生用流畅、准确的英语传播中国文化的能力，使中国文化能够真正地走出去。最后，教材需要加以改编，介绍最新的国外文化发展趋势，用更生动的实时材料和案例来替代已过时的材料，以更贴近时代发展和现实生活。

（三）搭建跨文化交际实践平台

本研究表明，大学生提升跨文化交际能力的主要途径是图书和音像资料以及跨文化交际课程，而课外实践活动比较欠缺。因此，有必要为大学生搭建提升跨文化交际能力的课外实践平台。学生需要更多与外国人交流的机会，这样才能亲自体验不同文化的差异，把自己所学的跨文化交流的知识和技能应用到实践中，并在实践中进一步提升自己的跨文化交际能力。具体而言，应组织学生积极参与各种课外实践活动，为学生搭建提升跨文化交际能力的平台。例如，通过组织外国文化讲座、展览和沙龙、外国文化节、国际文化周、外国文化知识竞赛等使学生对外国文化有更深的了解。为学生提供更多机会，促进学生同外国人进行交流，例如，参加海外夏令营，参加中外学生座谈、交流会、联谊会和读书会，以及出国访学等。在学校组织的常规活动中突出跨文化交际主题，如演讲、辩论、竞赛、英语角和话剧等。同时，学校可以加强同政府部门和企事业单位的合作，为学生创造更多的跨文化交际实践机会，如担任产品展销会志愿者、陪同中外代表团访问、参观外企、参观各国驻中国大使馆等。总之，搭建跨文化交际的课外实践平台将有助于"学生吸收和体验差异文化,并感知其对沟通的影响"。[1]

五、结语

"一带一路"倡议对高校培养跨文化交际人才提出了更高的要求。对非英语专业本科生的跨文化交际能力的实证研究表明,其跨文化交际实践不足,跨文化交际能力有待提高,而且跨文化交际的课程有待进一步改革。在此基础上,本研究提出了跨文化交际能力提升策略和课程改革建议。只有这样,高校才能进一步适应我国经济发展和对外交流对高素质人才的需求,响应党中央"一带一路"倡议,培养具有跨文化交际能力的复合型人才。

---

[1] 田霞:"跨文化交际视域下的大学英语教学",载《山东社会科学》2015年第S2期。

李 昕[*]

一项《学术英语》教学中课堂讨论和学习体验的调查

《学术英语》课程是中国政法大学为服务"法律+外语"复合型人才培养目标,经过课程和教学改革,替代原有体系的大学英语课程而开设。作为一门外语类通识必修课的主干课程,它的教学理念是"以内容为载体"的外语教学;单元学习主题为与学生专业(法学)相关的争议性话题;这门课程的教学目标除了培养学生的语言运用综合能力外,还培养学生以英语为载体、初步探究法学课题的学术能力。首先,在该课程的教学中,课堂讨论活跃而丰富,这与该课程性质有关——外语课程学习具有交流性、互动性和文化拓展性;其次,大班教学规模使得课堂讨论成为提高学生教学参与性和教师及时评价与掌握学生学习情况的必然教学选择。

已有研究[1]已经证明:课堂讨论能够活跃群体学习气氛、提高学生主动学习能力、思考能力和语言表达能力。但是,不同形式课堂讨论的学习效果存在差异。为了更好地组织课堂讨论,设计有利于学生学习的教学形式,教师需要了解并理解学生对具体教学的感受和体验,毕竟"教与学从根本上说是相互关联的,有效的教学就是判断它是否有利于学生的学习,有效的教学以学生的学习为核心,而不是以教师的教学活动为核心"[2]。

---

[*] 李昕(1976—),女,辽宁锦州人,中国政法大学外国语学院副教授,研究兴趣:课程与教学。

[1] M. D. Gall & M. Gillet, "The discussion method in classroom teaching", *Theory into Practice*, 1980 (19), 98-103. J. A. Hollander, "Learning to discuss: strategies for improving the quality of class discussion", *Teaching Sociology*, 2002 (3), 317-327. 参见[美]布鲁克菲尔德:《讨论式教学法——实现民主课堂的方法与技巧》,罗静、褚保堂译,中国轻工业出版社2002年版。

[2] [澳]迈克尔·普洛瑟、基思·特里格维尔:《如何提高学生学习质量》,潘红、陈锵明译,北京大学出版社2013年版,第12~13页。

一、研究问题和过程

基于上述思考，研究者在自己的课堂上进行了一次教学实践。研究者在某学期《学术英语》为期 16 周的教学中组织了几种不同形式的课堂讨论，包括"教师提问—自由讨论""小组讨论—展示活动""图片讨论—总结""阅读讨论—总结""写作讨论—总结""辩论"六种具体操作。研究者很想知道：哪一种形式的课堂讨论，学生学习体验最好？哪一种形式的课堂讨论，学生学习体验效果不佳？造成这一结果可能的原因是什么？

为了了解学生对不同形式课堂讨论的学习体验，研究者通过问卷调查和学生日志获得数据来对研究问题进行探究。首先，研究者在该课程结束后采用自编问卷的方式进行调查，回收有效问卷 102 份；研究者应用 SPSS 20 对调查数据进行分析，检验自编问卷的效度和可靠性，结果显示 $\alpha = 0.772$，$\alpha \geq 0.7$，这说明该问卷效度和可靠性较高，调查数据可以应用于对研究问题的解释。进而，研究者对数据进行描述性统计。此外，为了更好地呈现学生"生动"的学习体验，研究者邀请参与该课程学习的学生自愿记录学习日志来获得更多反馈，学生的日志性语言进一步丰富了"冰冷"的数据结果。

二、问卷调查结果

问卷调查发现：①从整体看，该课程教学中所组织的不同讨论形式对学生学习的帮助作用"小"或"很小"的比例较小，二者不超过 20%；除"辩论"这种讨论形式外，其他讨论形式这两个值均低于 12%；学生认为对学习帮助作用"大"及"非常大"的讨论形式，除"辩论"形式外，均超过 50%。②再具体比较，学生对"小组讨论—展示活动"及"写作讨论—总结"这两种形式的认可均超过 70%；而学生对"图片讨论—总结"及"阅读讨论—总结"这两种形式的肯定评价也超过 50%；数据反馈出这四种讨论形式的学习体验效果远远高于"辩论"形式的学习体验效果，学生认为"辩论"形式对学习的帮助作用比较弱。③如果对这六种不同讨论形式进行关于它们学习体验效果的排序，那么"小组讨论—展示活动"对该课程学习作用最好；"写作讨论—总结"的讨论形式仅次于"小组讨论—展示活动"；"图片讨论—总结"及"阅读讨论—总结"的作用弱于上述两种讨论形式；而"辩论"形式的学生学习体验效果不佳。具体如图 1 所示：

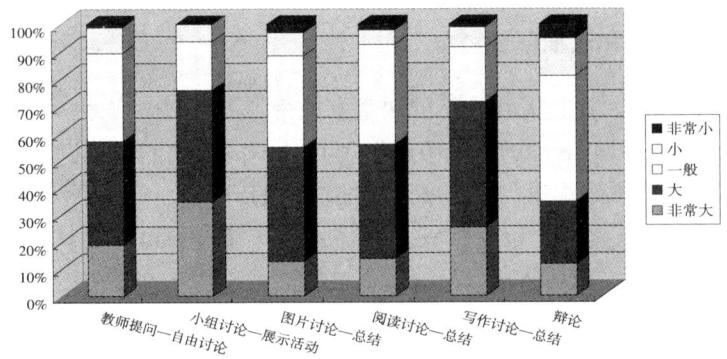

图1 《学术英语》课程中不同讨论形式对学习的帮助作用

三、基于问卷调查和学生日志的讨论

在该课程教学实践的几种讨论操作中,"小组讨论—展示活动"形式的学习体验效果最好。具体分析原因,首先,这一形式在学生的其他课程学习中也是经常使用的讨论形式,所以学生的学习经历比较丰富,这有利于学生获得更好的学习体验;同时,这一讨论形式对学习成果所需要的语言能力要求(比如口头表达能力和写作能力)是本课程学习的重要语言知识目标,学生很好地完成了预期的学习目标,"学到了"的感觉让他们对这一讨论形式的学习体验最好。有学生在日志中这样写道:

我觉得小组讨论学习是一种非常好的学习英语的形式和手段,在与同学们的交流中,可以促进思想之间的交流,从同学们身上学习长处的同时发现自身的缺陷与不足。同学们还是比较乐意参加讨论的,大家积极发表意见,这学期在小组讨论里的收获非常大,通过和同学们的讨论,互通有无,使我更加清晰地了解到了自身的英语学习状态。

"写作讨论—总结"的形式对学生学习的帮助作用也非常明显,这一讨论形式同样与该课程的语言知识目标紧密相关,读写能力是该课程所要求语言能力培养的重要输出。无论是"死刑"存废问题、"涂鸦"是否破坏公共文物,还是"同性婚姻"的法律地位诉求,学生基于写作的讨论都发展了对这些与法学专业知识相关主题的深层次学习,学生不是被动学习,而是发现学习。一位同学分享了他的"启发"体验:

相比前两个单元，我觉得死刑的专题难度很大，它本身牵涉的领域就很广泛，包括经济、政治、哲学、甚至宗教，在不同国家、不同文化背景下的探讨所需要的论证思路也不尽相同。理解文本，梳理层次，掌握写作中行文和论证的方法都不太容易，但是同学间的讨论给了我很多启发。

"图片讨论—总结"形式中学生的学习体验效果同样很好。这与学习者的生理、心理特点相关，图片教学材料，有时比文字材料更能激发学生讨论兴趣，学生在日志中也谈道：

个人感觉图片是更能吸引同学并且有效地提高同学们课堂讨论的参与度。就我个人上课讨论情况来说：图片会使大家更加专注地去体会……在拿到图片时，同学们的时间分配集中于对图片的理解；而拿到文字时，同学们的时间分配侧重于对发言内容语言的组织，所以图片讨论感觉更能让我去思考。

虽然"辩论"的讨论形式对学生思维能力发展很重要，但调查问卷结果显示：学生认为它对学习该课程的作用比较弱。在学生的学习日志中，学生也没有反映出过多和这一讨论形式相关的教学"关键事件"。虽然也有日志反馈出学生已经意识到这样的学习方式对于发展思维的重要性，他们体验到了一些思想交流的愉悦情感：

这段时间所学的两个话题都颇具争议性，无论是同性婚姻合法化还是涂鸦……在课堂上下的debates放大了这样的辩证性思维，让我们知道在看待一个问题时尝试从不同的角度去分析，从更多元化的出发点去评价和分析一个客观存在的现象。

然而，使用外语进行辩论式的讨论，对于中国非英语专业的大学生存在一定难度，学生平时缺乏相应的锻炼，思维能力的提升也就无从提起；并且，语言类课程的教学目标和操作与其他人文社科课程不同，语言综合运用能力仍然是其主要的能力培养目标；此外，学生思维方式的同质化倾向使得"辩论"更流于形式，学生并没有在这一讨论过程中真正提高所期盼的批判式思维能力，一位学生在学习日志中这样记录了她的感受：

辩论的时候，主要是大家的意见比较一致，只能为了提交文字报告而故意去给反对意见想理由。比如关于是否持枪，因为大家都是生活在中国，所接触的社会环境基本一致，因而形成的观点也都是比较相似或者说完全一致。

四、教学建议

调查问卷和学生日志反馈,不同形式的课堂讨论的学习体验效果存在差异。虽然这一实践和调查具有教学情境性,它只反映出该课程教学中的实际情况与发现,但是对具体问题的思考却可以为其他类似外语课程的教学者提供课堂讨论教学设计的某些视角。首先,教学中重视小组讨论形式,培养学生合作学习的意识。大学课堂越来越体现出"合作"而非"竞争"的学习气氛,同学群体因为先有学习经验的相似性、专业性学习的发展需求和同伴学习的压力感,开始更需要以小组讨论形式解决学习中的问题,这种学习行为既缓解了学习压力,也提高了学习效率。其次,教学中重视为学生课堂讨论提供材料"支架",比如,教学实践中基于阅读、写作和图片的讨论,都为学生的讨论提供学习"脚手架"。教学中的讨论活动不能是发散式"天马行空"般的自由讨论,它需要以实现预期学习目标和教师有效指导为前提和结束。最后,在教学中,慎重介入"辩论"形式的课堂讨论。如果希望取得理想的学习效果,教师需要规范辩论形式、进行辩论技能指导、预设辩论形式学习目标、提供语言辅助、给予及时评价等教学策略,同时,"辩论"内容要考虑学生的学习经历,这些都对教师的教学设计提出了挑战。

五、结束语

在《学术英语》课程教学中,研究者运用不同形式组织课堂讨论,通过问卷调查和学生日志获得学生对课堂讨论不同形式的学习体验。"教与学的领域是注重个人体验的领域。"[1] 通过学生的学习体验折射课堂教学效果,毕竟学生的课堂学生最有发言权,教学者应多听听学生的"声音",通过合理的教学设计为学生语言运用和思维能力发展搭建起"思辨"的平台。

---

[1] [澳]迈克尔·普洛瑟、基思·特里格维尔:《如何提高学生学习质量》,潘红、陈锵明译,北京大学出版社2013年版,第12~13页。

张卓娟*

二语写作中的母语迁移和个体差异：
对三个大学生的个案研究

一、研究背景与意义

语言迁移一直是二语习得研究的重点问题之一。研究者关于语言迁移的看法经历了显著的变化。起初，应用语言学研究者们从行为主义的语言学习视角来研究语言迁移。他们认为，假设当第一语言（L1）的特征与第二语言（L2）的特征相似时，第一语言可以促进第二语言习得；当第一语言和第二语言的特征不同时，第一语言也可以阻碍第二语言习得。由此，产生了大量的对比分析［Contrastive Analysis（CA）］研究来预测何时会发生母语迁移。然而，正如 Rod Ellis 所说，当错误分析研究证明了当目标语言和母语在某些领域不同时，负迁移并不一定发生，行为主义和对比分析就失宠了[1]。最近，迁移的重要性得到了重新评估和承认，一个更加平衡的观点随之产生，即迁移越来越被理解为一个与若干因素相互作用的复杂的精神过程。近年来，迁移研究不仅关注语言因素，也集中于探索文化、社会和个人因素如何影响第二语言学习和使用[2]。

中国英语教师也展现了对迁移研究的热情，他们主要研究中国英语学习者书面产品中的负迁移。这些研究大多都是横向定量研究，主要关注这些问题：学习者的书面产品中出现了哪些类型的负迁移？迁移的原因是什么[3]？但是，对个

---

* 张卓娟（1975—），女，山西运城人，英语语言文学硕士，中国政法大学外国语学院讲师，研究方向为大学英语教学，法律英语翻译。

〔1〕 Rod Ellis, *Understanding Second Language Acquisition*, Oxford: Oxford University Press, 1985.

〔2〕 Terence Odlin, *Language Transfer: Cross-Linguistic Influence in Language Learning*, Cambridge: Cambridge University Press, 1989.

〔3〕 朱梅萍："'过渡语'与'语言迁移'"，载《外语教学与研究》1990 年第 3 期。丰国欣："英语跨文化写作中的认知心理机制"，载《外语与外语教学》2001 年第 4 期。

体学习者所犯的迁移错误进行集中和详细的纵向定性研究还是很少见。

因此，本人试图对三个学习者的书面产品中的负迁移进行为期一年的较长时间的研究。本人采用个案研究的方法，因为案例研究方式适合对个体语言学习者进行深入调查。本研究考察了三位大学生的个体差异和她们在 L2 写作中的母语迁移现象，试图探索二者之间的关系。希望本定性研究能为迁移研究提供新的思路，并对英语教学有所启示。

二、研究理论基础

本研究是在以下三个理论方法基础上进行的。

（一）错误分析

研究母语迁移必然要进行对比分析和错误分析［Error Analysis（EA）］。Carl James（1998）在他的新书《语言学习中的错误和使用：探究错误分析》中，系统地、批判性地探索了错误分析方法，证明了 EA 的效用[1]。以下简要介绍 James 的 EA 数据收集法，它是本研究的部分方法基础。

James 概述了错误提取的两个步骤：第一步是"撒大网"，意思是不加区别地捕捉所有或任何种类的错误。第一步的目的是获得对学习者能力和局限性的第一印象，从而识别出他们最容易出错的目的语能力区域。第二步是有针对性地启发式搜集错误，这是对特定类型或错误区域的进一步检查。有两种基本方法可以做到这一点：一种是观察法，包括角色扮演、信息差（information gap）活动、观察表的使用；另一种是使用实验，即让学习者完成特定任务，以诱导学习者产生 EA 研究者所感兴趣的目标形式。EA 的第三个数据来源是内省。自省方式包括学习者日记和问卷，还有在第二语言习得研究中常用的学习者自我报告（self-report）。这些可以帮助研究者发现语言学习者思维的黑匣子里发生了什么。本研究采用了上述多种方法来探索 L2 写作中的母语迁移。

（二）汉英对比分析

汉语和英语有很大的差异，分别被认为是典型的东方语言和西方语言。在对本研究中学习者书面作品进行观察的基础上，本文仅限于讨论两种语言中语序方面的一些对比。

---

[1] Carl James, *Errors in Language Learning and Use: Exploring Error Analysis*, Pearson Education Limited, 1998.

人们普遍认为汉语和英语在语序上有很大的不同,尤其是在状语语序方面。以下是汉语和英语中公认的基本状语语序模式(金积令,1998)。

1. 简单句里的状语语序:

汉语　　　Ti+Pl+Ad+V

英语　　　V+Ad+Pl+Ti

(Ti=time, Pl=place, Ad=adverb, V=verb)

例如:

汉语:中国去年在西昌成功地发射了一颗人造卫星。

(China last year at Xichang successfully launched a man-made satellite.)

英语:China launched a man-made satellite successfully at Xichang last year.

2. 复合句里的状语语序。在汉语中,状语从句通常放在整句的开头,主句放在句末。而在英语中,虽然状语从句在复杂句中占据灵活的位置,但总的趋势是放在整句的末尾[1]。

例如:

汉语:因为她长得伶俐聪明,大人们也都爱跟她玩。

(Because she looks clever and cute, adults also enjoy hanging out with her.)

英语:Adults also enjoy hanging out with her because she looks clever and cute.

汉语:如果明天下雨,我就不去了。

(If tomorrow it rains, I will not go.)

英语:I will not go if it rains tomorrow.

(三) 关于关注个体学习者的理论

教师和研究人员在第二语言习得研究(SLA)中对个体学习者越来越感兴趣,而不是只关注学习者产生的数据。他们关注个体差异对二语习得的影响。在迁移研究中,也应考虑个体差异的作用。个体学习者在经验和语言能力等很多方面都存在差异,而这些差异会影响迁移。Odlin 指出,对比分析作为预测迁移的结构基础,通常依赖于对集体语言行为的比较,而不是对个人语言行为的比较。因此,对比分析可能会给出对个人 L2 差错的不准确预测。此外,虽然在大多数学习者的第二语言表现中可能会出现某种迁移,但迁移的表现形式会因学习者的

---

[1] 金积令:"汉英词序对比研究:句法结构中的前端重量原则和末端重量原则",载《外国语(上海外国语大学学报)》1998年第1期。

不同而有所不同[1]。

综上所述，鉴于个体差异在迁移研究中的重要性，本文结合了个体差异对母语迁移进行研究。学习者的个体差异在本研究中主要包括学习观念和风格，语言能力和语言对比意识等方面的差异。本研究从解释学习者迁移错误的角度重点探究了以下两项差异：

1. 学习风格。一般认为，学习风格是个体学习者感知现象、理解和回忆信息的典型方式，它在本文中是指个体学习者二语学习的特点和所坚持的方式。

本研究借鉴了牛津和安德森的学习风格类型学[2]，因为它概述了认知、执行、情感、社交、生理和行为六个方面，比较简单而全面。牛津和安德森进一步将这六个方面划分为近20种风格。其中的整体/分析（认知）风格和冲动/反思（情感和认知）风格是本研究重点关注的，因为它们共有的认知本质与语言迁移密切相关，语言迁移本质上是一种认知现象。

2. 学习者观念。学习者观念通常被认为是学习者关于他们应该做什么以及如何做才能学好一门外语的看法或观点。它们还包括学习者对自己作为语言学习者的优缺点的看法。学习者的语言学习观念决定了他们的学习方法和具体学习策略的选择。学习者观念涉及很多方面，如语言的使用、个人因素的重要性、二语文化的重要性等。

在本研究中，对学习者观念的探索将集中于和语言迁移相关的具体因素上，例如，学习者对语法能力之于二语写作重要性的看法，对如何减少负迁移的观点，对英语和汉语之间对比的意识。学习者在这些方面的看法和观念必然和他们所采取的相应的抑制负迁移的学习策略或行为紧密相关。

三、研究设计和实施

为了在探究个体差异的基础上，研究书面产品和写作过程中的母语迁移，我选择了三个学习者，在将近一年的时间里观察他们的学习风格、学习者观念、学习水平、学习者语言对比意识等方面的差异。

---

[1] Terence Odlin, *Language Transfer: Cross-Linguistic Influence in Language Learning*, Cambridge: Cambridge University Press, 1989.

[2] Oxford, R. L. & Anderson, N. J., "A Cross-cultural View of Learning Styles", *Language Learning*, 28: 201-215. 1995.

（一）研究对象

参与研究的三个学生是英语专业一年级女生。选择她们是因为：

第一，她们在成为英语专业的学生后，正经历着第二语言学习的转变阶段。她们比非英语专业的学生接触到更多的英语，因此她们会更多地思考和更好地描述他们的二语写作。

第二，她们正处于英语专业学习的形成期，比较容易观察到个体差异如何影响 L2 写作中的迁移。

第三，这三个研究对象从进入大学以来就一直与我保持着密切的联系。更重要的是，她们都认识到二语写作的重要性，并且非常合作，愿意在本研究上投入时间和精力。

（二）数据收集方法和程序

为了提高研究的有效性，我采用了多种数据采集方法。

1. 第一次数据收集是让每个受试者完成关于个人信息和学习观念的问卷。

2. 受试者也被要求完成另一份调查问卷量表，该量表是从分析型/全局型（也叫整体型）和反思型/冲动型两个维度评估学习者的学习风格。

3. 收集受试者的多种 L2 书面作品。这包括三个部分：

（1）受试者计划作文。在前两个月，大撒网式收集受试者课堂上所有作文，从而发现一些常见的迁移类型。

（2）受试者日记。定期收集每个受试者每周写的至少一篇英语日记。

（3）一些翻译练习。每一个受试者都被要求翻译一些句子，这些句子用来检查她们 L2 中可能出现的汉语语序迁移。

4. 口语访谈。围绕二语写作这个主题，我在每学期期末对每个受试者进行两次访谈。一次是有计划的、非结构性的访谈，我与受试者讨论了她们在写作中出现的迁移错误，并就她们的学习观念和行为提出了开放性的问题。另一次是结构性访谈，我使用预先设计好的关于思维语言的问卷进行一次结构化访谈，以获取更具体深入的信息，或确认我对已经获得的数据的解释。

5. 语言判断练习。这次练习要求受试者根据语感判断所给句子里是否有汉语迁移错误。

6. 观察者的笔记。我还记录了观察到的受试者在完成某些任务时的行为。

最后，笔者对获得的数据按照前面所列出的汉英语序对比规律进行了详细的分析，特别关注了一些典型的负迁移错误，如替换或语言转换（substitutions or code-switching）和状语语序问题。

四、数据分析

（一）受试者的个人信息和学习风格

根据问卷调查和访谈所获得各受试者的语言学习背景判断，三个受试者的英语水平和学习风格各有不同。小林高考英语成绩是 144 分，她是反思型、分析型和全局型（也叫整体型）学习者；小颖高考英语成绩是 136 分，是反思型和全局型又比较放松的学习者；小夏高考英语成绩是 117 分，是兼具冲动型和分析型、比较焦虑的学习者。

小林关于 L2 写作有清晰的学习观念，她认为写作非常重要，她作文得分也很高。但她说经常很难找到合适的英语单词来匹配她的中文思想。当她试图引用中国文化中的文学名句或成语时，她"对自己的中式英语句子感到不安"。她认为，中式英语与学习者的英语语法水平也有很大关系。她可以容忍错误，认为"犯错误是自然的"。然而，她认为写作中的错误应该尽可能少。小林在英语学习中具有很强的反思性，对汉语在英语写作中的影响有着较强的意识。

小颖认为自己的外语学习能力很强，在写作时可以用英语思考，并强烈反对把汉语作文翻译成英语作文的做法，认为这样会导致中式英语。当被问及在别人的英语写作中是否注意中式英语时，她说经常看到中式英语错误，认为这是因为英语读得不够，缺乏语感。她说自己经常把自己的英语和英语原文进行比较，感觉到自己的作文中有中式英语，又不知怎样减少中式英语。她努力提高英语水平，并尽一切可能增加对英语文化的了解，认为这样有助于减少写作中的母语迁移。这些都反映出她确实是反思型和全局型学习者。

小夏对自己的英语水平感到焦虑。她认为自己的英语写作排名低于平均水平，因为"我的作文通常得 C"。她意识到写作中有中式英语可能是她得分低的原因之一。她说想学习分析汉语和英语之间的差异，以提高写作水平。这符合分析型学习者的一些特征，他们倾向于关注细节和对比。

（二）受试者作品中的迁移现象和特征

从搜集的作文和日记等数据看，小林很少依赖母语，作品中没有语言转换现象。但是由表 1 反映出的状语位置大比例前置问题还是可以看出她是受母语迁移影响的。

表 1　小林作品中的状语位置

	时间状语				其他状语从句	
	简单句		复杂句			
	前端	尾端	前端	尾端	前端	尾端
作文	63%	37%	58%	42%	34%	66%
日记	71%	29%	67%	33%	42%	58%

小林在报告中说，她能注意到汉语和英语在句子结构上的差异。比如，她说："在中国，我们说他出什么事了，或他怎么了？主语是人。在英语中说 what happened to him？主语是事物。"但她并没有注意到英汉状语语序的差异，造成了她作品中有大比例的状语前置现象。她说老师很少教这些知识，她希望他们这样做，这样她的英语才能更地道。小林对于汉英差异有着强烈的意识，她对这些知识的渴望与她对分析型学习方式的偏好是一致的。

小颖的 L2 作品中也没有语言转换现象。但是状语位置大比例前置问题和小林的类似，这里就不赘述了。小颖说，她对英语和汉语的对比知识几乎一无所知，因为老师很少讲如何避免中式英语，她希望老师至少能指出她的中式英语错误。但当被问及是否希望老师教授两种语言的对比语法时，小颖表示不喜欢语法教学，即便是对比语法，认为这"太琐碎和无聊了"。她说更喜欢老师讲解习惯用语或文章。这似乎反映了她的全局型学习风格，这种风格的学习者不太喜欢详细的分析和对比。

小夏的 L2 作品中，主要是英语日记中，出现了不少语言转换现象（共 27 处），这反映出她写作中严重依赖母语思维和词汇。而且，状语位置大比例前置问题比前两位受试者的更严重，高出约 16% 的比例，这是因为她在 L2 写作中机械地翻译汉语，母语迁移严重。对于汉英差异对比，小夏说学语法时，老师讲过一些，但不系统，希望更多地学习这方面知识以避免中式英语。

总的说来，英语水平较高的小林和小颖在英语 L2 写作中受汉语影响较小，但这并不意味着她们不受母语迁移的影响。小夏作品中出现的迁移错误的类型和数量都更多。但是，三人的共同点是：经过近两个学期的学习，迁移问题都没有得到改善。这是值得忧虑的。

（三）受试者的学习观念和习惯

对于中式英语产生的原因以及如何减少中式英语，受试者似乎有着类似的观念。例如，她们都认为机械的汉译英会导致中式英语。至于如何避免迁移，她们都认为背诵地道的英语和增加阅读是很好的方法。然而，由于她们的学习风格不同，她们对背诵内容的理解不同。小颖喜欢背诵文章，而不是单独的句子和有用的表达，这是全局型学习者所偏好的方式。而小夏由于她的分析型风格，认为记忆有用的短语和句子更好。小林的学习风格比较均衡（分析型+全局型），她强调文章和习惯用语都要背诵。在一定程度上，不同的观念、学习方式和学习习惯也解释了她们写作中不同的迁移特征。

另外，受试者的语言对比意识和知识有所不同。母语迁移与差异意识密切相关；学习者对两种语言的差异的意识越强，就越有可能将迁移最小化。三个受试者中，小林对语言差异很敏感，因此她的作品中母语迁移影响相对最小。

五、结语

总而言之，本案例研究显示，每个学习者作品中的迁移特征有一定的相似性，但由于个体间的差异，如英语水平、学习风格、学习者观念和对语言对比的意识的不同，各自作品的迁移特征也存在较大的差异。由于本研究是个案研究，试图进行规律概括是不合理的。但是对于中国英语教师来说，本研究可能会有如下启示：

第一，为了帮助学生减少 L2 写作中的迁移错误，英语教师需要意识到个体学习者的风格偏好和观念对母语迁移的影响，试图帮助他们认识到各自的学习风格和观念的优缺点，鼓励和帮助学生发展更均衡的学习方式。

第二，要提高学习者对母语与目的语进行对比的意识。由于中国英语学习者较少接触真实自然的英语学习环境，他们需要掌握对比语言学的相关知识，以减少母语迁移影响，使他们的英语更地道。这就要求大学英语教师在教学中借鉴 CA，提高学生对语言差异的认识。

第三，大学一年级学生 L2 作品中的迁移问题需要特别关注，因为如果不及时纠正，就存在僵化的危险。同时，教师需要在理解个体差异的基础上给学生不同的帮助，尤其应注意认知风格和学习观念方面的个体差异。

李 丹[*]

分级任务教学法在民族班英语精读课上的实验研究

一、背景与意义

任务型教学法（Task-based language teaching，TBLT）是以美国教育家杜威的实用主义作为理论基础的教学模式。最早出现在20世纪80年代，并从90年代开始影响整个语言教学界。其最显著的特点在于运用一系列具有明确目标的任务来激发学生的学习动力，促使他们更加主动地进行语言学习与实践。其核心思想就是模拟人们在社会中运用语言所从事的各类活动，把人们在生活中所做的事情细分为具体的"任务"，让语言学习者在完成任务的过程中习得语言。这种"以学生为中心（students-oriented）、做中学（learning by doing）的教学理念是在语言习得理论及社会建构理论的基础上发展起来的"[1]。

建构主义理论是认知心理学派中的一个分支。该理论认为，学习是学生自己建构知识的过程。学生不是简单被动地接受信息，而是主动地建构知识的意义。学习是学习者根据自己的经验背景，对外部信息进行主动地选择、加工和处理，对所接受到的信息进行解释，以生成个人的意义或者说是自己的理解。个人头脑中已有的知识经验不同，调动的知识经验相异，对所接受到的信息的解释就不同。在此基础上教学不能无视学习者已有的知识经验，不能简单地强硬地从外部对学习者实施知识的"填灌"，而是应该把学习者原有的知识经验作为新知识的生长点，引导学习者从原有的知识经验中，主动建构新的知识经验。"教学不是知识的传递，而是知识的处理和转换。教师和学生、学生与学生之间，需要共同

---

[*] 李丹（1977—）女，河北邢台人，副教授，英美文学硕士，研究方向为精神分析与文学。
[1] 龚亚夫、罗少茜：《任务型语言教学》，人民教育出版社2003年版，第4~6页。

针对某些问题进行探索,并在探索的过程中相互交流和质疑。"[1]

在这个新的教学观和学习观的指导下,语言学习必须具备三个条件,即语言接触、语言使用以及学习动机。也就是说,大量充足的语言输入材料、生动的语言使用与实践、强烈的学习动机与热情以及老师的引导和前期筹备、输入材料的选择缺一不可。所以,英语教学的过程应该是老师为学生提供真实自然的任务帮助学生体验、发现和创造,因为这个过程既能够激活学生已有的知识结构,又能够因为有任务要完成,激发对新知识的学习热情,从而实现新知识与已有知识的重新组合和构建。而且在这个过程中,老师只是引导者,而不是灌输者;学生之间互相合作,更具有交际性任务的特点,也更符合语言的工具性特征。

在具体实施上,Willis 在 1996 年提出了任务型教学法的框架,包括三个阶段:前期任务(pre-task)、任务环(task circle)和语言聚焦(language focus)[2]。前期任务有三项活动:介绍任务的内容、意义和重要性,激发学生积极性;提供真实的语言输入材料,帮助学生着手准备任务;通过分析材料引导学生注意某些形式,抓住重点。任务环也可以看成是任务执行的整个过程,也分为三个阶段:执行任务、计划任务后活动以及汇报工作,包括完成任务的过程以及在这个过程中互相合作、互相学习,最后协作展示的一整套流程。语言聚焦阶段包括教师对以上任务完成的分析和反馈,强调语言形式和运用的准确性,还可证实前期活动是否有效。

Skehan(1998)把任务型语言教学分为任务前活动、任务中活动和任务后活动三个步骤[3]:

1. 任务前活动(pre-task)。任务前活动包括教的活动、意识提升活动和计划。任务前阶段的目标为重构,确定目的语和减轻认知负荷,采用的教学技巧为引起学习者的注意,做任务计划和教学新语言点。新语言点的教学是任务前阶段非常重要的活动和内容,为学习者明确了学习的目标,减轻其学习的障碍,从而为学习者顺利完成后续的任务奠定了良好的基础。

2. 任务中活动(while-task)。任务中活动包括执行任务、计划后续的报告、报告三个方面。这一阶段主要是设计多个微型任务,构成任务链。学习单元中任

---

[1] 李方本册主编:《教育知识与能力》,高等教育出版社 2011 年版,第 201 页。
[2] Willis, J., *A Framework for Task-Based Learning*, London: Longman, 1996, p.35.
[3] Skehan, P., *A Cognitive Approach to Language Learning*, Cambridge: CUP, 1998, p.130-132.

务的设计由简到繁，由易到难，层层深入，形成由初级任务向高级任务以及高级任务涵盖初级任务的循环。Skehan 认为，执行任务阶段的目标是平衡发展准确性和流利性，注意任务选择典型的教学技巧为，进行交际压力训练。教师需要决策教学目标，需要考虑多个因素，协调准确性和流利性，从而使学生有意识地发展语言的流利性和准确性，使教师的参与度更高。

3. 任务后活动（post-task）。任务后活动包括分析和操练。任务后的第一阶段的教学目标为不鼓励过度流利性，注重准确性，采用的技巧为公开表演、分析和测试；任务后的第二阶段的目标为分析和综合的循环，技巧为注重任务的顺序性，甚至重复任务系列的训练。任务后活动的内容丰富得多，教师不但要考虑执行的任务本身的特征，而且要重新回顾整个任务的执行效果，甚至包括是否重复和延展任务活动，以便提高和巩固教学效果。

笔者采用了 Skehan 的模式在民族班的精读课上对任务教学法进行了两轮的实验研究。

二、实验设计与实施

（一）实验起因

民族班英语课是笔者所在学校专门为少数民族统招生单独开设的英语课，所有学生均来自西藏自治区和新疆维吾尔自治区，母语为藏语和维吾尔语。因为汉语已经是他们的第一外语，作为第二外语的英语，整体水平偏低且严重参差不齐，无法和其他学生一起学习学术英语，所以只能单独成班。学习包括两个学年，第一学年使用的教材为上海外语教育出版社出版的《大学英语精读（预备级）》；第二学年为上海外语教育出版社出版的《大学英语精读（1）》。

为了使他们的英语水平在有限的时间里得到尽可能大的提高，笔者分别用任务教学法和分级任务教学法在精读课上进行了两轮尝试。

（二）实验对象

在 2017 级新生英语一级中尝试任务教学法，在 2018 级新生英语一级中尝试分级任务教学法。

（三）实验原则

要使用任务教学法，首先需要知道什么是任务。Willis 把任务看作"学习者使用目的语以交流为目的,进而获得某一结果的语言活动"[1]。她强调语言教学的过程应该是一个为了完成交流任务的过程,所有的教学活动都要以完成这项任务为最终目的来展开,而这些任务不应该以语言形式为中心,而应是具有交流意义的真实生活中的任务。这就要求同时尽可能使这些课堂的语言教学活动真实化和社会化。

(四)任务教学法的设计

以《大学英语精读(预备级)》第一单元 Text A 为例:第一单元的 Topic 是"*how to be a successful language learner*";Text A 的题目是"*learning to think all over again*"主要内容是从学习母语的过程中总结方法,重新思考如何学习外语。

1. 任务前活动(课前预习):将课前预习分解成具体的任务:

(1)单词表里的生词或者短语标出,抄写在生词本上,并且从字典中查找两个典型例句,从例句中总结出这个生词的用法。如生词表中的"associate…with…""substitute for sth…""in terms of…"。

(2)明显构词法的单词,如前缀和后缀,合成词或加字母转换词性等单词,至少找出 5 个同类词。如:根据"leaf"加"y"变成形容词"leafy"找到至少 5 个名词加 y 变成形容词的单词。

(3)指出课文中含有典型句子结构的句子,让学生自行提炼出句子结构并尝试造句。如:根据课文中"you didn't know what a tree was at first."练习名词性从句的用法。

(4)指出课文中含有明显语法知识的句子。如"Baum means tree, which means that great big leafy thing."让学生自己复习定语从句的用法。

(5)把课文里不明白的句子标出,留待上课解决。课文中有 5 个蓝色句子是比较难理解的句子,不懂的标出,或者其他句子也可以。

与上文实验原则相比,课前预习任务的设计还是以语言学习为主。原因是根据国家的少数民族招生政策,少数民族学生高考时没有英语考试,所以学生的英语基础薄弱,绝大多数学生只在入学前的预科班里集中学习过一年英语,对于词和句子的敏感度远远不够;认知和使用上更是错误百出,只有少数在内地读中学的学生英语水平较高。

2. 任务中活动。课上设计从简单的单词用法到复杂句子理解的任务链来检

---

[1] Willis, J., *A Framework for Task-Based Learning*, London: Longman Press, 1996, p.23.

查学生的课前任务完成情况。在讲解课文的过程中，一边提问预习任务，一边讲解补充新的知识点。例如：翻译以下句子"人们常常把西藏和布达拉宫联系起来，把新疆和葡萄联系起来"，练习使用"associate…with"的用法；给出10个定语从句使用错误的句子，让学生修改成正确的句子，并熟练掌握这10个句子；对课文中较难理解的句子，如 "You probably wouldn't be able to repeat the words, or even know how it was that you understood it all." 讲解"how it was that"的意思是"in what way or by what means…"然后试着用自己的方式把这句话 paraphrase 出来。

3. 任务后活动。课文学习结束后，给全班布置一项任务：假设你是语言培训机构的老师，向大家宣讲如何快速有效地学习自己民族的语言。同学们可以根据课文的大意，组织一篇短文，要求是尽可能多地使用刚刚学过的单词、词组、句子结构和语法结构。然后分成8个组，每位同学先在组内展示，每个组在博采众长的基础上，汇总成一篇，在课堂上对全班展示。这样做的目的是让学生在之前预习任务和新知识点学习的基础上在具体实际任务中反复操练所学的新知识，并与旧知识相互构建，形成整体的知识块，而不是停留在孤立的知识点上。

（五）实验结果测评

测评分为两部分：期末考试成绩和个别学生访谈。

2017级英语一级期末考试试题构成是40%的阅读理解、20%的词汇、30%的翻译和10%的写作。其中，阅读理解和写作来自课外，需要学生的英语实力，其他考核内容都来自课本单词表、课后练习和课文理解，是可以提前准备的。从成绩分析来看，参加考试的学生人数为61人，其中85到100分之间有17人，占27.87%；80至84分之间有5人，占8.20%；70至79分之间有15人，占24.59%；60至69分之间有19人，占31.15%；另外还有5人不及格，占8.2%的比例。最高分96分，最低分33分，平均分71.9分。这个结果反映出民族班学生的英语水平严重参差不齐，很有可能有一部分同学觉得课程太容易，还有一部分同学仍然对课上内容难以掌握。

为了验证这一猜测，笔者从每个分数段里随意选择了一名同学进行访谈。最高分的同学认为，课上内容过于简单，不需要听讲，课上自己学习四级内容，考试前突击就可以，而且他们觉得整个课堂教学像高中英语课，建议增加上课内容，提高教学效率；第二档次和第三档次的同学表示，课堂内容难易相当，每次都有所得，学习起来比较舒服，但是建议增加语法的内容，多布置一些具体的作业；第四档次的同学认为略微有点儿吃力，但还能跟得上，建议用中文授课，多讲语法，多讲四级的东西；不及格的同学说课上内容自己压根儿听不懂，因为之前没怎么学过英语。

通过以上期末成绩和访谈的结果，可以看出民族班英语课两极分化的情况极其严重。英语水平高的同学觉得太简单，中等水平的刚刚好，而英语水平低的同学觉得听不懂，太难。为了应对不同层次学生的不同需求，笔者在 2018 级民族班英语一级中把任务教学法再推进一步，试行了以小组协作为基础的分级任务教学法。

（六）分级任务教学法的设计

仍然以大学英语精读预备级第一单元 Text A "如何从学习母语的过程中总结经验，更好地学习外语"为例。

1. 任务前活动（课前预习）：将课前预习分解成具体的任务，将之前从生词到句子结构、再到语法分析和课文理解的任务分级，学生根据自己的水平选择要做的任务。例如：水平较低的同学只需要把生词会读、会写、从例句中提炼用法；还有的同学稍微用点力就能完成从单词学习到课文理解的难度；而水平较高的同学轻而易举地就可以把所有任务做完，需要老师再额外补充其他相关内容。为此，笔者建立了一个课外阅读微信群，每周推送两篇和本单元内容相关的英文文章或者听力材料，用增加语言输入量的方式满足水平较高同学的需要。为了保证每单元都有相关语言材料的推送，也调动学生为英语学习作力所能及的贡献，发动学生寻找并上传优质资源。

2. 任务中活动。课堂上，将全班学生分成 8 组，每组包括三个不同层次的学生，建立小组协作制度。同时，课上布置的任务也分层次，低级任务如单词用法之类的，请组内低水平的学生为全班讲解完成；稍高层级的任务，如句子翻译或者根据课文内容而来的一些具体问题等由中间层学生完成并向全班讲解；最后，每个单元结束时的总结性任务，如 summary 的撰写由高水平学生完成。同时，水平较高的学生还可以就补充的课外阅读材料做一个口头报告，既增加自己的理解力，也拓展其他同学的语言面。

3. 任务后活动。这一阶段的任务重在于前两个阶段语言输入的基础上检查输出的成果，每个小组协作完成一项带有交际性特征的任务，因为语言学习最重要的目的之一就是完成一项交际任务。以第一单元 Text A 为例，本次任务还是：假设你是语言培训机构的老师，向大家宣讲如何快速有效地学习自己民族的语言。与上次不同的是，小组全部成员都需要分工协作进行展示，水平低的同学做一些简单知识的介绍，如如何学习字词，水平高的可以承担更高级的任务，如从二语习得的规律和学习母语过程中的启示出发，如何学习语言。

（七）实验结果测评

以上是在2018级一年级新生中进行的尝试，因为期末考试尚未进行，不能对这一尝试进行量化的检测。从对学生的访谈中看出，英语水平高的学生满意度提高，因为有了额外的阅读和听力任务，感觉能学到知识，这些学生还要求对这部分内容在课上进行讲解；水平中等的学生普遍感觉到挑战性更强，因为任务要求更高，层次更多，更能激发他们学习的积极性；而低水平的同学则认为能学会一些字词和句子等基础知识，对大段英语的理解尤其是写作没有提高，依然要求在课上讲解语法知识。

三、结语

从以上使用任务教学法和分级任务教学法的两轮实验可以看出：以小组协作为基础的分级任务教学法比较适合学生英语水平参差不齐的班级。但是在实施中需要注意以下问题：如何将任务细化成有难度级别的、操作性强的小任务；如何让每个级别的任务都有相对应的、有效的考核环节；在小组协作过程中，如何避免有人热衷、有人旁观的现象发生；还有任务教学法是不是更适用于翻译、口语、商务英语等交际性强的课程，一般精读课是否也可以有同样好的效果。

对于以上问题，笔者还会在今后的教学中不断寻找答案。

高 莉[*]

语篇分析方法在法律德语教学中的应用

一、前言

在外语教学领域，法律德语课程属于专门用途语言教学课程。与通用外语课程重在训练学生听、说、读、写日常外语技能不同，专用语课程的特点是关注某一专业交际领域内的语言现象和其使用规律。无论通用语教学和专用语教学是"替代"还是"互补"的关系[1]，都不能否认，当我们培养的外语学习者走出校门，走向社会，日常接触到的或工作中实际运用的外语往往带有一定的行业特征、专业色彩，仅凭学校里学习的日常语言知识很难使他们胜任各种专业交际任务。

2012年3月26日，国家教育部在《教育部关于全面提高高等教育质量的若干意见》（教高〔2012〕4号）中指出：牢固树立人才培养的中心地位，树立科学的高等教育发展观，坚持稳定规模、优化结构、强化特色，注重创新，走以质量提升为核心的内涵式发展道路。该意见对我国高等教育提出的基本要求可概括为：稳定和发展并重，特色与创新并举。中国政法大学外国语学院在办学特色和培养目标上，适时提出"一体两翼：创建卓越法律人才外语实践能力培养新模式"，主张以培养"法律+外语"实践能力为目标构建法学特色外语课程体系。自2004年成立以来，法大德语系结合学校办学条件与特色，科学合理地规划德语专业课程建设，制定了切实可行的德语专业人才培养模式，强调夯实德语语言文学、相关国情和文化基础知识的同时，着力培养德语与法律相结合的应用型德

---

[*] 高莉（1981—），女，陕西咸阳人，德语语言学博士，中国政法大学外国语学院副教授，硕士研究生导师，研究方向为德语语言学，法律语言学。本文系北京市哲学社会科学基金项目"基于语料库的德汉立法语篇研究"（项目编号：16YYC039）阶段性研究成果。

[1] 文秋芳："大学英语教学中通用英语与专用英语之争：问题与对策"，载《外语与外语教学》2014年第1期。

语复合人才。

法律德语课程是德语系特色教学的核心课程之一。就目前的教学实践来看，教师主要以讲解法律术语、惯用法、语法分析为主。这种传统的注重语言词汇层面和句子层面的教学内容虽然为学习者的语言知识打下了牢固的基础，但是它忽视了篇章作为交际整体的功能，很难提高学生的语言思维能力和语言运用能力。本文借鉴国内外法律语言学的相关研究成果，提出将专用语研究与专用语教学相结合，以语篇分析为中心开展法律德语教学，以期在教学中展示法律语言运用多层次的特征，提高学习者掌握与运用法律德语的交际能力。

二、德语专门用途语言研究与法律德语教学

（一）德语专用语研究概览

作为一种法律语言，法律德语教学实践活动不能脱离德语法律语言学的研究成果。在德国，专业语言研究自 60 年代以来一直引人瞩目，涌现出 Hans-Rüdiger Fluck（1976，1996），Walter von Hahn（1983），Lothar Hoffmann（1976，1985），Dieter Möhn 和 Roland Pelka（1984），Hartwig Kalverkämper（1986，1988），Klaus-Dieter Baumann（1992），Thorsten Roelcke（1999）等一大批专用语研究人员，取得了丰硕的研究成果。这些成果既反映了专业语言的特殊规律，也展示了语言发展的一般规律。综观德国专用语研究从早期至今的发展脉络，大体上可以区分出三个发展阶段：以语言系统为导向、以语用交际为导向和以认知心理为导向的研究模式。

20 世纪 50 年代至 70 年代，受当时结构主义语言学的影响，德国的专用语研究以语言系统为导向，侧重对专用语语法，包括专业词汇和专业句法特征进行描写。专业词汇承载了专业知识的概念内容，是最早被专用语研究者关注的对象，并长期占据了重要的地位。W. Seibicke 指出："专用语的特殊性主要体现在专业词汇上。"[1] 无论属于哪一个专业领域，专业词汇都具有一些区别于通用语词汇的典型特征，体现在词形和词义两个方面，这两个方面即构成专业词汇研究的主要内容。专业句法的研究旨在揭示专业语言运用领域内的句法特点。依据其量化特征，主要关注句子类型、定语叠加、名词化现象和功能动词结构、复杂句结构

---

[1] W. Seibiche, "Fach-und Gemeinsprache", In *Muttersprache*, Heidelberg: Winter Verlag, 1959, S. 70-84.

等。人们对这些句法现象功能的探讨主要围绕着可理解性、语言经济性和匿名化几个方面。[1]

20世纪80年代以来,伴随着语言研究中语用认知转向以及篇章语言学的兴起,专业篇章开始进入人们的研究视野。这一时期专用语研究所发生的变化,其影响一直延续到今日。研究人员逐渐从对单个专用语结构特征的经验分析转为从广义上考虑专业交际中专业篇章的功能。专业语言研究逐渐从关注其语法特征转变为更加关注专业语言运用的交际条件,交际意图和交际功能。人们将专业篇章视为专业交际基本单位,将其置入更大的语境之中进行考察。由此可以看出,专业篇章的研究从一开始秉承的便是交际语用篇章观。H. Schröder指出:"只有在专业篇章语用学范畴内,人们才有可能对特定交际领域内的语言交际行为进行复杂的分析。这种分析一方面包括篇章内和篇章外的各种因素,另一方面也超出组词构篇的语言层面,囊括了篇章构造的各种符号手段。"[2]针对语篇分析的综合影响因素,研究者们(如Klaus-Dieter Baumann等)提出了综合型、多层面的专业篇章分析模型,[3]以求全面地解释专业篇章的语用特征。伴随着专业篇章分析的兴起,专用语研究可以说暂时迎来了其高峰期。

(二) 对法律德语教学的启示

法大德语系学生在本科阶段实行双专业培养模式,即德语+法律。一二年级以德语学习为主,高年级开始辅修学校法律专业的相关课程,以学习中国法律为主,同时德语系会每学期开设一门德国法课程。而法律德语课程安排在德语系高年级阶段,这一阶段课程学习者的特点主要有两个:第一,具有德语语言基础,基本具备汉德两种语言的对比能力;第二,以母语逐步掌握了法律基础专业知识。这些学生中有近一半的人本科毕业后会继续攻读比较法学院的硕士,主修中德法律对比。还有些人考取其他法学院系的硕士,或者攻读德语法律翻译硕士。

由此,学生们对法律德语课程的学习需求主要体现在用德语学习法律,希望掌握法律德语语言运用的特点与规律,从语言能力分为语言产出和理解来看,重在加强法律德语的理解能力,在此基础上逐步发展法律德语的产出能力。学生的

---

[1] Thorsten Roelcke, *Fachsprachen*, Berlin: Erich Schmidt Verlag, 1999, S. 80-84.

[2] H. Schröder, Thematische Einleitung. Von der Fachtextlinguistik zur Fachtextpragmatik. In: H. Schröder (Hrsg.), *Subject-oriented Texts. Language for Special Purposes and Text Theory*. Berlin/New York: Walter de Gruyter, 1993, S. XI.

[3] Klaus-Dieter Baumann, *Integrative Fachtextlinguistik*, Tübingen: Gunter Narr Verlag, 1992.

学习需求构成课程的教学目标。语言教学总是和语言学理论相适应。德国对法律语言作为专用语的研究主要集中在：法律术语、日常语言转变为法律语言、法律概念之间的语义区别、法律语言的多义性、名词化现象、定语叠加、二格叠加、分词结构、长句等。[1] 目前国内尚未出版法律德语教程，从德国出版的法律德语相关教程来看，教学内容与前述研究成果相互印证，基本集中在讲解与训练法律德语的语法特征，比如将分句转化为介词短语、名词化转换为动词、形容词性的定语转换为分句、关系从句转换为分词定语、直接引语转变为间接引语、将法律德语表述转变为日常德语、总结段落大意等。

至少对于德语作为外语的学习者来说，掌握法律德语的词汇和语法特征是认识这种语言现象的基础。然而，孤立地讲解法律德语的语法特征，包括法律德语术语、法律德语的句式特征，既不符合专用语研究的最新发展趋势，也不符合法律德语运用的实践。有些练习甚至具有误导性，法律语言的语义特征具有专门性，不能简单地将其转换为日常语言。篇章是人们语言运用的基本单位，也是法律系统运作的基本单位，语法研究应纳入到语篇语用研究之中。法律德语教学应以法律语篇为教学的基本单位，将语言形式与语言功能相联系，将描述与解释相结合，最终目的是提高学习者对法律德语运作的理解与运用能力。

三、以语篇分析为中心的法律德语教学内容

法律语篇的典型代表是立法语篇（［德］Gesetzestext），此外，还有判决语篇、法律解释语篇等。与日常语篇相比，法律语篇最明显的特征在于其机构性，即法律机构中生产和使用的语篇。德国学者 Busse 认为，任何对法律语篇的分析和解释都不能忽视其机构性的事实。[2] 首先，法律的功能在于定分止争。立法者通过公布法律实现了宣告言语行为，法律被宣布为人们行为的准则，是利益冲突的调整工具和判断标准。立法语篇的这一功能并不因其存在而自动具备，而是需要通过司法实践，通过国家强制力和执行法的机构组织如法院、检察院、行政管理部门以及法律从业人员如法官、律师、警察等，对违反法律规范的行为依法

---

[1] Peter Kühn, Juristische Fachtexte, in Klaus Brinker/Gerd Antos/Wolfgang Heinemann/Sven F. Sager (Hrsg.), *Text-und Gesprächslingusitik: ein internationales Handbuch zeitgenössischer Forschung*. Berlin/New York: Walter de Gruyter, 2000, S. 583.

[2] Dietrich Busse, *Recht als Text. Linguistische Untersuchungen zur Arbeit mit Sprache in einer gesellschaftlichen Institution*. Tübingen: Gunter Narr Verlag. 1992, S. 11.

进行制裁,以实现法律的裁判纠纷功能。

在法律功能实现的过程中,各种类型的法律语篇,包括立法语篇、法律解释语篇、司法鉴定语篇等,必要时还有各种非法律语篇相互交织、融合,形成一个具有互文性关系的语篇网络,体现为针对具体案件的判决语篇。实践中法律语言的这一运作模式启示我们,在法律德语的课堂实践中,应当以法律语篇分析为主要教学形式,选取几种重要的法律语篇类型为教学材料,分别在语篇系统和语篇语用两个视角下分析其典型和特殊的语言特征。前者主要和学生一起讨论法律语篇的组篇、造句、用词特征,后者从言语行为理论出发,帮助学生识别法律运作过程中典型的法律言语行为类型。

(一) 基于法律语篇系统的教学内容示例

以立法语篇为例,法律语篇属于专业性语篇,具有很多形式化的特征。

首先,立法语篇(法典)是由若干部分构成的一个统一整体。从外部表现形式来看,这个整体又由一些结构要件组成。如何合理地安排法典的结构,使其成为层次分明、逻辑合理、前后呼应的有机组合,是法典编纂过程中的立法技术性问题。现代成文法的结构通常包括三方面要件:一是法的名称;二是法的内容;三是表现法内容的符号。[1]规模较大的法律,如民法、刑法等在内容安排上会区分总则和分则。法律正文的编排体例一般称为法律的体例,是法律外部结构最重要的组成部分。[2]比如德国刑法是按照则([德]Teil)、章([德]Abschnitt)、节([德]Titel)、条([德]Paragraph)、款([德]Absatz)、项([德]Punkt)的体例来安排其外部结构。法律的宏观结构是法律的形式,它的复杂与否以及如何编排最终都是由法律的内容来决定。划分的目的是在整体上对法律内容进行编排,使之成为一个层次清楚、逻辑清晰的有机整体。[3]

除了语篇的宏观结构,还可以进一步观察立法语篇的衔接结构。以德国刑法典为例,通过研究比对,发现日常篇章中经常运用的衔接手段在立法语篇中的比例分布十分不均匀,篇章指示和重复是出现频率最高的两种衔接方式,其次为连词、代词、替换和替代。这种衔接方式体现了立法语言精确性与间接性的语体特征。以重复和篇章指示为例:刑法使用了多样化的重复词项,有名词重复、动词

---

[1] 周旺生:《法理探索》,人民出版社2005年版,第459页。
[2] 侯淑雯:《新编立法学》,中国社会科学出版社2010年版,第256页。
[3] 侯淑雯:《新编立法学》,中国社会科学出版社2010年版,第259页。

重复、形容词和短语的重复。其中名词重复占了绝大多数。多样化的重复词项保证了立法语言最大程度的精确性。从内容上看，除了表示各种刑罚的词汇，刑法法条中重复的词汇与法条的标题密切相关，要么与标题构成重复关系，要么与标题处在同一语义场中。法条标题是法条核心内容的概括，由此反映了法条内容紧凑、主题突出的特点。

篇章指示类似于中外法条撰写最常使用的立法技术之一"指示"，即立法者在法条中援引其他法律规定的情况。刑法中出现的篇章指示衔接手段不完全等同于篇章语言学家如 Linke、Nussbaumer、Portmann 对此的阐释，即作者在文中提及自己文章的情况。[1]因为立法者在法条中不仅援引同一法典中的其他法条（可看作是作者提及自己的文章），同时还援引了不同法典中的法律规定；不仅有明确指示的情况，还有隐性指示的情况。指示法条与被指示的法条通过指示手段而衔接，构成内容上的连贯关系。指示现象一方面与指示所具有的语用功能密不可分，另一方面也是由法律体系的内在特点，以及我们的研究语料——刑法本身的固有特点所决定。指示使法条的表述更加凝练，体现了立法语言简洁、经济的特征。同时，各种指示形式反映了法典内部总则与分则之间的体系性以及整个法律体系内各部门法之间，尤其是刑法作为所有法律的最终保障法而反映出的与各部门法律规范紧密联系的特征。刑法法条衔接结构表明立法语篇最重要的篇章性特征是互文性。

（二）基于法律语篇语用的教学内容示例

相较于语篇语法特征，语篇语用更能揭示法律语篇的核心特征，即法律人在法律实践中如何使用法条。法条使用是刑法篇章功能实现的唯一途径，也是法条具有意义指称的现实途径。法条的意义实现或曰指称的建立要依赖于其理解者和解释者。在法律交际领域，立法文本的主要接受者是专业的法律人。正是在法律人解释和运用法律的前提下，法律规范才真正地作用于现实世界的人和事。运用法律的前提是现实生活中发生的实际案件，它构成法律篇章的场景因素。每一个新的案件的发生，都将激活法条间的互文关系，适用于案件的具有互文关系的法条是一种功能层面的互文性，这种互文性随着新的案件的发生而不断地被生成，即适用于案件的法条总是处在一种动态的、不断重新组合的过程当中。这种篇章

---

[1] Angelika Linke/Markus Nussbaumer/Paul R. Portmann, *Studienbuch Linguistik*, Tübingen: Niemeyer Verlag, 2004, S. 252.

使用的方式说明了篇章理解从本质上讲是一种活动，体现的是篇章语用学的动态篇章观。

无论是将生活事实转变为能够进行法律评价的法律事实，还是动态的刑法篇章使用的过程，都离不开作为主体的人的活动。立法篇章创建了一个法律的世界，它存在的理据是要作用于现实的世界，而人使用立法篇章的活动是架构这两个世界的桥梁。这里的"人"主要是法律运用者，比如法官。在面对生活中的案件时，他们戴着有色眼镜看世界，将生活中的案件事实转化为可进行法律评价的法律事实，建立起现实世界与立法篇章的关联，然后使立法篇章规定的法律效果作用于现实世界，改变现实世界的某些状态。从语篇语用的视角来看，可以认为法律人在实现法条意义的过程中实施了系列言语行为。比如认定事实的行为、证明行为、裁量行为、法律评价行为、命令行为、判决行为等。

从语用学的角度解释法律语言现象，最大的贡献在于将法律与法律人相互关联。从法律人实施的言语行为中可以看出他的立场和行为策略。法律谈判中，控辩双方的立场不同，代表的利益不同，他们看待事物的视角就会有所不同，认定的事实就会有很大差异，接下来的法律评价和建议的判决结果都会朝着对己方有利的方向发展。而所有的这一切都建立在法律人运用语言的基础之上。他们利用各种言语策略，比如增加或减少某些法律概念的义项、援引指示更多的法律内容等试图将世界改变成对自己有利的样貌。教学中，应当以案释法，多收集一些与语言相关的典型案例，引导学生对法律人的言语策略进行形式、意义以及功能的分析，有助于深刻地理解法律语言的运作机制，从而理解和信仰法律。

四、结语

本文中，我们以特色外语教学为背景，主张在法律语篇层面上开展教学与研究，并重点讨论了如何依据语篇分析方法确定法律德语课程的教学内容。我们认为，可以从语篇系统（语法）和语篇语用的视角确定相关的教学内容，前者主要涉及法律语篇组词、造句和谋篇的主要特征，后者则是从言语行为的角度，关注法律人运用法律作用于现实世界时使用的各种言语行为策略。

雷 佳[*]

国情文化课对第二外语学习动机的影响及其教学启示
——以中国政法大学意大利语言文化课程为例

一、第二外语学习的现状和二语自我动机理论

随着中国改革开放四十年的不断发展，尤其在"一带一路"倡议的引导下，目前国内高校越来越多的学生在掌握一门外语之后，希望继续学习第二外语，或者同时学习两门外语，成为多语言学习者。许多高校也响应这一趋势，在培养计划中增加多语种第二外语选修课，满足不同学生的兴趣和需要。第二外语的学习通常没有语言等级考试的压力，而且选修课的学分可以放弃，这些因素使得学习的过程对学生少了客观约束力，因而他们对于该语言学习的兴趣和热情在整个学习过程中显得尤为关键，否则就容易出现中途退却或者放弃的现象。

二语学习动机研究始于 Gardner 和 Lambert 所提出的学习动机经典模式。他们从社会心理学的角度将学习动机分为两大类——工具型动机和融合型动机。21世纪以来，Dörnyei 以心理学派、社会文化学派等动机研究成果为基础，将动机理论研究进一步推进和深化，进而提出一种新的二语发展动机模式即"二语动机自我系统"。该模式包括"二语理想自我""二语应该自我""二语学习经验"三个组成部分[2]。二语理想自我，是指在二语学习中反射出理想化自我的概念，假设学习者渴求有和母语水平相差无几的二语能力，学习者就会产生非常强烈的自我学习动机，抓住一切学习机会，奋发努力把现实中自我与理想中自我越来越接近，"理想的自我"因此就会是非常有效的激励动机。"二语应该自我"是学习

---

[*] 雷佳，中国政法大学外国语学院副教授，意大利罗马第三大学（Università degli Studi Roma Tre）博士。

[2] 田成泉、郭坤："二语动机理论研究及其对大学英语教学的启示"，载《教育理论与实践》2018年第38卷第3期。

者为了能够满足外部因素的要求，如学校、社会、家长等，避免负面和消极的结果，他们所需要拥有的第二语言素质。"二语学习经验"则大力强调学习者的学习环境，其中包括教师、课程大纲、学伴以及一些有效的学习经验等等对学习动机的影响[1]。其中，与融合型动机不同，"二语理想自我"强调的是个体如何作为一个完整的人在情感、认知及行为等方面激励自己达到理想中的状态，以发挥其未来导向的作用。同时，在二语学习者周围普遍缺乏明显二语社会的情境下，这一自我概念有利于将二语学习与对该语言（而非某个二语社会）相关的文化及知识价值的认同相关联，从而使动机理论能更好地适应社会发展并应用于不同的学习环境[2]。

本文在二语动机自我系统理论的指导下，以中国政法大学意大利语第二外语教学为例，通过访谈分析国情文化课对学生语言学习动机的影响，以及对教师教学的启示。

二、中国政法大学意大利语第二外语教学及国情文化课的开设

中国政法大学自 2005 年起，于本科及研究生院两校区分别将意大利语列为第二外语的选修课程，积极开展意大利语教学，并每年选送优秀毕业生赴意大利相关的合作高校留学。其中以留学为目的的学生主要集中在研究生阶段。在本科阶段的意大利语教学中，绝大多数学生基于对语言或者文化的热爱而投入学习[3]。此外，第二外语通常没有语言等级考试的压力，二语应该自我的目标较为薄弱，而选修课课时的局限也使得二语学习经验的空间受限，学生自身对于语言的亲近感和兴趣程度对其学习动机的影响显得尤为重要。因而，如何强化其二语理想自我并增加其实现的可能性，则是教师第二外语动机策略中的关键。

经过十三年的教学实践，意大利语选修课在本科阶段基本保持从零起点起连续开设一学年的设置［分别为《初级意大利语（一）》和《初级意大利语（二）》，以下简称《初级（一）》和《初级（二）》］，每周三小节的授课时数。笔者在近年的教学实践中，发现课程［尤其是《初级（一）》］结束时始

---

[1] 刘群："大学英语分级教学中的动机策略变化研究"，载《教育现代化》2018 年第 24 期。

[2] 孙蕾、吕中舌："'二语理想自我'对学习动机的影响研究——从重要性和可能性两个特征进行分析"，载《外语研究》2014 年第 6 期。

[3] 雷佳："高校中以意大利语为第二外语教学的调查研究——以中国政法大学为例"，载李立、孙中华编：《高等教育外语能力培养模式研究》，光明日报出版社 2012 年版。

终存在较高弃考率的现象，以下为最近10次《初级（一）》选课记录统计：

表1 《初级意大利语（一）》近五年人数及弃考率

学期	选课人数	考试人数	弃考率
18年春季	45	35	22%
17年春季	16	15	6%
16年秋季	31	24	23%
15年秋季	22	15	32%
15年春季	17	9	47%
14年春季	31	23	26%
13年春季	41	28	32%
12年春季	32	21	34%
11年秋季	34	23	32%
10年春季	36	30	17%

需要说明的是，每学期的前三周是选修课的犹豫期，学生可以在试听之后弃选。因而可以推断，弃考的学生对学习最初（前三周）的体验是满意的，对接下来通过学习达到一定语言水平也是有所期待的，只是他们在中途退却或者放弃，学习动机出现了减退。前三周之后的学习内容恰好是由发音规则转为语法为主线的知识和会话。在学生无法制定有效的学习策略并投入一定的时间和精力时，容易产生严重的挫败感，即认为自己达到理想的二语水平的可能性减少，从而放弃继续学习。

与此同时，如上文所述，学生对意大利语学习的动机受对当地文化的喜爱的影响，同时呈现出对国情文化知识的强烈需求[1]。而笔者在具体教学实践中，因选修课课时所限以及非英语文化的影响力有限，在语言教学的课堂上对这一需求的满足始终难有很大突破。

---

[1] 雷佳："高校中以意大利语为第二外语教学的调查研究——以中国政法大学为例"，载李立、孙中华编：《高等教育外语能力培养模式研究》，光明日报出版社2012年版。

基于上述两方面，针对语言学习动机不足却对国情文化感兴趣的学生的需求，从2018年春季学期起，中国政法大学新开设选修课《走进意大利》（以下简称《走进》），主要以中文讲授，介绍意大利的国情文化，作为语言课程的补充。

三、国情文化课对第二外语学习动机的影响

（一）访谈对象与内容

目前《走进》已开设两个学期，每学期限定30人以内，实际修读人数为共计48人。《走进》与《初级（一）》《初级（二）》在满足不同学生需求的同时，仍存在6名学生重叠的现象，而他们修读三门课程的时间顺序不尽相同。为此，笔者针对不同的修读顺序选择了其中3位同学A、B、C作为样本进行访谈，从个体为切入点，以探究他们在学习《走进》时，对其语言学习的动机有何作用和影响，以期为后续教学提供指导方向。

表2　A、B、C名学生的修读顺序

代表	修读顺序（按箭头方向由左向右为先后）
A	《走进》→（即将）《初级（一）》
B	《初级（一）》和《走进》同时
C	《初级（一）》→《走进》→《初级（二）》

研究首先给3位代表发放叙事问卷，引导她们像讲故事一样叙述自己在学习《走进》时语言学习动机的先后变化。问卷内容包括：（对A）学习者选修《走进》的初衷是什么？在未修读《走进》之前对意大利语的感兴趣程度如何？之前未考虑学习这门语言的原因是什么，现在想要修读的触发点是什么？（对B和C）学习者最早学习意大利语的初衷是什么？在这过程中，会出现中途弃学的现象，让学习者坚持下去的因素有哪些？选择《走进》课的初衷是什么？它对同时或之后继续学习意大利语是否有影响？如果有，是什么？然后再针对问卷中需要厘清之处，对她们进行访谈。

整个问卷设计的初衷是：针对已经或同时开始语言学习的学习者（B和C），了解其本身对意大利语的学习兴趣主要体现在哪些层面，以及国情文化课对其语

言学习的动机是否有影响，如果有，体现在哪些方面；而针对即将开始语言学习的学习者（A），了解其此前未选择学习意大利语的原因，以及国情文化课在哪些方面提升了其语言学习动机。

（二）结果与讨论

根据访谈记录，对 3 位受访者学习《走进》对语言学习的动机所起的作用分别做出以下分析：

A 同学选择修读《走进》是基于对意大利文化的兴趣，主要体现在艺术（美术、建筑、电影、时装等）和民族特性两方面。而此前并未考虑学习意大利语的原因，主要在于没有机会真正了解这门语言，而曾经听教授其他语言的老师介绍意大利方言很多，担心学了之后应用性不高。而在《走进》课堂上，老师有时会用意大利语表达个别词句，还会在介绍文化知识时选用原声的视频和电影片段，这些都让她对意大利语有了直观的认识，发现"意大利语的读音真的很美妙"，而且对意大利民族特性中浪漫的因素也很感兴趣，这两点都激发了她学习语言的动力。所以，对 A 同学而言，在学习国情文化课之前，对这门语言没有了解是她产生学习动机的阻碍，而在修读《走进》的过程中，对语言直观的认识和对文化的进一步了解都对语言学习动机的变化起到了关键作用。

B 同学首先表示在同时修读《初级（一）》和《走进》两门课时，自己对语言课程更感兴趣，选择意大利语的初衷并非针对这个语言或者文化的特性，只是希望在第一外语之外学习其他外语，选择意大利语具有一定随机性。另外，选修第二外语对于自己主修的法学专业而言，是一种"变相的放松"，可以"换一种思维模式"。而学习语言的同时选择国情文化课，是认为单纯学习语言而不了解文化会让语言学习变得"很枯燥"，"不容易坚持下去"。对这门语言学习的最终目标是能达到欧洲语言共同参考框架 C2 的水平，希望通过《初级（一）》能打下入门基础，以便未来能通过其他途径（如网课等）继续学习。而《走进》课程给自己的语言学习提供了持续的兴趣点，让她在"逐渐丧失学习语言的热情和兴趣"时，"产生更多想要了解这个国家的想法"，从而"帮助自己坚持语言学习"。比如通过《走进》课程，她打破了过去对西方人形成的刻板印象，意大利人在许多方面和她印象中的西方人不同，他们与英美国家不同的家庭观念等都让她觉得很有趣。所以，在 B 同学学习意大利语之前，对这门语言或者相关的文化并没有特别偏好，只是出于对第二外语的需求选择了它。而同时学习语言和国情文化，在学习语言的过程中增加对相关文化的了解，一方面给她坚持学习持续提供了兴趣点，另一方面也对意大利语形成了区别于其他语言和相关文化的认识，使其具备了独特性。

C同学学习意大利语的初衷也是对第一外语之外的其他语言和文化的学习和了解感兴趣，选择意大利语也具有随机性，在学习之前并没有太多对这门语言和文化的认识。她开始学习后，对这门语言学习期待的目标是可以"在一定程度上阅读原文的文章和与当地人进行简单交流"，通过《初级（一）》，她已基本实现了这一目标。在学习过程中，她是基于自己对跨文化交流的兴趣（热爱旅行）而保有了对语言学习的热情，但之后长时间不运用语言水平也会退步。此外，她也认为意大利语学习是其他法学专业课的一种有益补充，让自己"在一定程度上得到放松"。后来并未立即继续学习《初级（二）》主要是因为大二、大三专业课太多，课表空间不足。到大三第二学期她修读《走进》是基于过去的印象和好感，想要加深自己对这个国家和文化的了解，也一定程度上巩固自己过去在语言课上学到的内容。而在学习《走进》课程之后，对文化的进一步了解也重新唤起了她对语言学习的兴趣，同时也明显感觉到之前水平的退步和不足，于是大四再选修了《初级（二）》。所以，C同学对语言和国情文化的学习是一个相辅相成的过程，基于语言的学习对文化感兴趣，而对文化的进一步了解又唤起了她继续学习语言的动力。

在分析3位同学的学习动机变化的契机和轨迹之后，可以观察到三个特点：首先，第二外语通常没有英语文化的影响力，使得许多同学没有了解该语言的机会和渠道，那么国情文化课会成为一个窗口，吸引更多潜在的学习者。其次，第二外语和国情文化选修课尽管不具备专业课程的客观学习压力，无法对二语应该自我造成影响，但与专业课授课内容和形式的差别会成为自身的优势，从而形成学生另一种学习动机，即选择一种与主修课程不同的知识结构和思维方式，从而激发了考取证书、跨文化交流等方面需求。最后，学生在面对第二外语的不同选择时，语言背后的文化特性也会成为具体选择该语言的一个重要因素。

四、结论与教学启示

本文研究了学生在第二外语学习的不同阶段修读国情文化课对语言学习动机的影响，主要体现在通过文化的影响让学生对该语言的印象从无到有、从一般到特别，增加对其的认识和了解；而在语言学习的同时或者之后，国情文化课可以在学习动机减退时唤起或者强化其对语言的兴趣，提升二语理想自我的重要性。

具体到教师在第二外语的教学中，可以得出以下三点启示。

1. 不能单纯立足于教授语言知识，而是要通过对语言背后的文化的介绍和影响来增加学生对这门语言独特性的认识，有利于对该语言的二语理想自我目标的设定和达成。比如，与在世界具有广泛影响力的英语文化相比，意大利语及其文化并不为大多数中国学生所熟悉。而根据《美国新闻与世界报告》联合Y&R's BAV集团、宾州大学沃顿商学院发布的《2018年度最佳国家报告（Best Countries Report）》显示，意大利在文化影响力方面居全球第一，[1]这与其背后悠久的历史和深厚的传统有关。该排名与现实的反差充分说明，教师在介绍和引导学生探索意大利文化的独特性上仍有很大空间，可以借助网络和新媒体获取更多的资源，从文字、声音各方面来增进学生对这门语言的认识和了解。

2. 应该将相关课程视为联动的整体，具有全局观，同时发挥选修课程灵活的特点。语言课堂上加入部分文化因素，国情文化课上通过一些辅助手段让学生了解语言，课程内容之间相辅相成，彼此启发。

3. 应将学生的二语学习动机视为动态的变化过程，培养学生动机过程意识和自主学习的意识。以上文的两位学生（B和C）为例，她们对自己期待的语言水平和对课程要达到的目标认识清晰，并在学习的过程中利用其他相关课程帮助自己保持对语言学习的兴趣，这些方法均是良好的自主学习策略的体现。此外，教师在学生学习动机可能出现变化的不同教学阶段，应该有意识地采取针对性的策略，比如，利用新媒体等辅助工具在课外营造在线的学习环境，利用语言文化的小知识让学生保有对二语理想自我的价值感，同时分阶段设定和细化具体的学习目标，减少学生无法实现理想语言水平的挫败感，提高其学习动机，激发其学习热情，达到较好的学习效果。

---

[1] 参见 https://www.usnews.com/news/best-countries/italy.

刘乐然[*]

专门用途西班牙语教学在中国的现状
——以中国政法大学法学西语实验班为例

一、中国政法大学法学（西班牙语特色）实验班

中国政法大学法学专业（西班牙语特色）实验班（以下简称西语实验班）成立于2015年并于同年9月首次在全校范围内开展学生遴选工作，同期开始对第一批法学人才进行培养。西语实验班的建立旨在培养出精通法律知识并掌握西班牙语的高素质复合型涉外法学人才，学生在学业完成后应具备西班牙语语言听、说、读、写、译等方面的技能和法律语境下的西班牙语交际、写作及阅读能力。中国政法大学作为法律见长的专业院校，西语实验班在发挥此优势的基础上，采用"重语言（西班牙语）基础教学，强法律专业培养"的人才培养模式。这在我国现在所推崇的学科交叉、复合型人才培养理念中实属"先锋"。

根据西语实验班最新修订培养方案的课程设置，[1] 西语实验班学生需修满12学分的基础西班牙语课程［西班牙语（一）、（二）、（三）、（四）］，10学分的西班牙语言类课程（西班牙语视听说、西班牙语阅读、西班牙语翻译等）和10学分的西班牙语法律类课程（如法律西班牙语、西语国家司法制度导论、西语国家合同法等）。其中，基础西班牙语课程及西班牙语语言类课程主要在一、二年级设置，三年级开始开设西语国家相关法律课程。目前，我们在教学方法上仍沿袭外语院校所采用的通用西班牙语教学法，但从培养西语与法律复合型人才

---

[*] 刘乐然（1989—），女，西班牙语文学博士，中国政法大学外国语学院西班牙语教研室教师。主要研究方向：西班牙语熟语学，词汇学，对外西语教学。E-mail：leranliu@cupl.edu.cn。本文系2019年中国政法大学教育教学改革项目"公共外语改革框架下的西班牙语涉外法学人才培养"（JG2019A021）的阶段成果。

[1] 本文所提及的西语实验班培养方案为2019年9月即将投入使用的最新修订版中国政法大学《本科培养方案》。

视角看来，这样的培养模式欠缺学科间的高度交叉性、协同性。同时，由于单一地使用该教学法，在教学过程中也逐渐凸显其弊端。比如，学生在学习法学与西班牙语双学科时表现出的力不从心，无法兼顾两个学科的所有课程或顾此失彼，这正是因为两个学科之间没有达到真正意义上的复合。为此，作为西班牙语教师，我们需要自省与反思，如何可以让学生提高学习效率及更有针对性的学习其专业领域西班牙语。我们认为，西班牙语教学可以借鉴英语教学的发展历程，从通用英语教学（General English，简称GE）逐步向专门用途英语转型（English for Specific Purposes，简称ESP），以便更加高效地培养复合型人才，英语的这一教学模式改革历经了40年之久才初具正式规模。[1] 由于西班牙语语言的固有特点，我们在借鉴的同时要甄别出两种语言在教学方面的不同之处，并设计出更适合西班牙语教学模式改革的方案。

二、专门用途西班牙语及其在中国现状

专门用途西班牙语教学的首次出现可追溯至20世纪60年代，直至90年代初才被命名为"专门用途西班牙语（Español con Fines Específicos，简称EFE）"，从那时起，专门用途西班牙语教学便成为对外西班牙语教学中（Enseñanza de Español Como Lengua Extranjera）最具代表性的教学法之一，主要是指为方便在特定工作领域或学术领域的交流而诞生的对外西班牙语教学法与学习方式。[2] 相对于专门用途英语而言，专门用途西班牙语在中国起步较晚，截至目前，这种教学方法并没有在我国对外西语教学的课堂上被充分采用。同时值得注意的是，目前在我国，专门用途西班牙语研究也处于初始阶段。究其主要原因，是因为我国高校的西班牙语教学对象主要为西班牙语零起点的学生，所以需要采用通用西班牙语教学使学生学习并掌握西班牙语语言的语音规则、词汇、语法等基础内容，换言之，通用西班牙语教学更侧重于对学生语言基础教学，培养学生的外语技能，是学生从初次接触一门外语到学会运用这门语言交流的过程。专门用途西班牙语教学在教学内容上会更上一层，是建立在学生具备基本语言基础后，学习特定专业领域内的西班牙语。由此，我们不难看出，专门用途西班牙

---

[1] 吴国玢："ESP是我国大学英语教学的必由之路"，载《上海理工大学学报（社会科学版）》2018年第1期。

[2] Martín Peris, Ernesto, et al. Diccionario de términos clave de ELE del CVC, Universidad de Sevilla, 2005.

语教学更具针对性与实践性，其教学目标是让学生能够语用西班牙语从事具有一定专业性的工作或完成某项特定领域的任务。[1]

此外，专门用途西班牙语教学法凸显"因材施教"的理念，强调以学生的实际需求（专业需求、学业需求、应用需求、职业需求等）为主体来制定教学内容和教学目标。换言之，结合我校以法学专业见长的特色，有针对性地为法学学生定制与其专业相关的西语课程，教学工作者采取相应的教学方法，将会大大提升学生的学习效率，使其具备法律方向西班牙语的理解、使用、表达及翻译能力。这些能力正是中国政法大学建立法学西语实验班的初衷，更是西班牙语教研室工作者应完成的一项重要任务。该教学法实施体现出的精准性、时效性可以让外语能力的培养与专业知识的传授达到真正意义上的复合。所以，专门用途西语教学对任课教师的语言功底及专业能力要求更高，同时对学生的日常学习要求及学习目标自然也就更严格一些，因为学生除需要掌握语言以外，需具备运用该外语阅读、理解西班牙语法律专业的相关书籍的能力。

基于上述特点，我们认为专门用途西班牙语与吴国玢教授所总结的专门用途英语的固有属性较为相似：专门用途西班牙语是一门为满足学生的特殊需求而开设的西班牙语课程；专门用途西班牙采用它所结合的专业（对我校西语实验班而言，则是法律专业）的基本教学方法和活动内通进行教学，例如，在法律西语课程中，教师在结束传授理论知识后，可设置"西班牙语模拟法庭""西班牙语案例分析"等教学活动，让学生将所学的西班牙语及其法律专业知识得以实践；专门用途西班牙语教学以语言教学为中心，其语法、词汇、语域、学习技巧、语篇和问题等应适用于它所结合的学科。此外，专门用途西班牙语与专门用途英语具有相似的可调属性，可体现在以下几点：专门用途西班牙语可以与特定的学科相关，也可以专门为特定的学科而设计；专门用途西班牙语教学可以为不同等级的学生而设计不同的教学内容、教学方法和教学目标；大多数专门用途西班牙语课程要求学生具备西班牙语基础知识，但也不排除适用于初学者的专门用途西班牙语课程。[2]

我们认为，专门用途西班牙语与专门用途英语的特点不同之处体现在以两

---

[1] 桂明妍："专门用途西班牙语教学方法浅析"，载《教育教学论坛》2018年第52期。

[2] 吴国玢："ESP是我国大学英语教学的必由之路"，载《上海理工大学学报（社会科学版）》2018年第1期。

点：首先，论其发展经历，与专门用途英语教学发展初期不被认可的坎坷经历相比，专门用途西语教学并未引起西班牙语学术界的争议，相反的是西班牙语界专家学者均认为在语言的基础上发展专业，达到学科间的复合是非常值得提倡推崇的。因为随着中国与西语国家日益密切的外交关系，两国间的经贸商业往来越来越频繁，在此情况下，公司与企业将需要大批西语法律人才，所以该培养模式将满足社会及国家需求，向社会输送大量高端西语法学人才，同时可以更好地服务国家"一带一路"倡议。其次，就现阶段我国西语教学情况及教学对象而言，西班牙语教学不具备从通用西班牙语教学完全转型到专门用途西班牙语的客观条件。以中国政法大学西语实验班为例，我们认为采用通用西班牙语教学与专门用途西班牙语教学相结合的双重教学模式所达到的教学效果更为理想。原因如下：西语实验班学生均来自中国政法大学四大法学院的新入校学生，进入西语实验班时绝大部分学生是西班牙语零基础的学生。所以，低年级阶段的教学目标定位在培养学生扎实的听、说、读、写等技能，该阶段所需开设基础语言课程是不可或缺的，所以，在这一阶段仍需采用通用西班牙语教学，但我们可以做到的是尽量缩短通用西语教学时长，在学生具备了一定的语言功底后，教学重心则需要倾向于学生的专业领域，采用专门用途西班牙语教学，将西班牙语语言与法学专业知识相结合，以此达到更高层次的教学目标。因此，我们认为通用西班牙语教学与专门用途西班牙语教学并不是非此即彼的关系，而是相辅相成的。

三、专门用途西班牙语的发展前景与挑战

自21世纪初期至2011年，就业市场对西班牙语人才需求直线上升。[1] 但到目前为止，西语人才就业趋势已逐渐走向饱和状态，因为现阶段用人企业及单位不再满足于只会语言的人才，而是对通晓语言、精通专业的复合型人才充满需求。所以，对于这一类人才的培养，专门用途西班牙语将逐步占领主角地位，建立以学生的专业需求及工作需求为出发点的新型教学模式将成为教学方法的主旋律。[2]

同时，我们需深刻地认识到，在实施专门用途西班牙语教学时，我们需要面

---

[1] 郑书九、刘元祺、王萌萌："全国高等院校西班牙语专业本科课程研究：现状与改革"，载《外语教学与研究》2011年第4期。

[2] 郭万群："全面开放新格局下我国高校以服务为驱动的涉外法律英语人才培养"，北京：第十届全国法律语言学研讨会（2018年）论文。

临几项巨大的挑战。第一点便体现在师资队伍建设问题上,如上文所述,专门用途西班牙语的授课教师应当是具备扎实的语言功底同时对专业内容熟识的高素质复合型人才。这样才可以在教学过程中及时地帮助学生解决专业领域困惑的同时答疑语言难点,根据两个专业的特点设计课堂内容及目标,组织对学生有帮助、提高学生学习积极性的教学活动。因此,为达到更好的教学效果,许多西语教师需要跳出自己的原有研究方向积极参加专业培训、学习专业知识;同时,我们还可以采取与专业课教师相结合的模式,共同进行教学内容设计;此外,我们同样可以聘请国外知名专家来进行培训、讲座活动,这样一来,学生与教师可以同时学习、受益。

专门用途西班牙语的教学难点体现在,如何让西班牙语零基础的学生在短期内学习该语言并可以运用该语言学习其专业领域内容,在西语实验班中,是如何能让学生在短期内具备阅读、理解西班牙语法律专业类相关书刊的能力。因此,我们所面临的第二重挑战是,如何能够引导学生顺利完成从"学习西语"(通用西班牙语教学目标)到"用西语学习"(专门用途西班牙语教学目标)这一过渡,对于学生来说,这将是一个重要的学习转折点,教学工作者应密切关注学生的课堂情况反馈,随时调整课堂内容并注意讲授方法的深入浅出,避免学生在学习时因理解或知识获取困难,力不从心而导致学生失去学习积极性、学习效果差等消极影响。

截至目前,我国在法律专业方向中的专门用途西班牙语教学领域未曾出版过一套正式的、规范的、系统的法律西班牙语教材,而教材是教学内容的重要载体,是教学目标实现的根本保障,一套优秀的教材配合适当的教学法会让教学效果事半功倍。[1] 所以,现阶段我们面临的一个亟待解决的重大挑战是,尽快编写出适合中国政法大学西语实验班学生专业学习及未来发展的法学西班牙语教材。在教材编写方面,我们可以切实考虑到西语实验班的学生需求、课程设置特点、教学内容目标等方面进行自编教材或引进优秀外文教材进行编译。关于专门用途外语教材的编写,吴国玢教授也曾强调过,在专门用途英语教学中,编写好教材和采用合适的教学方法是教学过程中最为关键和重要的两个环节,也是导致

---

[1] 袁传有:"'多模态信息认知教学模式初探'——复合型课程'法律英语'教学改革尝试'",载《山东外语教学》2010年第4期。

教学结果成败的重要因素。[1] 因此，为让西语实验班教学效果与学生学习效果达到最佳，我们西班牙语教学工作者应把教材编写工作放在首要位置。

综上所述，若想让专门用途西班牙语教学效果的益处达到最大化，真正意义上完成从通用西班牙语教学到专门用途西班牙语教学的转型，除需面对上述挑战以及克服教学实践中的弊端外，仍需对课程设置进行不断完善与修改。课程设置方面需要更具系统性、针对性，在基础西语教学的基础上，应丰富有关西语法学、西语案例、西语国家法律背景等方面的课程和设计更多充满趣味性的实践性课堂活动，同时需要注意把关从通用西班牙语到专门用途西班牙语的过渡期，让学生有更好的平台和途径来了解、学习及掌握西语国家法律概况及应用。

四、结语

中国政法大学法学西语实验班将培养"法律知识+西班牙语技能"高素质复合型涉外法学人才作为培养目标，力求通过两门学科全方位的教学与实践相结合，使学生具备满足法律西语服务行业需求的专业素养。为更好地达到该教学目标，我们认为需要改革现有的教学方法，将传统的以教师讲授为中心的教学模式翻转成以学生为主角、以学生的需求作为教学内容重点的新型教学模式。同时，我们参照英语教学改革的足迹，借鉴专门用途英语教学方法，对西班牙语教学方法进行修订与改善。通过更加有效的教学方法来完成更高层次的教学目标，使学生具有语言及法律双专业的知识储备的同时具备实践、沟通能力。这将为国家深入推动"一带一路"建设，为国际组织人才培养提供优质人才输送。同样值得强调的是，我国专门用途西班牙语教学不应只局限在法律领域，也可延伸到其他领域，如经贸、旅游、医学等各个领域。

---

[1] 吴国玢："ESP 是我国大学英语教学的必由之路"，载《上海理工大学学报（社会科学版）》2018 年第 1 期。

史红丽[*]

学术英语小论文写作中的几个问题
——以法律话题小论文为例

本文重点探讨了学术英语小论文写作中的几个主要问题。在有针对性分析问题的基础上,提出了生物语言学理论指导下的学术英语写作教学新模式。之后,就本模式在实际教学中的实验结果进行预测和分析。根据教学实验数据结果,本文认为本模式是一种较为有效的教学模式。

一、引言

学术英语小论文写作既是教学内容又是教学目标。之所以将其列入教学内容,是因为它是学术英语课程体系的重要组成部分。学术英语小论文集学术论文写作与英语写作于一体,以微型学术论文为体现形式,目的在于培养学生使用英文撰写专业论文的能力以及提升学生的思辨能力,这与学术英语教学大纲(以下简称教学大纲)的要求和内容高度契合。之所以又将其视为教学目标,是因为具有较高水平的学术英语写作能力本身就是教学大纲要求达到的关键目标之一,它要求学生能够产出较高语言质量且专业性强的学术论文。可见,学术英语写作能力培养不仅是教学大纲的核心内容,同时也是学生通过有效的学术训练进而能够掌握和具备的基本学术能力。

然而,近几年学生所反馈回来的学术英语小论文却远未达到教学大纲中所规定的标准。经分析,主要有以下几个问题:首先是英语语言能力不足问题,一般表现为语法错误层出、措辞不当、语篇连贯性差、文体混淆等现象,导致文章可读性低、难以发现有价值的思想等问题;其次,学生专业知识匮乏或储备不足,凡涉及法律专业知识,或一笔带过或避而不谈,缺乏对专业知识的驾驭能力且表

---

[*] 史红丽,硕士,中国政法大学外国语学院副教授,研究方向:理论语言学。本文系2019年中国政法大学跨学科研究生教育教改项目(项目号:KXKJGLX1908)"科研导向型法律语言课程跨学科建设:形式化描写与分析"的阶段成果。

述不够规范，致使文章内容苍白无力、专业论述欠缺；再之，相关学术训练不足，由于现行的学术英语小论文写作是学术英语2的配套任务，本应该占用课时的写作讲授、写作修改等工作都外放至课外进行，从而导致学习时间不稳定、学习过程间隔过大、学习内容不系统等问题。鉴于此，本文拟采用二语习得理论中最新的研究成果，用于分析学术英语小论文教学中出现的问题并尝试从理论和实践两个方面提出科学合理且切实可行的写作教学模式和写作习得模式。

二、学术英语小论文中存在问题诊断及分析

（一）英语语言能力问题

学术英语小论文（以下统称小论文）中的英语语言问题较为突出。根据今年笔者所教的两个班级的情况来看，语言问题已成为最大障碍，主要有以下表现：

1. 小论文篇幅较长引起的结构问题。小论文的一般要求是在600~800字之间，在撰写过程中，绝大多数学生无法合理安排篇章结构导致仅仅是简单地堆砌材料，并没有进行必要的论证，这样的文章很难构成一个有机的整体。比如，学生会根据收集到的材料进行背景综述，这一部分往往会占据绝大部分篇幅，而学生自己的观点只能放在结尾部分草草了事，没有经过充分论证；也有学生在论文开端就阐明了自己的观点，但在之后却大量描写事实和引用他人观点，自己不再发声，以至于读者难以确定作者真正的意图。尽管老师反复强调论文中段落安排和主题句的重要性，但能做到的学生少之又少。

2. 逻辑论证论述问题。在和学生讨论论文的过程中，笔者发现很多学生是从中文文本直接翻译为英文，生搬硬套中文思维习惯和中文句式，翻译出的英文句子晦涩难懂，不符合英语的逻辑和表达习惯而造成误解误读。不熟悉英语逻辑的表达方式是此类错误的根源。

3. 英语词句的应用和安排。从学生完成的小论文中不难看出，学生的英语语法知识不完备，基本功不扎实，从论文标题开始到结语部分，论文中几乎每句话都不同程度地出现了语法问题，小到名词单复数，大到从句使用，各种错误层出不穷。更遑论基于语法之上的语用得体性，学生小论文中很难见到"合适的词语在合适的地方"这样高标准的用例。词汇的贫乏和语感能力弱是此类错误的渊源。

综上所述，英语语言能力已经成为学生撰写小论文的一大障碍。如何快速有效提高学生的英语能力已是当务之急。也只有学生的英语达到相应水平，才能准确、恰当并符合学术规范地表达自己的观点和见解，才能进而实现教学大纲中规定的目标。

（二）专业业务能力问题

学术英语小论文本质上是一种应用英文书写学术类论文的探索和尝试。其中涉及法律，但真正涉及的法律专业知识却没有超出常识的范围，无论是在理解层面还是知识层面，都是直接可及的，并不会对写作造成太大干扰。然而，学生在这一方面也未能表现出相应优势，就相关问题的理解和阐述都缺乏真正的思考和认识的深度。尽管也有可能是由于受制于英语语言能力不足的局限，但最主要原因还在于缺乏批判性思维，对问题的认识流于表面，不求甚解，人云亦云。因此，尽管学生的小论文中确实存在未能使用规范的专业术语进行论述的现象，但其本质原因还是没有形成良好的批判性思维习惯，其以往的学术训练不足以支撑其对复杂文本的解构和建构过程。鉴于此，逐步培养学生的批判能力和批判性思维是完成学术英语小论文教学目标的关键性环节之一。如何在小论文撰写过程中，培养学生的问题意识以及解决问题的意识会对学生的学术生活产生重大影响。

（三）学术英语小论文进度安排问题

目前，学术英语小论文只有约4个课时用于学生论文答辩，学期中间没有安排专门的时段进行论文辅导或论文讲解。在学生完成初稿、修改稿和终稿的整个流程中，学生与老师之间以静态的书面交流居多，学生根据评语修改论文，教师根据学生所做修改得知其论文进度。显然，书面交流不如面对面交流有效。书面交流能处理的信息有限且不容易及时接受回馈，对一些偏差信息更是无能为力。而动态的面对面辅导完全克服了上述缺陷，可见，动态交流比之书面交流更适切也更有效，本文所建构的教学模式也是以动态交流为前提，在本模式中，书面交流只充当有益的补充而已。在以下部分，本文将重点论述本模式建构的理论依据和实践可行性。

三、学术英语小论文写作教学认知模式构建

学术英语小论文写作有别于使用母语撰写学术论文，其中最关键的因素是语言问题。母语写作能力不能代表二语写作能力，即使两者有重合和相通的部分。

本文借鉴生物语言学的最新研究成果及其对二语习得和二语写作的启示，探讨可以应用于二语学术论文写作的有效教学模式。

（一）生物语言学视域下的二语习得与二语写作

生物语言学是当今语言学界最前沿也是最有影响力语言学流派之一，它力图从生物学角度破解人类语言密码。乔姆斯基[1]在"语言设计中的三个因素"一文中指出从生物语言学视角来看，影响语言习得的统共有三个因素：第一个因素是指语言习得的先天生物学基础，即普遍语法。普遍语法生长于语言官能，该官能既独立于又依赖于其他认知官能，在语言习得中引导其他官能共同发挥作用。第二个因素是语言习得经历。语言天赋需要正常语言环境的刺激才能生长成熟，正如同身体需要食物才能生长发育一样，语言天赋离开了正常语言环境这一"食物"的供给便不能够达到完全习得的程度，也就是说不能够达到母语水平。第三个因素是那些不受语言本身、甚至是不受生物属性控制其他原则。[2] 具体来说，第一个因素又被称为是I-语言、UG（普遍语法），它是语言习得的内核。假如没有先天的生物学基础就不可能习得人类语言，这也解释了为什么动物无法习得人类语言的原因。第二个因素实际是影响语言习得的后天因素。先天生物学基础只是为语言习得提供了可能性，假如儿童在后天环境中从未接触过人类语言，那么他仍然不可能习得语言。但是，如果从另一个方面来看，第二个因素恰恰解释了为什么世界上不同母语的儿童大致都能在几乎相同的时间段内完全习得自己所处环境的语言。这一点也证明了儿童先天的语言生物学禀赋是相同的，放在不同语言环境中的儿童自然习得不同的人类语言。第三个因素涉及语言习得的语法规则。假设人类语言都是相通的，那为什么不同语言却有着不同的语法规则呢？第三因素通过原则与参数这样的对立统一关系解释了语言之间的差异。原则是指语言之间相同的部分，即都拥有共同的生物学基础；而不同则用参数来体现，参数设置不同便造成了不同语言的出现。参数设置又遵循经济性原则，原则上一些人类语言里不可能的情况不会出现在参数设置里，参数设置以最经济、最简化的方式运行。

生物语言学理论不仅带来语言学史上的里程碑式的理论转向，同时也极大地

---

[1] Chomsky, N., "Three Factors in Language Design", *Linguistic Inquiry*, 1 (2005).
[2] 诺姆·乔姆斯基："如何看待今天的生物语言学方案"，司富珍、黄正德、沈阳译，载《语言科学》2010年第2期。

影响了二语习得领域的理论建设。很多学者就普遍语法在二语习得中是否可及进行讨论。在国内,不少学者从理论和实验两方面对其予以验证。目前,大致有三种观点:[1] ①普遍语法不可及,这一派学者认为,普遍语法只存在于母语之中,当学习者在学习二语时,普遍语法不再有效。②间接可及性,有学者认为在二语习得中,普遍语法仍然是可及的,但只能通过母语语法发挥作用。③直接可及性,也有研究表明,二语习得中有部分语法既不属于二语语法,也不属于中间语语法,最大的可能性就是普遍语法仍在其中发挥作用。近期,更多研究开始关注普遍语法在二语习得的可及性,也有更多研究验证了普遍语法或直接或间接可及性假说,如戴曼纯[2]等。

如果假设普遍语法影响到二语习得的语法获得和形成,那么也有理由怀疑普遍语法也影响到二语写作中的语法问题。二语写作中出现的部分语法错误很难界定其属性。根据现有研究提供的证据,从普遍语法角度审视二语写作中的问题是一个更为全面、深刻并更具有说服力的理论假设。相比之下,其他二语写作理论,如认知说、社会文化说等学说都没有触及问题的实质。虽然认知理论也试图从大脑认知的角度揭示二语写作现象,但认知理论却不承认有普遍语法以及语言官能的存在,它认为认知系统本身才是解释语言习得的关键所在。认知理论是当前唯一可以和生物语言学分庭抗礼的语言学流派,但其理论发展仍然略逊一筹。而社会文化说则是从语言使用角度来解释二语习得和二语写作问题,尚未触及问题的核心要素。因为仅从语言使用现象来归纳总结和描写并不能有效地解释语言为什么如此,当然,单单进行语言使用描写也有一定重要作用。因此,本文认为生物语言学比其他理论更富有解释力,以此为依据搭建的二语写作教学模式也更具有理论科学性、可靠性以及实践可操作性。

(二) 学术英语小论文写作教学认知模式

本文拟构建以生物语言学为基础的小论文教学认知模式,其理论合理性在于生物语言学是揭示母语习得、二语习得以及二语得中如口语、写作等语言输出方面的科学理论。它通过印证普遍语法在二语写作中的作用和表现,解释了影响二语写作能力的根本性元素;其实践可行性在于优化的理论会产生优化的实践模

---

[1] 戴曼纯:"普遍语法可及性三假说",载《外语教学与研究》1998年第1期。
[2] 戴曼纯、柴奕:"二语功能语类习得研究——关于中国学生英语陈述性导句词的调查",载《外语与外语教学》2007年第11期。

式。本模式综合考量了学术英语写作教学中各项指标和已发现的问题，力图以低消耗形式实现各方位的优化组合，以保证本模式的实践有效性。

根据生物语言学理论，本模式以学习者为主体，通过内因结合外因、内因驱动外因、外因反作用于内因等基本作用关系，构建以下小论文写作教学模式的流程图：

语言官能 – 写作初稿 – 面对面互动 – 写作修改稿 – 语言官能 + 评估报告 – 写作终稿

图1 小论文写作教学模式流程图

图1中的小论文写作教学模式共同分为三个阶段：第一阶段是语言官能，语言官能调动语言知识，并与大脑中的其他官能积极互动，同时调用其他官能中储存的百科知识、专业知识以及其他相关信息，所有信息汇集到一起由英语书写成文字，形成初稿；第二阶段是面对面互动，包括师生互动与学生之间的互动，写作人与教师和其他学生对初稿进行讨论，之后出具一份详细的小论文分析报告，交由写作人作为参考，写作人依照分析报告修改论文；第三阶段是第二次面批阶段，先由学生之间进行评议，再由教师做点评，并根据论文修改程度出具以正面评价居多的分析报告，写作人据此再次修改最终完成终稿。第二、第三阶段可以根据论文实际修改程度进行多次循环直至能够能形成正面分析报告为止，尤其是面对写作水平较差的学生时，这样的弹性辅导环节更为有效。

（三）本认知模式的实践与反馈

本文所提出的学术英语小论文写作教学模式已经过一学期的试运行。现根据这一学期的观察、记录和分析做出如下总结：实验班和对照班的差距显著。未使用本模式的班级，仍旧采用教师对论文进行批注、再由学生根据批注意见进行修改为主的辅导模式，学生论文同样也是完成三稿，但笔者发现从初稿到终稿论文质量并没有很大提升，在随后对学生的访谈中，学生们也感觉自己没有太大进步，对英语写作没有信心。与此相比，使用本模式的实验班的情况就大有好转。最初，实验班同学撰写的初稿与对照班同学所写初稿并无太大的水平差异。在起点相近的情况下，实验班同学在随后的面对面辅导环节中展现出极大的热情和写作潜力。就教师在一对一辅导中指出的问题，学生表示自己从未注意到、也未曾认真思考过；对于一对多讨论中提出的写作思路和论证漏洞，学生均表示深受启发并开拓了视野。相比被动的阅读教师评语，这种多模态的互动教学更受学生欢迎。第一轮辅导之后，学生发现了论文中的很多问题，并且大致了解到如何修改，在此基础上，学生第二稿质量明显高于对照班；在经过合理间隔时间之后，再次组织一对一、一对多辅导，就遗留下的高难度疑难问题集中解决，并给出详细的问题分析和评估报告。据此报告，学生再对论文做最后修改和润色。最终完成的论文质量远远高于对照班。学生接受访谈时也感觉自己应用英语撰写论文的能力得到增强，同时增强了使用英语写作的信心。

四、余论

本文主要论证了生物语言学之于二语习得和二语写作的启示和指导作用。进而还重点讨论了学术英语小论文中的几个普遍问题并提出新的教学模式。经分析，学术英语小论文中的问题主要是来自英语语言能力不足，其中英语写作能力不足是一个重要方面。二语写作能力与多方面因素有关，本文探讨了内因和外因，内因是受到普遍语法在内的多重认知官能的影响，外因则与微语境和宏观语境相关。内因与外因交互作用，对写作人的写作能力培养产生程度不一的影响。本文根据内因驱动外因、外因反作用于内因的基本逻辑关系，在以生物语言学理论为指导的前提下，提出学术英语小论文写作的教学模式，并对该模式进行了实际教学试用和检验，教学实验结果表明本文所提出的教学模式比之前的教学方法更为有效，也获得了更多学生的认可。虽然本模式取得了一定的教学效果，但不完善之处仍比比皆是，期待在以后的教学过程中不断探索并进一步完善现有模式。

李秀丽[*]

学术英语教学中批判性阅读能力的培养

一、批判性阅读的定义和研究现状

批判性思维兴起于20世纪30年代。进入21世纪,国内开始重视批判性思维的理论研究和教学实践。通常认为,批判性阅读是培养批判性思维能力的重要途径。当然,批判性思维能力也可以在外语教学的听说、翻译、写作等各环节培养。

学者们对批判性阅读的定义略有不同。Pirozzi认为,所谓批判性阅读,是指"对文本的高层次理解,它包括释义和评价的技能,可以使读者分辨重要和非重要信息,把事实与观点区分开,并且确定作者的目的和语气。同时,要通过推理推导出言外之意,填补信息上的空白部分,得出符合逻辑的结论"。[1] 也有学者比如Smith和Robinson,他们把阅读分为三个层次:字面阅读、理解阅读和批判阅读,把批判阅读定义为评价所阅读的文本的质量、价值、准确性和真实性。[2] 理解阅读指的是从细节中找到暗示以识别细节之间的关系,区别重要信息和非重要信息,掌握文本的结构,通过推断得出结论,以求理解文本中所表达的想法。[3] 大多数学者把Nila Smith的理解阅读和批判阅读合二为一,合并为批判性阅读。本文采纳大多数学者的定义,把批判性阅读理解为对文本的释义和评价。

国内也有一些针对培养大学生批判性阅读能力的理论和教学实践的研究。但

---

[*] 李秀丽,中国政法大学外国语学院副教授。

[1] Richard Pirozzi, Critical Reading, Critical Thinking (2nd ed.) [M], New York: Longman, 2003: 325.

[2] Nila Smith & Alan Robinson, Reading Instruction for Today's Children [M], Englewood Cliffs, New Jersey: Prentice-Hall, 1980.

[3] Alan Robinson & Jill Fitzgerald (eds), Reading Comprehension Instruction 1783–1987: A Review of Trends and Research [M], Newark, DE: International Literacy Association, 1990.

总体来说，外语界对批判性阅读能力培养认识不足。[1] 李慧杰从结构分析能力、修辞分析能力、社会关联能力和整体评价能力的四层理论框架上探讨了我国外语语境下的思辨性阅读能力培养。[2] 在教学实践层面，3Ps（读前、读中、读后）三步教学法使用频率最高。教师多以自身课堂教学中的实例阐释如何将批判性思维融入批判性阅读教学具体步骤。[3]

本文以李立、张清编写的21世纪EAP学术英语系列丛书《法学英语》教材一、二册为例，[4] 针对《法学英语》教材难度大以及议论文数量占比较高的特点，结合笔者的教学实践，探讨如何在学术英语和以内容为依托（CBI）的教学环境中培养大学生的批判性阅读能力。《法学英语》的目标之一是培养学生的批判性思维能力，在教材的设计上选取与法律有关的社会热点问题，文章的体裁大多是议论文，每单元有三篇课文，A篇课文与B篇课文观点大多相反，为培养学生批判性阅读能力提供了很好的平台。本文主要依据Pirozzi的理论，从识别重要信息和区分事实和观点两方面来研究如何培养学生批判性阅读能力。

二、从释义和评价两方面培养批判性阅读能力

Pirozzi认为，批判性阅读分为两部分：一是对文本的释义，二是对文本的评价。笔者认为，识别重要信息主要与对文本的释义有关，而区分事实和观点既与释义有关，又与对文本的评价有关。因为事实通常都是正确的，而观点就有对错之分。

（一）识别重要信息

分辨重要和非重要信息是批判性阅读能力的一项重要技能。从标题引导学生发现重要信息是一个很有效的手段。我们知道，标题是文章重要的组成部分，其有时候是文章的灵魂。教师要引导学生仔细研究文章的标题，从标题中寻找重要信息。比如，《法学英语》第一册第三单元的话题是动物权利。课文A的题目是

---

[1] 齐斌、张文忠："国内高校英语教学中思辨性阅读能力培养研究20年述评（1994-2013）"，载《高等教育研究学报》2014年第1期。

[2] 李慧杰：《英语批判阅读能力测试的探索研究：从构念形成到考试实施》，哈尔滨工业大学出版社2010年版。

[3] 王剑娜："英语专业批判性阅读模式研究评述及其反思"，载《华北理工大学学报（社会科学版）》2018年第1期。

[4] 李立、张清主编：《法学英语》，复旦大学出版社2014年版。

"All Beings that Feel Pain Deserve Human Rights"。教师在讲解课文之前，已经让学生自己预习了课文。教师可以在讲解课文前，先不讲文章结构，而是抓文中的重要信息。首先通过提问的方式，引导学生发现两个问题：一是 Why（Why do they deserve human rights?），另一个是 What（What do human rights refer to?）。这两个问题把文章的前后两部分内容分开了，既有助于学生分析文章的结构，又帮助学生发现重要信息。对于第二个难度稍大的问题，学生刚开始并不能作出回答，原因可能是学生在预习时并没有关注这个问题，没有主动寻找重要信息的意识。教师可以引导学生从课文中找答案，学生就会关注到作者对动物实验、捕鲸、工厂式农场的看法。接下来让同学们讨论一下作者有没有回答动物生命权的问题。结论是作者看似没有明确回答，但是，作者通过设想外星人对待地球人就像我们对待动物，间接回答了这个问题。这时候教师可以适时引入背景知识，介绍动物保护主义者的观点：动物不是我们可以用来吃、穿、做实验、娱乐或用其他方式虐待的（Animals are not ours to eat, wear, experiment on, use for entertainment, or abuse in any other way.），以帮助学生更好地理解现代西方关于动物权利的思潮。也许对于作者和西方读者来说，生命权是人权最重要的组成部分，但这一点有些学生并不十分清楚，因为动物的生命权意味着我们将不能够再从动物那里获取肉食。

再举一例：《法学英语》第一册第五单元话题是"安乐死"。A 篇课文题目是"仁慈法庭"。在课堂上检查学生的预习情况时，教师的问题应该针对仁慈法庭。可以让所有同学书面回答一个问题："A tribunal of mercy is different from a regular court in several ways. Write down one thing that separates a tribunal of mercy from a regular court." 预习测验完成后，教师可以告诉学生测验中的问题是从标题里挖出来的。这样可以帮助学生在阅读时知道如何寻找重要信息。

在原教材的设计上，每篇课文之前都有一个"Read for Information"板块，一般包含五个大的问题。这五个问题涉及文章各部分的关键内容，总体来说，问题设计得不错；但对于文章各部分，作者的着力是不同的，建议对重要的部分多设计一个问题，或在大问题中添加多个小问题。例如，第一册第三单元动物权利，可以在原问题（How are non-humans exploited, and what are the so-called and the real reasons?）的基础上添加一两个问题："What does the author mean by saying that animals deserve human rights? According to the author, do animals have the right to life?" 另外，阅读前的导读问题对训练和测试学生的快速阅读能力很有帮助，但教材中的课文难度大，需要学生精读文本，而导读问题不利于学生自己分析课文，找出重要信息点。学生的课外阅读和实际生活中的阅读，一般是没有导读问题的。因此，建议把问题放在阅读后，以帮助学生检验对重要信息的把握。

除了从标题引导学生发现重要信息，还可以让学生在划分文章的篇章结构后找出文章各部分的关键词。这样做的目的之一是降低难度。学生说出一个词要比说出一个长句子简单。笔者在教学实践中发现，当老师要某个学生回答"What is the main idea of this part of the article?"时，学生会花较长时间从书上找答案，还要组织语言，这样的话，课堂的时间不能被有效利用，也不利于他们抓住重要信息。如果把问题换成"What is/are the most important word/words in this part of the article?"，学生就会在短时间内找到关键词，虽然有时候会出错。或者根据具体情况，如果文章的某一部分有比较明显的、现成的重点句（important sentence），也可以让学生找出那部分的重点句（important sentence）。举例来说，《法学英语（一）》一单元A篇课文，笔者尝试让学生找出第一部分的关键词。教师提示学生，这个词的首字母是"p"。有学生说是"phenomenon"，教师给予否定的答复后，有学生说是"plagiarism"。其实关键词是"prevalence"，因为本部分讲的是剽窃现象在学生以及大学教师中都较为普遍。因为是初次让学生找关键词，学生可能不能理解教师的意图，导致学生不能第一时间找到正确的关键词。相信经过训练，学生寻找关键词的能力会有所提高。

对于文章中的重要信息，或者作者提出的重要观点，怎样才能帮助学生理解呢？上文中提到，批判性阅读能力中的理解阅读，目的之一是理解文本中所表达的想法。在阅读中，教师可以先让学生假定认可作者的观点，再举例证明。然后由易到难，在完成单元学习之后，通过老师拟定辩论题目，让学生辩论来帮助对文章的观点进一步思考，表达接受或是反对的意见。比如，《法学英语（一）》一单元A篇课文，作者提到中国传统的模仿文化提倡死记硬背，不提倡观点创新，是导致中国人剽窃的原因之一。老师可以问学生这样的问题："Suppose you agree with the author, can you give some examples to illustrate the author's opinion?"学生刚开始可能找不到例子。老师可以启发学生从汉语的成语、谚语、格言中寻找例子。比如，汉语中有个成语叫"倒背如流"，通常是个褒义词，形容背得非常熟练，记得非常牢固。又比如，汉语中还有一个说法，是"熟读唐诗三百首，不会作诗也能吟"，同样强调熟读、吟诵。教师可以进一步引导学生，怎样对这个说法加以改变，变成强调诗歌创作。"熟读唐诗三百首，只为作诗不为吟"，也许这句话会改变学生对背诵唐诗的看法。再举一例。《法学英语（一）》第三单元 A 篇课文作者认为："Pain is much more powerful than pleasure." 作者接着用反问来证明自己的观点："难道你不是宁愿不要一小时的幸福，也不去受一小时的折磨吗？"为了促进学生对这一观点的理解，教师可以让学生举生活中的例子。有学生说，跑一千米给你吃个糖葫芦，你肯定不愿意跑。在分析学生的例子的基础上，教师可以通过美容手术的例子来启发学生思考：大的美容手术如隆鼻、丰胸，术后会有很长的恢复期，很疼，为什么还有人去做手术？打耳洞、割双眼皮、文眉等，手术很简单，为什么有人想去做但最终又没有做？通过对文中重要观点的提问和举例说明，可以帮助学生更好地理解文中观点，为最后的辩论打好基础。

这部分主要从标题引导、寻找关键词和让学生举例说明三方面，分析了如何帮助学生抓住并理解重要信息。下一部分将阐释如何通过帮助学生区分事实和观点，来提高学生的批判性阅读能力。

（二）区分事实和观点

有学者研究发现，即使通过训练，学生区分事实与观点的能力也并不能得到显著提高。原因可能是区分事实与观点有一定难度，有些事实读起来很像观点，而有些观点看起来又很像事实，所以学生需要在以后的阅读中加强这方面的训练。[1] 笔者认为，不考虑大的语境，单纯区分事实与观点，是没有太大的用处的。《法学英语》中的文章多为观点相对比较明确的议论文，不涉及观点隐蔽的新闻报道等体裁，但也有例外。教师应该抓住这些例外的文章，训练学生在阅读中区分事实与观点。例如，《法学英语》第二册第三单元 A 篇课文，题目是"Death Penalty and Sentencing Information"（死刑与量刑报告）。在检查学生对课文的预习情况时，教师提出的问题及选项是：What is the author's attitude towards the death penalty? A. in favor of; B. neutral; C. negative。大部分同学选 A，认为作者支持死刑。也有部分同学选 B，选 B 的同学中有的还是英语成绩不错的。同学选 B 的理由是：文章最后写死刑的 28 个程序，全是对死刑的事实性陈述。也有的同学说，文章开头对死刑作了很多事实性陈述。也有学生说文章的标题中用的是"information"这个词，作者提供的是关于死刑和量刑的"information"，所

---

[1] 李梅兰："关于批判性阅读和批判性思维的实验研究"，载《乐山师范学院学报》2008 年第 8 期。

以作者持中立的态度。学生不知道的是，文章原文约 18 235 个单词，改写版去掉了关于基督教与死刑的关系部分的 7051 个词以及对死刑威慑效果的详细论证、对死刑和终身监禁费用的详述等。改写版一共有 1327 词，篇幅是原文的 1/10。文章开头对死刑犯以及死刑犯处决的人数和比例作了事实性陈述，接着又对死刑反对者的两个观点进行了反驳，随后从处决无辜者的风险、死刑的削弱效果和威慑效果、与种族的关系、死刑和终身监禁的花费、死刑的程序等五个方面（分别用ＡＢＣＤＥ以及加粗的次级标题来标识）进行了说明或论证。文章容易给学生造成是陈述事实的说明文的错觉，有几个原因：首先，文章结尾处介绍死刑的 28 个程序，有 451 个词，占全文的 1/3。其次，文章开头对死刑犯以及死刑犯处决的人数和比例作了事实性陈述，用序号 1、2 标识，接着又对死刑反对者的两个观点进行了反驳。虽然是反驳，但用序号 3、4 标识，与文章开头对死刑犯的事实性陈述连贯，可能会给学生造成干扰，以为这部分也是事实（作者认为是事实）。再者，单看次级标题，确实会给学生造成是说明性文章，作者并没有表达观点的错觉。最后，作者在标题中使用"information"，在首段使用"the following report presents the true facts of the death penalty in America"，在其他段落使用"the fact is over 99% of all persons"以及"in reality"这样的词和句子，也容易给学生造成错觉。之所以大部分同学能正确回答关于作者态度的问题，是因为作者在文中（而不是在次级标题中）说"处决无辜者的风险"是"minimized"，"死刑的削弱效果和威慑效果""proven"，以及"终身监禁""costs more"。

那么，怎样帮助学生区分本篇课文中的事实和观点呢？首先，通过提问让学生讨论事实和观点的关系。通过讨论，让学生明白事实很多时候是用来表达观点的，同样的事实可以用来表达不同的观点。比如，死刑的 28 个程序是事实，但作者用来表达死刑的程序给被告和囚犯提供了充分的保护，降低了误判和误杀的可能性。文中也明确表达了这样的观点："这 28 个程序体现出对被告和囚犯的保护范围有多么广泛。这 28 个程序中，包含了没有上千也有上百个附加的程序和保护措施。"另外，同样的事实，可以用来表达不同的观点。如文中有这样的句子："自 1973 年来，法律保护已经非常到位了。有 37% 的死刑案件由于正当法律程序原因被翻案或减刑。"教师可以请学生从死刑反对者的视角对 37% 的比例发表看法。从不同角度看，37% 的比例说明死刑的误判率很高，把无辜的人或不宜判死刑的人关进死囚牢对所谓的罪犯和罪犯家属造成很大的伤害，虽然这些所谓的罪犯最后都被释放或减刑。其次，表达观点时，常会使用评价用语和带有强烈感情色彩的词,而陈述事实时使用这些词的频率较低。文章中使用了不少带有评价和强烈感情色彩的词来反驳死刑反对者的观点和看法。教师可以让学生寻找这些词。比如,在文章的第一段,作者开门见山使用了"fraudulent""lie""deceit""falsehood"这些词。在文章的第五段,作者使用了"untenable""absurd""flawed""confusion""astounding"等词。文章第七段使用了"conclusive"以及"incontrovertible"。文章第八段使用了"vilest""propaganda""hideous""prejudice""unbelievable""ignorance""foul""deception"等词。文章第九段,使用了"false"。文章第十段使用了"ludicrously"。

虽然大部分同学回答对了问题,但具体到文本分析时,学生对如何区分事实和观点并不十分清楚。实际上,对死刑的威慑效果、死刑和终身监禁的花费哪个更多,专家持不同看法。学生不清楚这些相关的背景知识,就会在区分事实和观点的时候产生错觉。虽然在文内作者提到,"The culture of lie and deceit so dominates that movement that many of the falsehoods are now wrongly accepted as fact, by both advocates and opponents of capital punishment"以及"Many opponents present, as fact, that the cost of the death penalty is so expensive",但是,由于文本不管是在词汇语法层面还是在内容方面都比较难,学生在阅读时又缺乏足够的怀疑精神,所以他们很可能不会去问:作者说其他人会把错误的信息或观点当成事实,作者说他的报告是"true facts",我应不应该相信他呢?

从上面的例子可以看出,没有一定的背景知识,就无法正确区分事实和观点,也无法完全理解文章的隐藏含义或者作者的意图。背景知识有助于学生提高批判性阅读能力,这一点已是学界共识;但何时给学生介绍背景知识,这一点值得注意。如果在阅读前就介绍大量背景知识,就可能会剥夺学生在阅读过程中寻找蛛丝马迹、提出疑问的机会。教师可以根据实际情况,在学生阅读课文之前和之后添加有关的背景知识,或者让学生针对提出的问题搜索相关背景知识,提高区分事实和观点的能力。

辩论可以培养学生提高质疑意识,养成从多个角度看问题的习惯,避免盲目接受他们所阅读到的东西。在辩论阶段,教师应该注意的问题是,辩论题目应贴近现实生活,这样可以降低辩论的难度和提高辩论的趣味性,更好地提高学生的批判性阅读能力。比如,《法学英语》第一册第三单元,单元主题是动物权利。可以以动物实验、玉林狗肉节、流浪狗等为辩题,让学生对文章观点做延伸思考,同时又锻炼学生的表达能力。值得注意的一点是,部分学生还不能用英语表达复杂的思想，总想用中文表达。在辩论阶段，程度差的学生就感觉很吃力，难度大。为了降低难度，教师可以用头脑风暴等方法，先让全班同学说出与辩论话题相关的词汇和表达法，随后教师可以再增添一些新的词汇和表达法。

如果说识别重要信息主要与对文本的释义有关，那么区分事实和观点既与释义有关，又与对文本的评价有关。通过介绍背景知识、关注课文中感情色彩强烈的评价词语、从不同视角看待事实以及辩论等多个角度培养学生区分事实与观点的技能，可以提高他们的批判性阅读能力。

三、结语

批判性阅读是提高学生批判性思维能力的重要途径。本文从识别重要信息和区分事实和观点两方面分析了怎样在学术英语教学实践中培养学生的批判性阅读能力。本文从标题引导、寻找关键词和让学生举例说明三方面分析了如何帮助学生抓住并理解重要信息。随后本文从背景知识的介绍、关注课文中感情色彩强烈的评价词语、从不同视角看待事实以及辩论等多个角度，举例说明了如何帮助学生区分事实与观点。

当然，在重视培养学生批判性阅读能力的同时，也不应该忽视对学生语言技能的训练，因为《法学英语》教材的难度对学生的语言技能是个很大的挑战。怎样把两者更好地结合，是今后的研究方向。另外，今后还需要在帮助学生评价文本的质量、价值、准确性和真实性等方面做更深入的研究。

李　昕*

浅析大班教学中的课堂讨论

讲授法一直是大班教学的主导方法，它虽然能够解决学生人数众多的教学环境下的教学效率问题，但是学生只是通过听课和做笔记的方式最低限度参与教学，[1] 同时这一教学模式更偏重教学中"教"的权力，从而产生不利的学习结果：知识机械记忆、学习兴趣降低、学生受累于"知识压迫"。[2] 学生虽然来上课，但是学习并没有真正发生。课堂讨论，作为一种以对话为基本教育原则的教学，在教学过程中强调学生的主体地位；培养学生的批判式思考能力和创新能力；构建民主、互动、生态的课堂文化氛围，[3] 它在大班教学中逐渐成为一种教学常态。

但是，大班教学的人数规模影响讨论效果。罗曼[4]曾指出，讨论"可能实现的（教学）目标数量会随着班级学生人数的增加而递减"。那么，如何有效地组织大班教学中的课堂讨论？笔者通过文献研究，浅析几种国外大班教学中的课堂讨论，它们的实践和特点可以为我们组织大班教学中的讨论带来思考或有所借鉴。

经典的苏格拉底讨论法（the Socratic Method），虽然本质在于引导学生批判性反思自己已有观念或见解、激发学生思考，但是它的"审讯性"特点使得学生产生焦虑情绪，置身其中的学生感觉更像是教师的教学工具，教学没有产生学

---

* 李昕（1976—），女，辽宁锦州人，中国政法大学外国语学院副教授，研究兴趣：课程与教学。
〔1〕 参见［澳］约翰·比格斯、凯瑟琳·唐：《卓越的大学教学：构建教与学的一致性》，王颖、丁妍、高洁译，复旦大学出版社 2015 年版。
〔2〕 陈秀兰："走向师生自觉交往中的建构——我国大学教学改革的理性思考"，载《高等教育研究》2007 年第 4 期。
〔3〕 参见［美］布鲁克菲尔德：《讨论式教学法——实现民主课堂的方法与技巧》，罗静、褚保堂译，中国轻工业出版社 2002 年版。
〔4〕 参见［美］罗曼：《掌握教学技巧》，洪明译，浙江大学出版社 2006 年版。

生主动学习的效果;[1] 启发于苏格拉底讨论法的提问式讨论,通过阐释性提问,有助于学生发展理解能力,但是,教师提出的问题多处于低认知水平,比如回忆知识性内容,而且频繁的提问势必减少学生思考和谈论的机会,所以有学者[2]认为"提问—回答"的提问式讨论不是真正意义上的讨论,充其量只是讨论的开始。这种讨论中,教师被赋予强大的课堂权力,而且学生并没有发展更高层次的认知目标。

"以学生为中心"的课堂需要学生发声。最常见的学生导向的课堂讨论是组织学生进行小型漫谈(buzz group),它也被称为"喊喳小组"。[3] 根据组织程度,小型漫谈会分为:松散型(relaxed buzz group)和组织型(structured buzz group)两种形式。前者对讨论结果没有教学要求,类似于头脑风暴,讨论的目的在于活跃课堂气氛;但是,这种自由放牧式讨论的学习效果取决于学生是否完全明白学习任务。后者要求小组成员完成教师预设问题的讨论,每组选择一人负责记录,讨论结束后,各组总结讨论结果进行全班汇报,它对学生的漫谈有学习成果的要求。无论哪一种具体操作形式,这一课堂讨论由学生自发形成讨论小组,灵活方便,学生学习压力相对较小。

核心组讨论(fishbowl discussion),被形象地称为"鱼缸式讨论"或"班中班"讨论。这一课堂讨论得名于特殊的座位安排:少数人(通常为3~5人)形成内圈,而多数人围坐外圈。讨论开始前,教师布置全班学生阅读内容或视频学习材料;教师预设一系列讨论问题或由学生自主提出讨论问题;讨论由坐于内圈的学生(学生自愿或教师选择学生)进行,其他学生思考讨论问题、观察内圈讨论、记录个人想法,但不发言;如果围坐外圈的学生有所思考和萌生交流意愿,可以示意替换(tap out)内圈学生,置换到内圈位置参与讨论。为了避免学生更换频繁或者不积极参与内圈讨论的两种极端情况,教师可以通过时间规定(set a time limit)来保障充分的讨论。核心讨论组也可以成为讨论活动的被观摩组,其他外圈学生在内圈学生讨论停止后进行评价、提出建议,教师也可以对学

---

[1] 参见〔美〕麦肯齐等:《麦肯齐大学教学精要:高等院校教师的策略、研究和理论(第11版)》,徐辉译,浙江大学出版社2005年版。

[2] 参见〔美〕麦肯齐等:《麦肯齐大学教学精要:高等院校教师的策略、研究和理论(第11版)》,徐辉译,浙江大学出版社2005年版。

[3] 参见〔美〕麦肯齐等:《麦肯齐大学教学精要:高等院校教师的策略、研究和理论(第11版)》,徐辉译,浙江大学出版社2005年版。

生讨论表现给出积极的反馈。这一课堂讨论不仅实现了"学生的课堂"模式，而且核心讨论组的示范作用能够引导学生学习如何讨论。[1]

维持原状或改变立场的讨论（stand where you stand）适合调动全班学生教学参与积极性，它最初由美国马里兰州 Montgomery College 的英语教授 Joan Naake 设计。它的具体操作是：教师提前布置关于某一话题的从不同角度论述的文献阅读，给予学生充分时间进行学习准备；在课堂上，教师先陈述课题，学生写下赞同或反对的理由；然后，学生通过区域站位表达"非常同意""部分同意""部分反对""非常反对"的个人看法；同区域学生彼此分享支持该区域的理由，再向其他区域学生陈述自己的理由；如果学生觉得其他区域的理由有说服力，选择转到另一个区域，并说明改变选择的理由；最终四个区域的学生都陈述完观点，教师或学生统计支持该区域观点的学生人数。这种游戏式的课堂讨论，能够较大程度培养学生的论证能力和批判能力[2]，同时使课堂教学趣味横生。但是，组织活动的时间问题对教师教学设计是一个挑战。

关系图表法（affinity mapping），在某种程度上与"维持原状或改变立场的讨论"的能力培养目标一致，但是操作不同：教师提出一个开放式回答的问题，学生先在便利贴上写答案，粘贴在墙板上；全体学生浏览所有意见，然后按照相似性进行分类，并给每个分类概念化，解释如此分类的理由，评价不同类别的相关性。这种课堂讨论能够培养学生的归纳能力和比较能力。[3] 与之类似，白报纸对话（newsprint dialogue）也是一种课堂讨论的书面汇报策略，它的具体操作是：小组讨论后，将讨论结果写在白报纸上，通过张贴墙壁或各组传阅的方式，学生浏览不同的讨论结果并与自己小组的讨论结果进行比较。上述两种课堂讨论可以节约讨论的汇报时间并且充分展现学生的讨论结果。

而下面两种课堂讨论更能发挥学生合作学习的特点：一种是拼图式小组讨论（jigsaw）：小组中每个学生都负责某一部分学习任务，并在讨论中做这一部分的"专家"汇报，为其他小组同学讲解这部分知识；其他同学，同样作为某一部分学习任务的专家，依次为同学讲解自己的"专长"。另外一种是滚雪球式小组讨

---

[1] Karen D. Wood & D. Bruce Taylor, "Research into Practice: Fostering Engaging and Active Discussions in Middle School Classrooms", *Middle School Journal*, (39) 2007, 54-59.
[2] 史美瑶："如何利用问题（课堂讨论）引导学生学习"，载《评鉴双月刊》2013 年 41 期。
[3] 史美瑶："如何利用问题（课堂讨论）引导学生学习"，载《评鉴双月刊》2013 年 41 期。

论[1]（snowballing），但是与讲解知识为主要学习目的的拼图式小组讨论不同，课堂讨论向知识内涵和学生深层学习发展，它特别强调学生思考能力的培养，也被称为"三步曲"（think-pair-share）：即由教师首先提出问题，每个学生写下自己想法（think）；学生与旁边同学分享想法（pair）；他们再与另外两人讨论分享（share）；然后如滚雪球般地再与其他四人分享，依次类推，这样全体学生都能被调动起来参加课堂讨论。

总之，在教学实践中，教师根据课程性质、教学目标、教学重点、学生人数规模和学生群体特点，灵活地选择适合自己课堂的讨论活动，大班教学也就不会枯燥。

---

[1] 参见［美］戴维斯：《教学方法手册》，严慧仙译，浙江大学出版社 2006 年版。

郝瑞丽 *

塞尔言语行为分类标准与大学英语课堂教学

奥斯汀将言语行为分为话语行为（locutionary act）、话语施事行为（illocutionary act）和话语施效行为（perlocutionary act）三种，并将与话语施事行为直接相关的话语施事力量（illocutionary forces）进一步分为五类：裁决式（verdictives）、运用式（exerctives）、承诺式（commissives）、表态式（behabitives）、表明式（Expositives）。塞尔在指出奥斯汀分类所存在的问题的基础上，将言语重新进行分类，将言语行为分为断言式言语行为（assertives）、指令式（directives）言语行为、承诺式言语行为（commissives）、表情式言语行为（Expressives）、宣布式言语行为（Declarations）五类。

塞尔与奥斯汀的相同之处在于，他俩将研究的重点都放在了以言行事行为（illocutionary act）上。不同之处在于，奥斯汀根据以言行事的动词，将以言行事力量及其相关的以言行事行为进行分类；而塞尔是根据一系列的标准将言语行为进行分类，塞尔的分类标准是描述性的，其比奥斯汀的分类更加具体。因为塞尔主要关注以言行事行为，所以，在塞尔的著作里，言语行为一般情况下是指以言行事行为，例如，塞尔的《什么是言语行为》（*What is Speech Act?*），塞尔本人称他宁愿将之称为《什么是以言行事行为》（*What is Illocutionary Act?*）。[1]

本文将分析塞尔言语行为分类的标准，并在此基础上分析这些标准对大英课堂教学的启发。

---

* 郝瑞丽（1977—），英美文学硕士，法律语言学博士（在读），中国政法大学外国语学院大学英语教研室，副教授，研究方向为英美文学、法律语言学。

〔1〕 在本文中，除非特别说明，所谓言语行为，是指言外行为或以言行事行为，即 illocutionary acts。

一、言外行为（类型）目标（目的）不同[1]

说话人根据目的，执行相应的以言行事行为；目的不同，言外行为类型不同。例如，为了表达感谢，要说"谢谢"，表达歉意，要说"对不起"，这两种表达同属表情式（expressives）[2]言语行为。为了广而告之一则喜讯，要说"我宣布我们成功地实现了今年的生产目标"，即采取宣告的方式，执行一个宣告（declaratives）的言语行为。从这个分析可以看出，同一个言语行为的具体内容可能迥异甚至完全相反。例如，表情式言语行为的内容可以是感谢、道歉、悲伤、喜悦，甚至是绝望；宣告式言语行为宣告的可以是成果的喜讯，也可能是失败的噩耗。

不同的言语行为可以有相同的目的，相同的言语行为也可以有不同的目的。具体到大英课堂教学中，首先要层层明确教学目的：整个学期课堂教学的目的、每一次课堂教学的目的、每一个教学活动的目的等。在明确教学目的的基础上，确定"言语行为"计划。根据不同的教学目的，确定最适合的言语行为，并根据言语行为，进一步确定应该采用的言语形式和技巧。

二、词与客观现实适从向的不同[3]

言外行为的表达式为 $F(p)$，F 指的是以言行事的力量，p 指的是命题内容。词与客观现实或曰世界的适从指向有两个方向：①由词指向客观现实：客观现实是一定的，词语适应客观现实；②由客观现实指向词：词语是一定的，客观现实适应词语。指向如何，由以言行事力量 F 决定。

在表达式的行为（例如，"这里有一本书"）中，指向是由语词指向世界，即言语是否适应客观现实，适应则本句话为真，不适应则本句话为假。在承诺式行为（例如，"我保证完成任务"）中，指向是世界指向语词，即客观现实是否能适应言语，如果适应，则承诺行为完成，如果不适应则承诺行为失败。

这一标准对大英教学的启发主要在于教师的课堂用语。在设计课堂用语时，

---

[1] [美]约翰·R. 塞尔：《表达与意义》，赵奎英、王加为、赵明珠译，商务印书馆2017年版，第13页。

[2] 见塞尔根据他的12个标准对言语行为进行的分类。

[3] [美]约翰·R. 塞尔：《表达与意义》，赵奎英、王加为、赵明珠译，商务印书馆2017年版，第13页。

教师要明确课堂用语和学生之间的指向问题：是课堂用语适应/指向学生还是学生适应/指向课堂用语。如果是语词适应学生，教师应根据学生的特点，确定语词的特点，确保学生能够明确教师的表达意向；如果是学生适应语词，教师应考虑如何调动学生的积极性，使学生参与到课堂活动中，从而能够紧跟课堂教学的步伐。只有完美实现了这两个方向的适应，才能保证课堂教学的效果。

三、表达出来的心理状态不同[1]

塞尔认为："说话人在实施任何一个具有命题意图的言外行为时都会表达对这种命题意图的态度、状态等。需要注意的是，即使他言不由衷，即使他根本就没有话语中表现出来的这种观念、愿望、意图、会意或快乐，他也的确在言语行为中表达了一种观念、愿望、意图、会意或快乐。这一点在语言学上是非常重要的，因为从语言学的角度来说，一方面使用了明确的施为动词，一方面又否认表达出来的心理状态，是一件不可接受的事情（虽然不是自相矛盾）。"[2]塞尔在这里以施为动词为例，表达了施为动词对心理状态的重要性。其实，除了施为动词外，心理状态还可以用其他的方式间接表达出来。例如，表达指令性的言语行为，可以说"我命令你赶紧离开！"或者说"滚！"，这两种表达方式都表达了说话者S希望听话者H赶紧离开的心理状态，前者用了施为动词命令，而后者没有使用。

在此，需要特别指出的是，同一个言语行为可以表达不同的心理状态，同一种心理状态也可以用不同的言语行为来表达，二者之间并不是一一对应的关系。例如，信念这种心理状态可以用陈述、断言、评论和解释等言语行为表达，而陈述这种言语行为可以表达希望，也可以表达失望两种不同的心理状态。

在课堂学习中，心理状态对于教学效果具有十分重要的影响。教师是课堂的主导者，因此，教师对于心理状态也具有主导作用。在课堂教学中，教师应根据教学的内容确定相应的心理状态，并根据心理状态确定对应的言语行为，最后根据言语行为确定所使用语言的特色。教师在恰如其分表达自我心理状态的基础上，进而引导整个课堂的心理状态，以及每个学生的心理状态，最后达到创造适

---

[1]［美］约翰·R.塞尔：《表达与意义》，赵奎英、王加为、赵明珠译，商务印书馆2017年版，第14页。

[2]［美］约翰·R.塞尔：《表达与意义》，赵奎英、王加为、赵明珠译，商务印书馆2017年版，第15页。

合学习内容的课堂氛围的目的，达到最佳的学习效果。

四、呈现以言行事要旨的言外之力不同[1]

以言行事要旨（illocutionary point）指的是以言行事的中心内容，言外之力的不同在此指的是言外之力量程度的不同。例如，"我建议你现在离开""我认为你现在应该离开""我坚决认为你现在必须离开"。在这三个表达中，以言行事要旨都是：我希望你离开；而以言行事的力量程度显然不同：第一个最弱，第二个稍强，第三个最强。另外，从这三个具有不同的言外之力的表达看，说话者所执行的言语行为也不相同，第一个是建议的言语行为；第二个是表达的言语行为，即表达我认为你应该离开的态度；第三个是表达主张的言语行为。由此，我们可以得出结论，不同的言语行为的言外之力是不同的。

同样的命题内容可以用具有不同言外之力的言语表达。这一点主要影响教师和学生之间的交流。对于不同的教学内容，教师应确定使用不同的言外之力；与学生之间交流的内容不同也决定了所使用的言外之力的不同。言外之力过强或过弱都不能达到最佳的表达效果，因此，教师应根据内容确定应该使用的最佳的言外之力。

五、说话人和听话人地位的不同对以言行事力量的影响[2]

一般而言，地位高的人说出的话语具有较强的以言行事的力量；地位较低的人说出的话语具有较弱的以言行事的力量。例如，将军对士兵、老板对员工、家长对孩子，说出的话一般具有较强的以言行事的力量，而反过来，士兵、员工和孩子所说出的话语的以言行事的力量显然就弱很多。

六、话语和说话人、听话人关联起来的方式不同

有些话语和说话人关系更加密切，关联度更高；而有些话语和听话人的关系更加密切，关联度更高。例如："祝你成功！"这句话和听话人的关联度更高；而"我一定会成功的！"这句话和说话人的关联度更高。

---

[1]《表达与意义》一书中译为"言外之的"，李步楼先生翻译的《心灵、语言和社会：实在世界中的哲学》中将其译为"以言行事要旨"。

[2][美]约翰·R. 塞尔：《表达与意义》，赵奎英、王加为、赵明珠译，商务印书馆2017年版，第16页。

综合第五点和第六点，教师应明确课堂上教师和学生之间的地位，以及和学生关联的密切程度，并根据这两项内容确定师生之间交流的模式和应该实施的言语行为。

七、施为话语与话语的其他部分的关系的不同

某些施为式话语的作用除了完成言语行为本身外，还有一个作用，就是将话语和对话的其他部分连接起来。例如，"我推断""我答复""我得出结论"这些表达方式，一方面，它们执行一个言语行为；另一方面，它们的作用是把这个言语行为和对话的其他部分连接起来。除了这些表达之外，"但是""而且""因此"等表达也具有类似的功能。

具有关联作用的施为话语是一种特殊的施为话语。塞尔将其表达为不同（differences），其实这里的表达，本人认为应该是特殊（specialty）。另外，塞尔认为"但是""而且""因此"，这些表达也可以实施关联功能，但一方面，关联功能并不是言语行为，另一方面，这些词也并不是施为动词。它们与"我推断""我答复""我得出结论"这些表达唯一的共同之处，就是具有"关联作用"，但是，他们关联的未必是具有执行作用的话语和对话其他部分之间的关系，而且它们本身不具有执行言语行为的作用，因此，塞尔将这些词放在这里与"我推断""我答复""我得出结论"这些表达进行类比的做法，让人费解。

八、由言外行为显示项决定的命题内容的不同

以言行事力量可以决定命题内容的不同，例如，陈述和预言这两种以言行事力量对应的命题内容肯定是不同的，陈述对应的肯定是过去或现在的事实，而预言对应的肯定是将来的事实。事实上，这种决定作用是双向的，反过来，命题内容也可以影响以言行事力量，例如，如果一个命题内容是对未来的不确定事实的一种描述，那么这句话的以言行事力量就有可能是预测（也可能是质疑、描述）；如果一个命题内容是有关已经存在的或现在正在进行的事实的描述，那么这句话的以言行事力量有可能是陈述（也有可能是质疑、赞扬等）。从前面的论述可以看出，以言行事力量可以决定命题内容，但命题内容并不能决定以言行事力量，它只能影响以言行事力量。因此，我们可以得出结论，以言行事力量和命题内容之间的影响程度和力度是不对等的。

九、一定是言语行为的行为与可能是，但不一定以言语行为的方式实施的行为之间的不同

有一些行为必须以言语行为的方式实施，例如，宣布一个人被监禁，必须通过语言实施宣布监禁这个行为，无论这个语言是口头的还是书面的。而一些行为却不一定必须以言语行为的方式实施，例如，"我总结""我评估""我诊断"，这些行为可以以言语行为的方式实施，也可以不用言语行为的方式实施。"我总结"时，可以说"我总结"，也可以不说"我总结"，而直接把总结的内容说出来，甚至不用说出总结的内容，只是在心里默默知道就可以。"我诊断"时，可以说"我诊断你怎样怎样"，也可以不说"我诊断"，而直接说出你的病情。

十、需要超越语言机制完成施为的言语行为和不需要超越语言机制就可以完成施为的言语行为

一些言语行为的实施需要超越语言机制的配合才能得以完成，也就是说，仅仅说出这个话语并不能保证或意味着言语行为的实施。例如，"我宣布你加入教会"，这个言语行为的实施，并不是任何人说出这句话就意味着言语行为的实施，说话人必须在教会中具有一定的职位，他说的这句话中的言语行为才可能得以实施。说话人必须具有一定的职位这个事实，就是超越语言的机制。但是，恋人之间表达爱意，不需要超越语言的机制，直接说出表达爱意的话语，就可以事实表达爱意这个言语行为。

这一点需要和第五点区分开来。说话人和听话人地位的不同，会导致使用不同的言语行为，这是第五点的内容；而第十点的内容侧重在言语行为的实施需要超越语言的机制的保证。例如，将军对士兵讲话，可以用命令的言语行为，而士兵对将军更多是使用请求的言语行为，这个不同源于两者之间的地位的差别。而将军可以对士兵下达"开战"的命令，这个言语行为的实施条件是：讲话人必须是具有宣布开战命令的权力的人，即将军，而非士兵。这种情况属于需要超越语言的机制才能实施的言语行为。第五点和第十点的区别还在于：第五点的不同不是必须的，不是制度性的，只是按常理而言理应如此的一个现象，而第十点是必须的，是按制度而言必须如此的一个规定。所以，将军可以以命令的语气对士兵说话，但是，也可以以恳求，甚至央求的语气对士兵讲话；但是，下达"开战"命令的人只能是将军，而不能是士兵，因为按照制度，士兵下达的有关"开战"的命令是无效的。

十一、起施为作用的以言行事动词和不起施为作用的以言行事动词

多数以言行事动词是可以起施为作用的,例如,"许诺""命令""宣布"等这些动词都是可以实施言语行为的。但是,有些动词不能起施为作用,例如,"吹嘘""威胁""夸张"等这些词虽然是动词,以言行事行为中也包括这些行为,但是,这些动词不具有执行相应的以言行事行为的功能。

十二、以言行事行为的执行方式不同

在以言行事要旨或者命题内容相同的情况下,可以用不同的以言行事行为。例如,以言行事要旨是"离开",这个命题内容可以用不同的以言行事行为实施:"请求""命令""威胁"等。对于这一标准的应用的关键是,在不同的语境中选用最合适的以言行事方式,或最高效的以言行事方式。

结语

塞尔言语行为的分类标准不仅是言语行为分类的依据,也可以作为课堂用语设计的标准。根据不同的教学任务,确定不同的指标;根据不同的指标进而确定不同的言语行为类型;根据不同的言语行为类型,进而确定相应的语言形式。这样层层确定的课堂用语,交流目的明确、高效,从而实现最佳的课堂教学效果。

四、教学管理：新角色、新技术、新建设

孙晓磊[*]

"输出驱动假设"视域下学术英语课程教师的角色转换

本文在中国政法大学学术英语课程原有的"先输入后输出"的传统教学理念和方法基础上,提出结合"输出驱动假设"的全新英语教学理念和方法,以及之前局部试验性采用的"翻转课堂"教学模式,形成学术英语改进版的教学流程和方法。为顺利推进和使用这套全新教学流程和方法,教师需要从教学理念、教学技能、教学流程和教学评价四个方面转换角色,成为教学理念和方法改革的排头兵,为提高学术英语教学效果发挥重要作用。

一、研究背景

在新时代背景下,大学英语课程在培养国际化人才中起着重要作用。为了培养学生的学术英语能力,大学英语改革方向之一就是开设专门用途英语尤其是学术英语课程。2012 年至今,中国政法大学大学英语教学改革的学科特色课程《学术英语(法学)》已经经历了六轮的教学实践,教学模式逐渐趋向成熟,成为国内高校学术英语课程建设的示范对象之一。其间,该课程的教学模式随着国内外教学环境和理念的变化,不断做出调整。比如,2015 年,为了顺应基于"微课"的"翻转课堂"这一全新教学理念和趋势,该课程组依托学校的政策鼓励和技术支持,系统录制了"学术英语"系列微课程。部分任课教师也尝试性地将"微课"视频应用到自己课堂教学过程中,收到了一定的效果。然而,"学术英语"课程的深入改革和持续优化是课程组一直面临的问题。

---

[*] 孙晓磊(1979—),男,河北沧州人,英语语言文学硕士,中国政法大学外国语学院副教授,研究方向为英语教学和翻译学。本文系 2018 年中国政法大学教育教学改革项目"基于'输出驱动假设理论'的学术英语课程教学模式创新研究"(10718126)的阶段成果。

二、理论基础

"输出驱动假设"是国内二语习得领域专家文秋芳教授在Krashen[1]的输入假设、Swain[2]的输出假设和Long[3]的互动假设基础上,结合中国二语习得的特有环境提出的一套创新教学理论。其核心理念挑战的是"输入促输出"的教学顺序和听、说、读、写、译能力均衡发展的教学目标。该假设针对中、高级外语学习者,主张教学要以输出为出发点和终极目标。与"先输入后输出"的教学程序相比,输出驱动假设认为,输出驱动有助于激活高中毕业生在过去英语学习中积累的"惰性知识",提升学生汲取新语言知识的积极性,取得更好的教学效果。与输入—输出全能目标相比,输出驱动假设将职场需要的输出能力作为教学考核目标,同时允许学生根据自身需要选择培养部分表达能力。结合大学英语课程的应用,文秋芳教授从教学目标、课程体系、教学流程与教学方法、评估重点四个方面阐述了这一理论的具体应用(见图1)[4]。

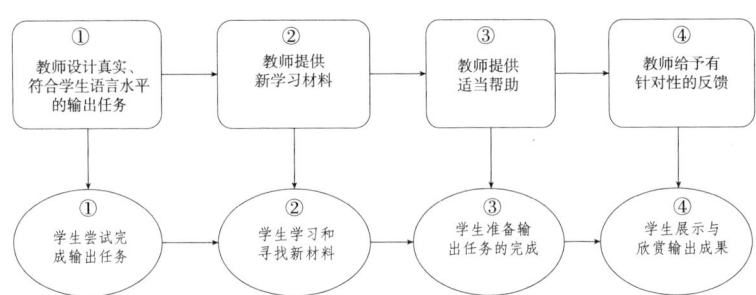

图1 "输出驱动假设"教学的基本流程

而"以输出驱动输入"这一全新语言教学理念打破传统教学顺序的做法的

---

[1] Krashen S., *The Input Hypothesis: Issues and Implications*, London: Longman, 1985.
[2] Swain M., "Communicative Competence: Some Roles of Comprehensible Input and Comprehensible Output in Its Development", in Gass S&Madden C eds., *Input in Second Language Acquisition*, Rowley, MA: Newbury House, 1985, P. 235–253.
[3] Long M., "Native Speaker/Non-native Speaker Conversation and the Negotiation of Comprehensible Input", *Applied Linguistics*, 2 (1983), 126–141.
[4] 文秋芳:"输出驱动假设在大学英语教学中的应用:思考与建议",载《外语界》2013年第6期。

依据和合理性可以解释为：其一，该理念适用对象为中、高级学习者（中国政法大学本科生的外语能力已经达到这一范畴），输出以其固有的四大功能（输出可提高语言的流利度和自动化程度，检验语言假设，增强对语言的注意度，培养对元语言的反思能力）给外语学习带来更大的驱动力。其二，输出驱动假设认为输出驱动有助于激活高中毕业生在过去英语学习中积累的"惰性知识"[1]，提升学生汲取新语言知识的积极性，取得更好的教学效果。其三，让学生带着明确的任务和目标进行有目的的学习，"以用促学"，学生的积极性和动力会更强。

三、教学改革实践

（一）教学流程改进

中国政法大学学术英语（法学）课程改革具体需要做到改变"先输入后输出"的传统语言教学理念和流程，制定"输出驱动输入"的全新学术英语教学流程和方法。具体可以总结为：

1. 教师教学流程：

（1）教师设计适合的交际任务（与单元主题相关）。

（2）教师提供有针对性的新材料（与任务完成有关）并且有选择性地讲解学习材料（教材课文与任务有关的内容）。

（3）教师提供适当帮助（课上和课下）。

（4）教师给予针对性的反馈（课上和课下）。

2. 学生学习流程：

（1）学生尝试完成交际任务（认识到不足而产生动力）。

（2）学生带着任务完成微课的学习（课下）；教材内容的学习（课上）；新材料的学习和搜集（课上课下）。

（3）学生准备输出任务的完成。

（4）学生展示与欣赏输出成果。

（二）教师角色转换

为顺利推进和使用《学术英语（法学）》全新的教学流程和方法，教师需要改变以往传统教学模式中的固有角色，从教学理念、教学能力、教学流程和教

---

[1] Larsen-Freeman D, *Teaching Language: From Grammar to Grammaring*, Beijing: Foreign Language Teaching and Research Press, 2005, p. 8.

学评价四个方面转换角色,改变自我。

1. 教学理念。

(1) 学术英语教师要改变传统的"知识灌输者"的角色。传统的大学英语教学与以高考应试为终极目标的高中英语教学相似之处在于,课堂学习形式主要以教师的"满堂灌输"为主,教师集中讲解语言点,分析课文,讲解阅读或者写作技能;而学生则多数时间在下面记笔记,被动接受教师灌输的知识,疲于应对各种考试的挑战,知识接受效果不佳。而学术英语教师则要改变课堂"知识灌输者"的理念,通过设定学生感兴趣的、符合学生能力的"产出"任务,"驱动"和激发学生的学习欲望;在帮助学生完成产出任务而设定的教学活动中,教师需要发挥"中介"作用,引导和辅助学生完成任务。在最后的任务"输出"环节,教师还要对学生的产出作品进行评价,以促进学生能力的提高,实现"以评促学"。这样全新的教学理念完全颠覆了"教师全力灌输,学生被动接受"的传统教学理念。

(2) 学术英语教师要改变"以学生为中心"的课堂理念。目前国内外普遍推行"以学生为中心"的教学理念,强调教学的一切活动都要围绕学生展开,充分发挥学生的主观能动性,使学生成为学习活动的主要参与者,而将教师的主导作用弱化。教师虽然倍感"省心省力",却也同时感到了失落。学术英语教师应该在课堂上重新找回"主导者"的地位,发挥自身在各个教学环节中不可替代的主导作用,实现师生活动中"教师主导、学生主体"的"双主体"的教学理念[1]。教师在保证学生成为任务完成的"主角"的同时,自己成为这场"演出"的"导演"、"观众"甚至"裁判",不必再去纠结教学是否以教师还是学生为中心,而是践行以"学习"为中心的新的教学理念。

(3) 要改变以教材为主导的理念。学术英语教学要突破传统的依托教材、课本至上的教学理念,也要改变传统的教材使用的流程和方法。学术英语教材使用的目的不能只是盲目机械地为学习和上课而使用,而是以学生的产出"任务"为目标,因此必然涉及教材里内容的删选和替换,而不再是以前一股脑地讲授给学生。另外,教师也需要按照任务需要,额外补充新的输入材料,既要保证输入材料和输出任务的吻合,也要符合学生的兴趣和水平,这样才能调动学生学习的冲动和兴趣。这样,教师给学生准备的教学材料,已经不再是传统意义上的一本

---

[1] 文秋芳:"输出驱动假设在大学英语教学中的应用:思考与建议",载《外语界》2013年第6期。

教材就足够，而是多种材料的互补和结合。

2. 教学能力。学术英语教学的成功开展离不开教师这一核心因素，同时也对教师的教学能力提出了全新的挑战。有些大学英语教师面对学术英语课程心存恐惧和担忧，认为自己不具备学术英语所涉及的专业学科学历和知识，因此无法胜任学术英语的授课任务，这样就会面临无课可上甚至被淘汰的风险。上海市于2016年12月修订的《上海市高校大学英语教学参考框架》（以下简称《参考框架》）提出要纠正大部分老师把学术英语当作专业英语甚至双语教学的误解，认为教授学术英语的大学英语教师不需要有很强的专业知识和学科背景。学术英语教师的作用是帮助学生获得和提高其专业领域中进行口头和书面交流的语言能力，而不是大家担心的学科知识和内容。[1]

《参考框架》也明确制定了学术英语教师能力发展框架，用20条细则对教师的学术英语教学能力加以详细说明。不难看出，虽然大学英语教师不用担心其会因为所涉及专业学科背景和知识欠缺而无法胜任教授学术英语课程，然而《参考框架》也表明学术英语课程对教师的教学能力提出了更高的要求[2]。学术英语教师的这一转型也意味着其专业能力的发展迫在眉睫。虽然不需要极强的专业学科背景，但是教师也需要了解学生所学专业的研究范式、学术话语传统和各种语类的语篇特色。比如，需要帮助学生分析课文作者是如何通过语篇结构和元话语手段等构建自己观点的，帮助学生通过规范准确地引用不同类型的文献来支撑自己的观点。还比如，通过观察和总结各学科学术语篇的共性和学术语言的共核，培养学生的跨学科的学术英语能力；能深入专业院系，请教专业课教师，并善于与他们进行合作，设计学术英语课程与教材。可见，学术英语教师不仅从教学理念需要转变，知识结构也需要整体升级，才能适应新形势下的全新要求与挑战。

中国政法大学的学术（法学）英语教学，需要教师对法学专业有一定的了解。幸运的是，学术英语教师队伍中一部分教师具有法学专业学历，甚至可以胜任专业英语和双语教学，而没有专业背景的普通教师一方面可以向这些有专业知识的教师学习和请教，也可以向各个法学院的法学专业教师学习和交流，提高自己的知识储备和专业能力。因此，在这一方面，中国政法大学的学术英语教学具

---

[1] 《上海市高校大学英语教学参考框架》，21世纪英语网，http://elt.i21st.cn/article/14782_1.html，最后访问时间：2018年12月30日。

[2] 蔡基刚："《上海市高校大学英语教学参考框架》修订的理论依据和主要内容研究"，载《外语电化教学》2017年第1期。

有得天独厚、近水楼台的优势。在具体教学实践中，教师需要熟悉法律语篇严谨的逻辑和法律文章的论证范式。譬如，在论证"安乐死（euthanasia）不能合法化"的文章中，在学习法律词汇和表达方式这一基础上，更要让学生明白，该法律观点的展开论证都是需要有严谨的论证思路以及严格的论据出处，而不能不负责任且毫无缘由地编写论据去支撑论点，这就可以帮助学生养成科学严谨的学术素养。

3. 教学流程。按照"输出驱动输入"假设的理论，结合中国政法大学学术英语教学实践总结的新的教学流程，教师角色的转换可以体现在如下方面：

（1）教师设计适合的交际任务（与单元主题相关）。传统的教学流程中，教师也会在课前给学生布置任务，但是，一般都会是比较笼统、简单的预习任务，目的就是为课堂上精讲单元课文做准备。而新的输出驱动教学要求一定是目标和要求非常明确的产出性任务，比如口头或笔头表达、口译或笔译任务，甚至是综合的任务。这个任务一定要符合学生的交际需求，语言难易程度要符合学生的实际能力。例如，可以给学生布置"用英语向外国人口头介绍中国的死刑制度"，或者"用英语写一篇文章，对比中美两国'学术剽窃'的不同之处"，等等。要做到这一点，教师需要对学生的实际语言水平以及知识水平非常熟悉。当然，这些任务还可以按照课时的安排细分为若干子任务，这样可以降低任务的难度，并随着学习进度的推进逐步完成。另外，按照不同任务的复杂程度可以灵活分配课时，而不是像以前的所有教学任务都必须在同样课时内完成。

（2）教师提供有针对性的新材料并且有选择性地讲解学习材料。传统的教学流程中，教师也会给学生提供补充材料，但那主要是为了学习单元主题，只是课文的补充材料，多数情况下也只是一种形式，而教师的主要课堂任务就是讲解课文。而新的输出驱动教学要求教师有选择性地给学生提供补充材料，目的和标准都是学生的输出任务。这些材料形式不限，数量不限，但是一定要保证和输出任务相适合。适合度越高，其效率就越高，学生完成任务就会越轻松。教师可以按照不同的项目甚至是子项目，分步骤地将材料发给学生，避免一起发给学生会让他们觉得任务过重而心生抵触情绪。另外，教材课文的处理，也要灵活，可以随机挑选适合的文章讲解，不一定按照单元课文的原始顺序，也可以省略某些课文不讲，而用补充材料去替代。这就要求教师在筛选和甄别补充材料的时候，一定做到谨慎细心，严格把关。总之，教材课文和补充材料的选取，都要以服务于学生的产出任务为标准，因此对教师提出了很高的要求。

（3）教师提供适当帮助。传统教学流程中，教师主要的精力集中在课堂讲解，课下主要是给学生更多的练习和实践的机会，针对一些作业和任务的评价，教师多是起到"法官"的作用，而不是发挥整个流程具体指导的"教练"作用。而新的输出驱动教学流程要求教师改变传统角色，细化每个教学环节中的指导作用，对学生的每个阶段的表现实施指导、监控和评估，确保自己提供帮助的有效性，最大限度地帮助学生提高产出能力。

（4）教师给予针对性的反馈。传统教学中，教师对学生口头报告任务的反馈只是流于形式，多数情况下只是给出一个最后的分数，而对于听众的参与却忽视不理。对于笔头任务，多是指出其语言形式的简单错误，而对于文章的篇章结构和内容组织缺少评判和指导。新的输出驱动教学要求教师从一开始就要了解学生口头报告的选题和内容框架，在展示的时候才能做到有的放矢的评判；对于口头报告的现场听众，教师也要给他们布置一定的任务，使其积极有效地参与到"生生互评"的环节中来。比如，学术英语中学生所作的"Causes of Domestic Violence in China"口头报告展示过程中，教师可以要求现场的听众记录下报告者所提到的3条重要的原因，并对其原因的论述作出评判。这样，就可以最大限度地调动学生和教师一起给口头报告的学生做出最有效的反馈。

4. 教学评价。在输出驱动假设理论的学术英语教学中，教师在对学生的产出任务评价过程中，也要做出一定的调整。

（1）强调学术英语语言实际应用能力。传统语言测试更多强调学生对语言的掌握程度，因此，在测试的时候，多会使用传统的测试题型，包括选择题和完形填空题。而学术英语要求教师对传统的测试方式进行较大的调整，去除原先的以测试学生语言知识为目标的测试形式，而改为以考查学生用语言做事的能力为导向的测试方式。比如，让学生在阅读课文和补充文献的基础上，写出相关主题的文献摘要。

（2）考查多种语言技能的综合运用能力。学术英语的语言技能应用测试，需要考查学生多种语言技能的综合运用能力。这就要求教师在评估学生的时候，考虑其听和说、读和写、读和说、读和译、听和译甚至是多项技能综合运用的能力。中国政法大学学术英语课程的评价环节之一，就是要求学生按照主题完成项目产出的任务，比如"就 euthanasia 是否合法化"进行项目研究和展示，要求学生在阅读文献的基础上写出一篇学术论文，并进行口头展示，还要现场接受教师和学生的提问。这样，就是一种听、说、读、写四种能力综合运用的评估方式。

当然，在此基础上，教师还可以进一步大胆探索更多的、更加丰富的用以评估学生综合运用语言技能的形式，比如可以考虑将口头翻译能力加入到考查中来。

（3）提高教师主观评价的科学性。学术英语课程的评价环节，需要增加教师主观评价的力度。具体体现在平时成绩评分标准的制定以及期末测试中主观题的评定。因此，教师必须将平时成绩的制定标准统一实施，也要事先告知学生具体标准的内容，甚至可以征求学生意见，修改完善这一标准，尤其是可以加入"生生互评"的环节，这样可以最大限度地增加评分标准的科学性。另外，要保证期末测试中主观题的比例，不能因为主观题的评判相对困难而用传统的客观题取而代之。

四、结语

本文在"输出驱动假设"的全新英语教学理念和方法的基础上，结合中国政法大学学术英语课程改革的实践，提出改变原有的传统教学理念和方法，实施改进版的教学流程和方法，并列举了教师教学任务和学生学习任务两个全新版的具体流程。文章重点论述了教学理念、教学能力、教学流程和教学评价四个环节中，传统教师角色和改革后教师角色转换的做法和可行性，也指出了教师在角色转变过程中遇到的一部分具体困难。改革后的学术英语教学理念和方法是对传统教学理念和方法的挑战，因此，在改革和实践初期，一定会遇到种种问题和障碍。这就需要学术英语课程组教师投入更多精力研究和改进这一新的教学理念和做法，积累经验，逐步推进。在此基础上，也可以将其推广到更多的英语课程乃至外语课程，使这一新的教学理念和方法得到更大范围的应用，真正提高大学外语教学的效果。

高 静[*]

英国大学英语教学管理调研及启示
——以金斯顿大学为例

一、中国大学英语教学的现状

1. 由于社会对外语能力,尤其是对英语交流能力的需求,人们越来越注重英语语言能力的发展。同时英语作为中考和高考的科目,在中国基础教育阶段得到学生和家长高度重视,尤其是在一些大城市,很多学生从幼儿园开始就参加各种辅导班学习英语,很多小学也是从三年级甚至一年级就正式把英语列为主干课。因此,很多学生在上大学之前英语已经达到了相当高的水平。一些小学、初中和高中毕业生的词汇量分别可达到 1000、3000、5000。[1] 高校入学新生英语水平愈来愈高,一些重点大学的学生甚至不需要进行大学阶段的公共英语学习,就可以顺利通过国家的四、六级英语考试。[2]

2. 随着计算机和互联网的发展和大数据的支持,"互联网+"时代到来,教育和学习的形式也随之发生很大变化。与前些年的学生相比较,现在的学生可以轻松在网络上找到各种学习材料,学习上的疑问也可以从网络上找到答案。各种丰富多彩的教学软件,如手机 APP,也为学习提供了更多的便利和学习选择。同时,学校也在积极地引入微课,慕课(MOOCs)等网络课程,作为课堂教学的有力补充。2012 年被称为"国际 MOOCs 元年",世界顶尖大学名师课程免费向全球学习者开放。许多大学直接把校内课程搬上了网络,全球学习者均可免费学习名校的经典课程。2013 年中国许多高校加入了国际慕课阵营,开始建设自己

---

[*] 高静(1978—),女,天津人,中国政法大学外国语学院副教授,研究方向为英语教学、社会语言学。

[1] 蔡基刚:"ESP 与我国大学英语教学发展方向",载《外语界》2004 年第 2 期。

[2] 张杰:"公共英语教学的专业化与专业英语教学的公共化——我国高校英语教学改革的必由之路",载《外语与外语教学》2005 年第 11 期。

的慕课。[1]

3. 在这些因素的冲击下,大学英语的教学面临着很大的挑战,有很多高校的大学英语的学分已经缩减。十几年前很多大学普遍采用的大学英语16学分在现在已经很难找到,多数学校已经降到了12学分、8学分或更少,清华大学一度曾试验取消英语必修课,全部由学生自主选择是否修读英语课。有学者甚至认为,随着高中英语教学水平的迅速发展,大学新生英语水平的大幅度提高,大学英语的衰落和消亡是必然的趋势。[2] 大学英语如何生存的问题引起了国内学者和一线教师的热烈讨论,他们提出了很多好的建议,其中有以蔡基刚老师为代表的主张以学术英语取代通用英语的研究文章,有主张大学英语教学的未来发展方向仍然是通用英语和通识英语教学为主、学术英语教学为辅的研究[3],也有很多探索学术英语的教学和培养模式的文章[4]。

二、英国金斯顿大学调研

(一) 调研的背景

笔者一直在思索,在英国这样的英语国家,大学英语教学处于什么位置?课程如何安排?带着这些疑问的笔者有幸得到基金委的资助,来到英国的金斯顿大学进行为期1年的访学,利用这难得的学习机会,笔者对金斯顿大学的英语教学进行了全面的调研,希望能从中得到启发,为我们的大学英语教学,尤其是学术英语和专门用途英语课程设置提供参考和借鉴。

金斯顿大学前身是金斯顿技术学院(建校于1899年),目前大学有来自133个国家的23 135名学生[5]。大学也处于THE(times higher education)评选的世界顶级年轻大学(150 under 50)之列。金斯顿大学的国际学生比例很大,占学生比例34%,也就是将近8000留学生。在THE国际化大学子项里金斯顿大学世界排名136,教学质量QS英国排名36位。值得指出的是,来自欧盟的各国学生

---

[1] 马武林、胡加圣:"国际MOOCs对我国大学英语课程的冲击与重构",载《外语电化教学》2014年第3期。

[2] 蔡基刚:"我国大学英语消亡的理据与趋势分析",载《外语研究》2012年第3期。

[3] 胡开宝、谢丽欣:"我国大学英语教学的未来发展方向研究",载《外语界》2014年第3期。

[4] 张为民、张文霞、刘梅华:"通用英语教学转向学术英语教学的探索——清华大学公外本科生英语教学改革设想",载《外语研究》2011年第5期。

[5] 信息来源 http://www.kingston.ac.uk/aboutkingstonuniversity/kingston-university-ranking/,最后访问时间:2017年12月。

不属于国际学生的范围,也就是说,来自非英国本土的学生所占的比例要远远高于34%。为了协助大量留学生的学习和生活,提高教学水平和质量,金斯顿大学提供了非常完善的学生支持和教学辅助服务,包括非常便捷的各种网络系统、服务中心等。更重要的是,金斯顿大学拥有完善的ESP/EAP(学术英语/专门用途英语团队)课程系统,协助大量非英国本土学生适应英国大学的学习,帮助包括英国本土学生在内的所有学生掌握学术英语和职业英语技能。

(二)院系设置和英语教学部的地位

金斯顿大学为学校、教学部、学院三级管理。大学首先分为"艺术和社会科学部""健康、社会医疗教育部""金斯顿商学教学部""金斯顿艺术教学院""科学、技术和计算机科学教学部"五个大教学部(faculty)[1],它们是不同于我们通常认为的以一门专业为主的教学单位,而是比较某个大领域包括多个专业院系的教学部。教学部下设学院(school)和研究所(centre),学院里有包括以专业为基础的系(department)。例如,我访学的艺术和社会科学部(Faculty of Arts and Social Sciences)首先包括法律、社会和行为科学院,艺术、文化和交流学院,当代欧洲哲学研究中心等。学院下包括法律、经济、心理学、历史、政治、英语、创作写作、新闻和发表、音乐、戏剧、媒体和哲学等在内的多个专业。其中,英语专业主要从事英语文学和语言教学的研究,创意写作专业主要培养以英语小说和戏剧为目的的英语写作。而相当于我们的大学英语的教学部门的"语言计划和学术职业英语",下属于艺术、文化和交流学院,也被赋予了与其他专业同等的地位,负责全校的英语能力教学。这种大教学部的好处是资源共享,尤其是教师资源,如果有需求,教师可以很方便地在系里的其他学院或专业开课。资源的共享也就更方便跨学科专业的发展。

(三)教学管理和网络系统

金斯顿大学为教师和学生提供了非常完善的网络平台资源和服务,包括了学习和生活的方方面面,如Canvas、Box、OSIS、My Desktop Anywhere、Timetables和iCat等。这些平台为学生的学习和生活提供了很多的便利,也成为课堂教学不可或缺的辅助和补充。

---

[1] 信息来源http://www.kingston.ac.uk/aboutkingstonuniversity/kingston-university-ranking/,2017年12月30日,在2018年学院对各院系的组合进行了微调。

1. Canvas[1]。直到 2017 年 7 月,金斯顿大学一直使用英国很多高校还正在使用的 Blackboard 系统,国内的一些高校也正在引进 Blackboard 系统。但是,从 2017 年秋季学期开始,金斯顿大学开始启用 Canvas 系统来代替 Blackboard 系统。

这个平台实现了教师和学生之间课程的全面互动,功能强大,总结起来可包括:①教师可以在平台上发布课程材料、通知,查询学生信息和学习进度;②学生和教师实现了各种形式的网上交流,教师可以组织讨论或和学生实时交流,并根据系统提供的维度评价学生的互动和参与度情况;③系统整合新的在线评价工具,教师不但可以在线批改作业,还可以批量下载作业,线下批改作业并批量上传;④学生界面自动显示其所选课程的列表,学生可以直接在平台上选修或选择退出某课程,查看所选课程的材料和课堂学习进度;⑤Canvas 系统实现了与大学其他网络平台的无缝对接,例如,可以把学生日程表信息系统(Timetable)信息直接载入 Canvas 日历。同时,Canvas 界面简单易操作,适合于(包括电脑、手机和平板在内的各种设备)各种用户设备。Canvas 相当于为学生创造了一个无时无地都能轻松进入课程学习的虚拟学习环境,而这样的互动对于语言教学来说尤其重要,因为很多语言技能掌握要求学生自己的实践和参与,Canvas 恰恰为英语课堂教学增加了几个维度,是课堂教学的有力辅助和延伸。

2. My Desktop Everywhere。为了信息和安全,师生需要通过账号才能登录学校的各个网络平台,而这不仅局限于在学校的局域网。通过 My Desktop Everywhere,金斯顿的师生可以在任何地方登录自己的账户,使用所有学校的网络平台,如同自己在学校的机房里一样方便。同时可以看到自己在任何电脑里登录自己账户后存储的文件,使用在别的电脑下载安装的软件。因此,师生不用再带 U 盘,(如果不分享)也不用上传云文件,不用重新装软件,直接登录任何电脑就可以继续自己在学校没有完成的工作,My Desktop Everywhere 可以把学校的学习带到任何地方。

(四)大学英语课程设置及教学情况

在前文提到过的"语言计划和学术职业英语"团队,负责全校英语专业和创意写作以外的英语语言教学。此团队为全校开设学术和职业英语课程(EAPD:

---

[1] 信息来源 https://www.kingston.ac.uk/information-and-technology-services/vle-studyspace/,2017 年 12 月 30 日。

English of Academic and Professional Development）、语言计划课程（KLS：Kingston Language Scheme），并提供预约式一对一的辅导咨询。

1. 教学对象。金斯顿大学英语课程开设目标人群是所有想提高学术表现和职业技能的人，特别包括：①欧盟和其他国际学生，以及母语不是英语的学生；②没有在英国学习过的学生；③想要提高学术写作和语言能力的本土学生[1]。可以看出，课程针对的人群不只是母语不是英语的国际学生，比如"没在英国学习过的学生"中有很多人来自新西兰、美国等母语为英语的人。本土学生表面上似乎不需要英语方面的辅导，实际上这是个错误的想法。因为学术英语表现出来的各种学术规范、用词和篇章要求都是需要通过学习才能掌握。在访学过程中，笔者特意咨询教授课程的老师，得知选修这些英语课程的有相当一部分学生都是英国本地生。

2. 学术和职业英语（EAPD）课程设置。金斯顿大学的学术和职业英语发展团队面向全校开设的课程有三种类型："开放"课程面向全校，各院系的学生均可通过网上报名注册后参加学习。"院系内"课程，针对不同学院专业的学术和工作英语需求专门制定的课程和金斯顿语言计划之英语课程[2]。

以2017年秋季学期为例，金斯顿大学面向全校的"开放"课程包括：学术写作、语法和词汇、英语语音、口语技能。除此之外，还有对于全校硕士和博士生论文写作开设的"论文写作技能"。

为各个学院量身定制的课程——"院系内"课程包括："创意写作和文学专业英语""艺术和社会科学学院写作技能""商务写作技能""SEC（科学、技术和计算机科学学院）写作技能""金斯顿艺术学院写作技能""HSCE（健康、社会医疗和教育系）写作技能"。除了第一门课之外，其他五门"院系内"课程正好是为金斯顿的五大教学部所设计。每门"院系内"课程下会细分为针对不同阶段和专业学生的子课程。比如，"SEC（科学、技术和计算机科学学院）写作技能"这门课中就包括"本科生学术写作技能""研究生学术写作技能""工程专业学术写作技能""药学专业学术写作技能""生命科学、药学和化学专业暑期硕士项目学术写作技能"。可以看出，课程的设计是充分考虑到学生的需求而设计的。另外，除了上面说的这些对于全校各专业开设的学术英语课程，金斯顿

---

[1] 信息来源：EAPD Courses and Tutorials booklet，2017年12月30日。
[2] 信息来源：https：//kuplus.kingston.ac.uk/2017年11月30日。

大学的学术和职业英语发展团队还开设了一些职业英语课程。比如2017年秋季学期开设的"商务学习：交流技能"和"求职交流技能"等课程，以帮助学生们提高职场的语言交流能力，顺利地实现从学校到社会的过渡。

第三类型是金斯顿语言计划（KLS：Kingston Language Scheme）之英语课程，是全面提高语言技能的课程。根据学生的英文水平将学生分为三个级别，由不同的老师进行教学。课程目的是培养学生对于英语全面的听、说、读、写语言技能。除了英语之外，金斯顿大学还开设阿拉伯语、法语、西班牙语等其他语种的语言课程。修完 KLS 课程学生也可以获得相应的学分。

3. 课堂外教学辅助——预约式的辅导咨询。金斯顿大学的学术和职业英语发展团队为学生提供一对一的学术英语辅导。学生可以通过网上预约的方式预约每次半小时的面对面辅导，预约时段先到先得。这样的面授辅导很抢手，一般时段公布后很快就被预约完。为了让更多的学生能有机会得到一对一的辅导，学校规定一个学生每周最多预约一次。

三、对我们大学英语教学的启示

（一）完善网络教学平台

对于语言教学这种不仅传授知识还培养技能的课程，师生间的互动尤为重要，教学系统能保证教师和学生的充分互动，使得课堂教学更加立体。完善的网络平台是传统课堂有效的补充，是课堂教学的延伸。例如，My Desktop Everywhere 和 Canvas 就可以帮助学生把课程学习延伸到各个地方，让计算机和互联网成为课堂教学的辅助，充分发挥课堂教学和网络二者结合的优势，这是传统课堂迎接"互联网+"时代最好的方式。

国内许多高校也在尝试运用各种教学辅助软件，例如笔者所在学校也在逐步引进 Blackboard 教学平台。清华大学外国语言文学系为配合英语课程学习，提高学生的自主学习能力，组织了多种课外活动，并利用网络资源，创建课外学习环境，以期更好地进行个性化教学[1]。但很多地方仍需完善，比如，很多教学系统只支持在校园网上使用，教学平台在教师和学生中的实际使用率低等问题。

（二）找好大学英语课程的教学定位

通过对金斯顿大学的调研，笔者坚信大学英语教学并不应该随着学生英语水

---

[1] 张为民、张文霞、刘梅华："通用英语教学转向学术英语教学的探索——清华大学公外本科生英语教学改革设想"，载《外语研究》2011 第 5 期。

平的提高而消亡。我们看到，在金斯顿大学这所英国大学里，英语语言教学占了相当重要的地位。不仅对英语为非母语的学生，对于很多英国本土学生来说，大学修读学术英语课程也是顺利开展大学阶段学习，完成论文写作的保障。对于研究生阶段的学生来说，学习英文写作规范更为重要。

而教学的重点应为学术英语教学，并与学生专业相结合。也许有人会有疑问，这种情况下，谁来教授与专业相关的学术英语课程？金斯顿大学的这些课程都是由"语言计划和学术职业英语"团队进行教授，他们并不是通晓所有专业，无所不能的多学科背景的教师，因为实际上，不同院系的系内课程的核心部分是一样的，都是学术英语的基础知识和技能，例如，如何写参考文献，如何评论数据等技能，加入的仅是各专业的基础性词汇和适用专业的学术论文形式，例如教法学学生如何写案例分析。

外语水平的提高没有尽头。同时对于我国高校来说，生源来自不同的省份，学生在外语水平上的差距很大，根据学生水平高低，我们可以提供有针对性的教学，根据学生的水平进行课程设置，也可以提供更多的预约性教学。

（三）教学要注重口语与写作的教学

通过研究金斯顿大学的英语课程设置，我们不难发现，其开设的课程主要针对写作和口语交流技能。可能有人会疑惑为什么语言技能包括听、说、读、写，而金斯顿大学只开设提高写作和口语技能的课程？原因是写作和口语属于输出型技能（productive skills），更需要通过训练慢慢提高，教师帮助也非常重要；而读写属于输入型技能（receptive skills），学习者达到一定程度后通常可以自学。而在我们现在的大学英语课堂教学中，很多是综合教程，在实际教学中往往还是以阅读分析课文为主。

《国家中长期教育改革和发展规划纲要（2010—2020年）》提出明确要求：高等教育应适应国家经济社会对外开放的要求，培养大批具有国际视野、通晓国际规则、能够参与国际事务和国际竞争的国际化人才。2017年三部委联合发布的《统筹推进世界一流大学和一流学科建设实施办法（暂行）》更为我国高校的发展指明了方向和目标。[1] 在此大环境下，大学英语教学应充分发挥工具性和人文性的作用，为高校各学科发展贡献力量。

---

［1］ 教育部、财政部、国家发展改革委：《统筹推进世界一流大学和一流学科建设实施办法（暂行）》，2017年1月24日印发。

付 瑶* 薛羽晨**

翻译专业实验室建设和管理方案初探
——以中国政法大学翻译实验室为例

全国高校翻译专业目前几乎全部具备实验教学条件，但是，实验室建设和管理各不相同，并没有科学和统一的建设方案和管理体系。翻译专业实验室主要包括两类：笔译实验室（包括计算机辅助翻译 CAT 实验室、笔译工作坊等）和口译实验室（包括会议同传实验室、模拟会议口译实验室、交替传译实验室等）。在一些院校，专业实验室是校级管理，主要通过学校信息办（或信息中心）等具备网络技术的部门进行项目申报、实验室建设和建成之后的日常维护；有些院校实验室是教务处统一负责管理，统一进行排课和日常维护，教务处一般设有实践教学中心或者实验教学中心来负责此项工作；而现在的趋势是：谁使用谁建设，谁管理谁维护。也就是说，目前高校实验室的管理原则是：如果专业教学和科研需要建设实验室，那么就由各专业负责申请实验室建设项目，由相关专业进行实验室建设各项工作，实验室建成之后由专业或者专业所在学院自行负责管理和维护。

一、中国政法大学翻译专业实验室建设背景

中国政法大学翻译本科专业从 2013 年末开始申请设立，到 2015 年上半年正式获批，2015 年秋季学期开始招收第一届翻译专业（法律翻译方向）本科

---

* 付瑶（1978—），女，辽宁铁岭人，法学博士、中国政法大学翻译研究所副教授、硕士生导师，研究方向：翻译理论与实践、法律专题口译、同声传译、计算机辅助翻译、美国宪法等。本文为中国政法大学 2019 年校级教育教学改革项目"虚拟仿真技术背景下法律口译实践教学方案探讨"之阶段性成果。

** 薛羽晨（1990—），女，北京人，法学硕士，中国政法大学外国语学院教科办工作，院级实验室安全工作小组成员。

生。[1] 本科翻译专业脱胎于原来的英语专业，但是，作为一个在中国政法大学本科招生目录中独立的招生专业，翻译专业与英语专业是英语大类下完全并列的两个专业，这说明从专业定位和培养方案等各个角度来说，两个专业各有特色。翻译专业的设立应该是国家发展大政方针的需要，也是人才市场专业高级翻译人才稀缺的体现。翻译专业在我国尚处于起步阶段，人才培养目标、规格、教学大纲制定、课程设置、教学材料选择、教学模式、教学方法与手段、师资队伍培养、测试与评估体系等诸方面都有待进一步的理论探讨和实践探索。[2] 在设计翻译专业学生培养方案过程中需要考虑大量实践技能训练的课程需要。实践课程特别是口笔译实践技能课程是关键。2015年上半年，中国政法大学翻译研究所正式筹备翻译专业的培养方案建设，翻译专业实验室的建设随之提上日程，而且成为特别急迫、刻不容缓的一项任务。

翻译专业实验室依托于中国政法大学2016—2018年的修购专项项目进行申请，作为校修购专项项目的子项目中的一个分项目，申请人需要配合学校整体项目申请填报教育部修购项目书以及相关申报要求。在此过程中，申请人要配合学校各行政部门项目申请的项目任务分配的整体节奏。作为院级实验室的项目申请，需要提交的报告五花八门，例如，需要在项目申报阶段至少向以下行政部门相关科室提出申请：财务处（预算审计相关）、教务处（整体项目进程、教室资源、项目财务等）、资产处（项目招投标、标书）、后勤处（项目装修部分）、基建处（项目施工部分）、信息办（项目技术及招投标经验）、保卫处（项目安全方案，包括消防设施）等。

二、TRADOS笔译实验室申报及建设

2015年6月，外国语学院向教务处提交了《关于外国语学院翻译专业申请建设TRADOS笔译实验室的报告》。以此报告为起点，正式拉开了中国政法大学翻译专业实验室申请和建设的序幕。但是，笔者作为这份报告的起草人和提交人深切感受到，提交申请报告只是万里长征的第一步。其实，申请建设实验室的报告本来已经是阶段性成果之一，前期教务处已经同意将外国语学院翻译专业实验

---

[1] 教育部在2006年发出《关于公布2005年度教育部备案或批准设置的高等学校本专科专业结果的通知》，这个文件是2006年教育部高教司的1号文件。"翻译专业"由此取得独立的专业代码：050255S。翻译作为一个专业首次列入教育部专业目录备案并批准招生。

[2] 庄智象："关于我国翻译专业建设的几点思考"，载《外语界》2007年第3期。

室的项目打包纳入中国政法大学 2016—2018 三个年度的教育部修购专项项目申请。同时，在教务处的协调和支持下，翻译专业实验室的选址（教室）工作也已经初步完成，确定将昌平校区厚德楼 101 和 102 两间教室作为实验室教室。在学校昌平校区整体教室资源极端紧张的条件下，能够争取到这两间教室的资源是对整个实验室建设项目最基础的保障。在实验室选址方案过程中，教务处提出两种方案：①口笔译实验室一间教室，面积大约 100m^2，地点为厚德楼一层原语音实验室；②口译教室一间，笔译教室一间，但是每间都是小教室，两间一共 100m^2 左右。笔者根据翻译专业实验室的规划，最后与教务处协商尽量采用方案②，这样虽然每间教室的面积小，但是区分了笔译和口译的不同功能，而且在实际上搭建起了翻译专业口译和笔译实验室的基础框架。根据外国语学院实验室现状（我院原来可以使用厚德楼 403 口译实验室一间，主要用于英语专业和小语种的口译课程开设，由校信息办管理和维护）和开课排课需要，我们申请优先建设 TRADOS 笔译实验室。实验室教室设在厚德楼 101 教室，有效座席 30 个左右。预计 2015 年 7 月到 9 月建设，10 月份完工。之所以申请中有这样的时间节点，是考虑到在 2015 级翻译专业第一届新生入学之后，他们新的培养方案上大一没有翻译专业课，大二开始开设计算机辅助翻译相关课程，大三开始开设口译和同声传译课程。也就是说，笔译实验室要先于同传实验室建成才能满足培养方案的排课需要。

厚德楼 101 教室原为一般语音实验室，但是这个语音室建成之后一直闲置。本着高效节约的原则，我们留用了之前语音教室的所有硬件资源（资产标签为信息办和教务处资产）和教室桌椅及配件，仅仅需要购置计算机辅助翻译软件 30 个，以及计算机辅助翻译软件服务器（翻译记忆库服务器和翻译术语库服务器）2 个。服务器的功能为将单点计算机辅助翻译软件进行翻译项目的团队使用，进行翻译项目管理，如果没有翻译软件的服务器，那么就相当于我们仅仅能够在笔译实验室使用计算机辅助翻译软件单打独斗，而每个软件之间不能团队作战，不能利用服务器版的翻译记忆库和术语库进行翻译团队的工作。有了翻译软件的服务器，等于为计算机辅助翻译软件安上了飞翔的翅膀，笔译实验室可以同时成为笔译工作坊，也可以模拟翻译公司的工作环境和流程，可以进行翻译项目管理的实践。

在计算机辅助翻译软件的选择上，我们在申请报告中也详细介绍了当时市场上主流的计算机辅助翻译品牌：Trados、dejavu 和 memoQ，同时提出在项目预算比较紧张的条件下，建议购买性价比最高同时也是市场占有率最高的 Trados 计算机辅助翻译软件。但是，软件采购一般情况下是要通过招标进行的。如果专业教师有比较偏向于使用的计算机辅助软件采购需求，可能会被要求提供单一来源采购申请，并且进行申请陈述，通过资产处的评估和讨论才能够实现采购单一计算机辅助翻译软件的愿望。在中长期的规划中，笔译实验室应该配置三种左右的计算机辅助翻译软件〔教育部本科专业评估对于此项没有硬性要求，但是可以参照全国翻译硕士专业学位（MTI）教育指导委员会评估要求中提及的计算机辅助软件类型进行规划〕。

三、会议同传实验室申报及建设

会议同传实验室的建设比较复杂，涉及原教室设施拆除和新实验室的重新设计建设。

新同传实验室的建设目标是配合法律翻译本科 2015 年培养方案开课的需求，在新版培养方案中，会议同声传译实践和实验课程在培养方案课程中占很大的比重，相关的教学和科研活动急需硬件和软件配备。新建设的会议同声传译实验室将能够满足法律翻译专业本科生学生培养方案开设课程，还将满足法律英语专业学生口笔译课程的开课需求、德语专业本科学生的口译的课程需要、英语专业研究生和 MTI 学生上课的需要。口译同传实验室开设的课程包括：交替传译（专业必修）、同声传译（专业必修）、法律英语口译实践课（专业选修）、国际会议口译（专业选修）、法律专题口译（专业选修）等。同时，会议口译同传实验室可以召开小型的国际学术研讨会，举办口译同声传译比赛和对全校师生开放的体验活动。

教务处此前已经同意将厚德楼 102 教室规划为会议同声传译实验室。此教室原为闲置语音教室，有效座位 30 席（面积为 $45m^2$ 左右）。本着校内资源共享最大化和物尽其用的原则，新建同声传译实验室应兼具举办小型国际学术研讨会的功能，配备同声传译可移动设备（耳机、录音笔等）。此次会议同声传译实验室拟建设译员间 4 间，每间 2 个译员席，有效同传座位 30 个（代表席），教室模拟小型会议会场建设，采用圆桌或者 U 型桌，听众座位按教室面积安排若干。实验室建设预计在暑期进行，这样可以最大限度地保证正常教学进度和需要。

会议同传实验室是整个实验室建设方案中的核心部分。同传教学系统与现实翻译服务中使用的同传设备有很大区别。现实中会议同传的设备比较简易，可以根据会议的需要进行租借,包括同传译员厢(booth),而且在中国政法大学两个校区能够有同传会议条件的会场和会议室也已经有建成使用的。但是,能够进行同传教学的实验室与会议同传会场完全是两个概念,这也是需要和学校行政部门负责人进行解释和说服的重点之一。能够进行同传教学的实验室需要专业的软硬件配置,要求能够实现的教学功能包括:同传录音、录音保存、录音回放、交互录音播放、教师监听、同传音频传输、远程会议同传连线等。

会议同传实验室从无到有,整个建设项目和方案必须在短时间内高效率完成,包括:同传训练系统参数提供、同传训练室预算明细表提交、设备配置清单拟定、家具空调部分购买以及装修方案。在这个过程中,仅仅依靠项目申请人或者负责人的一己之力是很困难的,当然,大多数时候这些工作也只能落在实验室项目申请人或者负责人身上,可是也需要适当适时地借助外力。比如,可以联系潜在设备和软件供应商进行参数整理和提供,或者是参考其他院校已经建成或者已经获批的实验室建设方案等。

在会议同传实验室建设过程中,实验室项目申请人或负责人既是需求方,也是项目总设计师,同时也是装修方案设计师、设备采购负责人、监工、联络人,当然也是最后的使用方,所以整个实验室建设方案的细节把握也决定着将来实验室使用是否顺畅。当然,最好是有一个专业的实验室建设团队负责整个项目进程,但是,在目前高校的师资系统中还不具备如此高效和专业的团队,所以,认真负责和任劳任怨是实验室建设负责人必须具备的素质。不忘初心,方得始终。建设翻译专业实验室的初心是为翻译专业学生提供一流的学习实践环境,为专业教师提供一流的教学科研场所,让翻译技术在翻译专业的建设中发挥更大的作用。有了这个初心,就可以克服在实验室建设过程中的一切阻力和困难。会议同传实验室耗时很长,分阶段步骤进行,不可控因素多。实验室相关负责人应该频繁了解甚至有意识地干预进度才能保证项目顺利进行。

四、实验室管理与维护优化方案

全国高校翻译专业具备实验条件的学校和院系很多,但是,相关实验室管理方式因循守旧,完全没有跟上实验室建设的节奏和需要。因为高校本科专业和研究生院在管理上层级不同,涉及翻译专业实验室可能还要分为本科翻译专业实验室与研究生(学术硕士 MA 与口笔译实践型硕士 MTI)两个层级的管理。不管是校级管理还是院级管理,都涉及管理人才选拔和培养的问题。目前比较理想的方式是由计算机专业和翻译专业交叉学科的专门人才来建设和管理翻译专业实验室。比如计算机辅助翻译方向的师资，这样的实验室管理人才可以发挥自己交叉学科的优势，能够同时兼顾创新创业教育开发，可以开设翻译技术、软件本地化、计算机辅助翻译等课程。其本身从事翻译实践工作，并且在某个领域有持续的翻译实践积累（比如法律翻译），同时与翻译市场之间有密切的联系，与本地化公司之间有广泛的交流，能够促进翻译专业产学研联动发展。同时，应该尝试对翻译专业学生进行翻译项目方面的素养培养，培养团队意识，能够进行翻译项目团队协作。

翻译专业实验室的建设千头万绪、千难万难。但是，真正的挑战其实是实验室建设完成之后的管理与维护。再一流的设备和软硬件，再辉煌的理念和想法，如果没有科学和系统的日常管理维护，再昂贵的设备也发挥不了应有的作用，只能束之高阁。很多院校的专业实验室建设完成之后，除了开设少数课程之外，专业实验室基本上闲置废弃，甚至在仅有的少数专业教师离职之后无人开课，而渐渐少有利用。为了避免资源浪费，也是本着资源利用最大化的理念，翻译专业实验室的管理与维护必须统筹管理，有章可循，专人负责，职责清晰。

翻译专业实验室应该朝着多语种协作方向发展。在实验室基础上创建翻译服务协同创新中心或者翻译实践基地。中国政法大学是法科强校，翻译专业实验室应该结合法律翻译的特色，建立实验室法律翻译实践的合理机制。建议在院级或者校级设有专门岗位，负责专业与市场对接，通俗地讲，就是给法律翻译专业联系客户，把市场上可以利用的一切力量都调动起来。校企合作促进实验室实践和科研，培养学生和教师的市场意识。

五、结语

翻译专业实验室是翻译专业实践的必需条件，而且在很大程度上决定着专业人才培养的质量和效率。实验室建设、管理和维护需要专门人才和统筹规划。高校相关职能部门和院系领导应该对专业实验室的作用和功能提高认识和加强重视。翻译专业实验室建设需要具有前瞻性，因为技术升级换代的速度惊人，从学科发展的真实需求出发酝酿方案，但是也要在方案确定中认识到实验室一旦建成要长期高效持续使用的需求。在实验室建设过程中，注意与资产处的频繁协调，防止项目流标风险。实验室建设项目耗时耗力，预算方案应切合实际并预留空间。实验室管理和维护的人力资源要优化配置，并合理借力，包括借助校企合作机制和学生助管模式。从维护角度、实验室年度预算应体现管理维护费用，比较理想的方式是由计算机专业和翻译专业交叉学科的专门人才来进行管理维护，如暂时不具备条件的，其中，专业技术维护的工作量建议予以外包。翻译专业实验室应该引入行业持续性项目，加大实验室运行中的溢出效应。

田力男[*]

校内法律外语实践基地建设路径探析
——以中国政法大学为例

实习实践教学是激活学科教育理论知识、增强学习过程中感性认识、培养学生职业素养和创新能力的重要环节。人才培养基地作为实习实践的载体是高等教育实现产学研合作的有力保障。《国家中长期教育改革和发展规划纲要（2010—2020年）》明确提出高等教育"要创立高校与科研院所、行业、企业联合培养人才的新机制"[1]。相对于校外实习基地对于人才培养的重要性而言，校内实习基地在与学科结合的紧密性、操作的便利性等方面具有一定优势，因此，校内实践基地的建设是高校不可或缺的教学资源[2]，应当予以重视。与理工科相比，文科学生因其专业性质不同，实习基地多为政府公司以及企事业单位，比较而言在校内建设实践基地对文科专业的发展更为有利。[3]

中国政法大学是一所以法学为特色和优势，兼有文学、史学、哲学、经济学、管理学、教育学等多学科的"211工程"重点建设大学，直属于国家教育部。在63年的办学实践中，其始终将自身发展融入国家法制建设的历史进程中，为国家培养了20余万政法人才，被誉为"中国法学教育的最高学府"。改革开放以来，中国政法大学坚持"应国需、促法兴"的办学理念，在办学的功能上以满足国家需要为己任，在办学的使命上以推动法治兴盛为宗旨，形成了培养职业法律人才的鲜明特色。习近平总书记在考察中国政法大学时指出，法学学科是实践性很强的学科，法学教育要处理好知识教学和实践教学的关系。外语作为目前

---

[*] 田力男，女，中国政法大学外国语学院教授。
[1] 见《国家中长期教育改革和发展规划纲要（2010—2020年）》第七章"高等教育"第19条"提高人才培养质量"。
[2] 王春潮、王平祥：《校内教学实习基地建设与管理探索》，载《实验技术与管理》2009年第5期。
[3] 杨沛、钟丽、牛爱芳："建设校外人才培养基地 加强应用文科专业实践教学"，载《实验室研究与探索》2012年第7期。

国家急需的涉外法律人才必备的沟通技能，同样强调实践性，需要学习者学以致用。因此，本文在我校法律外语教学现有基础之上，综合学校法学等各专业资源探讨法律外语校内实践基地建设的可行性和发展前景，以期更好地提高涉外法律人才法律外语能力，助力我校"双一流"高校建设工作和国家法治建设事业。

一、法律外语实践基地建设的必要性

外国语学院肩负着提升专业人才国际竞争力、培养法律人才外语能力以及外语人才的法律外语能力的重任，然而，面对专业人才外语能力普遍较弱的现状，专业人才外语能力的培养一直是一个难题，尤其是对法律外语创新能力的培养缺乏深入而系统的研究。

面对国家社会经济发展对法治建设的需要，面对全球化对既懂法律又精通外语的法律人才的迫切需求，我国传统外语，无论是外语专业还是公共外语教育的弊端越来越明显。法律专业人才的外语运用能力差、国际竞争力不强、外语专业学生知识结构单一、职业伦理训练不足、职业定位模糊等问题日益突出。经过多年的深入研究，尤其是国家"卓越法律人才"计划实施以来，学院立足我校人才培养目标，总结了我国传统外语教育和实践教学中存在的主要问题：

1. 法律专业人才的外语教育问题，即公共外语教育与学科知识的学习和职业实践脱节，传统的外语，尤其是英语教育内容和方法，已经无法满足已经具备一定英语拓展学习基础的高中毕业生的更高需求。

2. 外语专业人才的职业教育属性定位不清，由此导致暴露出了外语人才培养目标定位不准确、与实务部门要求脱节等一系列问题。

3. 法律专业和外语专业人才培养未能很好地与本校办学特色结合，造成教育资源被分割和未能有效地整合利用。

因此，法律专业外语教育和外语专业法律教育改革势在必行。针对这些问题，中国政法大学外国语学院探索实施了一系列的"法律+外语"实践教学改革工作，法律外语实践基地建设就是这一系列"法律+外语"实践教学改革的重要组成部分。

二、法律外语实践基地的建设思路

我校法律外语校内创新实践基地建设的基本思路是：充分发挥我校法学科的特色和优势，继续坚持"提升法律职业人才国际竞争力"的理念，以培养学生

法律外语创新精神与实践能力为宗旨，以加强"法律+外语"复合创新型师资队伍建设为龙头，以加强实验教学评估体系为主要措施，以增加社会服务为主要导向，大力加强实验室的建设和实验教学工作，力争形成优质法律和外语资源融合、教学科研协同、实验室与实务部门联合培养人才的实验教学新模式，探索满足新时期"卓越法律人才"培养需要的实验室建设和教学改革方向，建立创新人才成长环境，支撑拔尖创新人才培养，实现传统外语教育向法律外语职业教育转变，最终将基地建设成为在全国具有引领和示范辐射作用的法律外语创新实践示范点。

法律外语实践基地可以面向全校多个专业，如法学、侦查学、政治学与行政学、国际政治、行政管理、公共事业管理、工商管理、经济学、国际商务、汉语言文学、哲学、新闻学、思想政治教育、社会学、应用心理学、社会工作、英语、德语、翻译等。法律外语实践基地可以开展以下创新活动：涉外法务实践、法律翻译训练、涉外法律文书写作、大学生法律外语创新项目、大学生法律英语学术论坛、国际模拟法庭、法律外语赛事等。

法律外语实践基地可以以"法律英语实验室""法律翻译实验室""法律德语实验室""涉外法学实验室""非通用语/小语种实验室"为依托，以涉外法学实验班、西班牙语法学实验班为抓手，以多媒体、同声传译教室、校内外实践实习基地（项目）、国际模拟法庭、法务实践课堂、外语文化节、外语广播台等为支撑，以大学生创新项目、创新论坛、法律外语竞赛为教学成果检验和提高平台，形成"课上课下、专业交叉、双向互动"的联合培养机制和"重培养目标、重技能应用、重质量监控"的多环节质量保障机制。

三、法律外语实践基地建设的保障

（一）设施资源条件保障

法律外语实践基地可以使用现有教学楼，按照基地要求向学校申请进行整体功能转变，全面实现法律外语多媒体网络共享资源，为创新人才的培养提供良好的硬件设施。此外，已投资建设的"大学英语网络实验室""口译实验室""笔译实验室""大型同声传译实验室""语音实验室"等12间多媒体机房是法律外语实践基地的优质硬件保证。还有各实验室电脑系统中安装的电子数据库、翻译软件和各种在线课程资源、数字平台和课程共享资源等都是可以利用的基地财富。在此基础上，法律外语实践基地可以利用多家出版社提供的电子资源，建立先进实用的法律外语创新实践平台，使网络教学资源服务于法律外语实践教学。

（二）师资队伍资源保障

法律外语实践基地研究团队负责人可以由学科带头人担任，负责人才培养目标设计，统筹学科、专业、人才培养，为教学改革与实践提供咨询指导。基地实验室负责人可以由具有丰富教学、科研的教授、副教授担任，负责基地建设规划、队伍建设、实践和教学体系、内容、方法的整体设计、改革与协调。课程和实习项目负责人可以由相应理论课、科研一线的教授、副教授承担，负责课程体系和实习项目整体设计，协调教学与实践关系，统筹相应实践教学内容改革与更新等。主讲和指导教师主要由教授、副教授或博士组成，负责实践课程的设计与教学的落实，执行各实践课程的各个教学环节。此外，基地还应该聘用咨询专家，咨询专家团队主要由国内外知名的法律和外语专家组成，负责审议基地重大课题，审议基地发展规划。

为了更好保证法律外语实践基地的实践教学质量，基地除上述专职人员外要大力吸收、聘任富有法律语言教学与研究、法律翻译和法律实务操作经验的一线人员从事兼职校内实践教学工作；每年选派3~5名从事实践教学教师通过参加"海外提升计划"到国外相关研究机构进行学习；每年选派15~20人参加国内外学术会议，开展合作研究，加强学术交流；增加实践教学改革研究项目，鼓励教师申报省部级项目和横向项目；同时，应该积极支持学校实践教学师资参加各种类型的学术机构（委员会）和民间组织领导人的竞选活动，以不断提升学校法律外语实践教学的影响力。

（三）基地管理和运行机制保障

基地应建立起高效的管理体制，依照学校规章制度成立法律外语校内实践基地管理委员会，并以此为基地最高决策机构，负责基地教学整体规划、经费预算管理拨付、人员考核等统筹工作。基地下设法律英语、法律德语、涉外法学、法律翻译和非通用语法律实验室，负责落实基地管理委员会的总体安排，并负责制定各实验室的具体教学实践活动。基地管理模式实行管理委员会"统一管理、分工负责、经费统筹、资源共享"的模式。

基地运行机制可以设立为：法律外语校内实践基地直属于我校外国语学院。运行经费由基地独立做出预算，列入学院年度计划，按"统一管理和预算管理"的原则，实施实践教学资源调配机制，面向全校各专业学生开放。

同时，基地考评应采用专家评审和学生质量评价相结合的方式，以专家评审为主。基地由学院聘请的校内外专家以及本专业教学指导委员会专家共同进行评审，就基地发展运行情况、财务投入及使用等方面进行评审，并对基地发展提出指导性意见。

四、可纳入法律外语实践基地建设的人才培养模式及大学生创新实践项目平台

法律外语实践基地应以培养学生学习和职业创新意识和实践能力为宗旨，以实践教学改革为核心，以师生资源共享为基础，以高素质实践教学队伍和完备的校内创新实践条件为保障，创新管理机制，全面提高法律外语实践教学水平，以提升法律人才国际竞争力为目的，有效地构建起"法律+外语"复合型人才培养创新实践体系。

（一）法律外语人才培养模式

我校现有的法律外语人才培养模式应放在法律外语实践基地中进行进一步发展和提升。这些培养模式包括：①"英语+法学 4+1"双专业双学位培养模式，旨在精准培养精"英"明法的英语法律外语人才。②"德语+法学 5+2"双专业双学位培养模式，该模式可依托中国政法大学雄厚的法学优势资源，聚集众多拥有德国法学博士学位的法学专家，保证学生通过 5 年的本科学习取得德语和法学两个学士学位，成绩优者还可获得硕士推免资格，在国内或德国攻读硕士甚至博士学位课程。选择修读双专业双学位的德语专业的学生中还可有 10 名学生在经学校对其综合考核择优选拔后，进入中国政法大学比较法学研究院进行为期 2 年的研究生学习，毕业后授予法学硕士学位。③ 涉外法学实验班，旨在培养厚基础、宽口径、高素质、强能力的国际化法律英才。④ 西班牙语法学实验班，旨在培养具有国际视野，通晓西语国家和特定区域规则，能够参与国别化和区域化法律事务，维护我国在西语国家和特定区域中利益的法律西语人才。

法律外语实践基地的课程体系应面向非外语专业学生开设以学术（法学）英语课程为核心的系列实践课程。根据国家教育纲要和我校人才培养目标的要求，建立以学术英语实践教学为核心、以分科英语实践教学为特色，跨文化交流能力与学术英语交流能力并重，英语与专业、语言与文化相结合的多元创新实践课程体系。同时，基地在外国语学院之外，还应协助法学实验中心开设国际法课程，如《国际空间法》《国际刑事法》《国际人道法》等国际法模拟双语教学课程。

(二) 创新实践和赛事平台

大学生创新项目是重要的校内实践基地平台，对于提高学生的创新能力、实践能力具有重要意义。在实施大学生创新项目的过程中，利用学校"项目建设——成果培育——奖励认定——激励再投入"的良性循环工作机制可以有效地激发基地成员和学生投身科研创新的积极性与自觉性。法律外语实践基地积极参与学生创新项目的开发和建设工作，截至2019年，全校创新项目共立项国家级项目290项，市级项目191项，校级项目539项。此外，基地通过实践课程和课下辅导指导学生进行外文文献搜集、整理及撰写外文论文摘要和论文。

已有的创新实践和赛事平台包括：① 本科生"创新论坛"，面向全校本科生的年度化的学科竞赛式学术交流平台，同时也搭建了一个本科生集中展示学术创新能力的全新平台。② 外语文化节、法律翻译文化节，极大地丰富了学生的学校生活，创造了良好的学习氛围，同时也为学生的法律外语创新能力的培养注入了活力，并提供了充分展示法律外语能力的机会和交流平台。

除此以外，法律外语实习基地活动还应包含我校现有的系列法律外语赛事，例如：① 大学生学术英语口头报告大赛，强调考核学生对社会热点话题的敏感度、立论及辩论的逻辑组织和表达能力、学术规范和创新能力，以及团队合作与个人魅力展现的平衡能力等。② 全国法律英语学术论坛，主要面向大学本科学生。该论坛完全由学生按照国际会议流程操办，极大地提高了论坛参与者的学术研究和报告能力，同时在真正意义上成为参与论坛会务组织学生的创新实践基地。③ 法律外语演讲比赛，强调训练学生的法律外语的口笔头表达能力、表演艺术能力、交际能力和合作精神。④ 国内外学科赛事，如杰赛普（Jessup）国际法模拟法庭大赛、红十字"国际人道法"模拟法庭竞赛亚太赛、国际刑事法院模拟审判竞赛（ICCTC）、国际环境法模拟法庭大赛（IEMCC）、国际替代性争议解决模拟法庭辩论赛、曼弗雷德·拉赫斯（Manfred Lachs）国际空间法模拟法庭比赛、国际航空法模拟法庭竞赛等。

五、法律外语实践基地的主要特色

法律外语实践基地致力于法律和外语两大学科的创新结合，主要体现在：发挥外语语言工具性、人文性特点，体现我校法学学科优势，努力打造法治中国所急需的法律外语人才培养模式。其主要特色具体体现在：创新人才培养模式、优化创新实践课程设置，突出人才培养模式创新实践特色；强化人才职业技能意识,提升人才国际竞争力,通过涉外人才的跨文化交际能力即"外语+文化"培养和外语人才的法律知识建构培养等多种途径,培养学生在经济全球化中的外语交际能力和法务沟通能力;构建"法律+外语"双专业背景的创新实践型师资队伍,着力培养在全国范围内具有较大影响力的法律外语创新实践教师、学科带头人和学术新人;建立实践教学与现场实习紧密结合的联合培养机制,在具体的实践教学当中,根据实践课程的教学目标要求和实践内容,选择适当的教学方法,例如:行动研究法和实践形式,模拟真实的涉外业务情景,采用情景模拟教学法、案例教学法、项目教学法、专题研讨法,推行互动式、参与式教学,充分利用各种资源,多形式、多方位、多渠道地实施实践课程教学,使学生得到最大限度的体验、操练和实践;以法律外语实践基地为中心,向外搭建联合培养实习单位网络,邀请基地内外培训专家作专题讲座,邀请往届毕业生回校交流在涉外律师事务所工作的体会,并适时进行职业素质和职业道德教育,增强学生职业意识和现实感。

结语

综上所述,中国政法大学已经具备建设法律外语实践基地的各项条件。为了实现提升卓越法律人才国际竞争力这个宗旨,基地建设的各项工作都要契合法律外语人才培养目标,以保证建立起发展规划科学、特色鲜明、师资队伍结构合理、经费保障充足的校内人才培养基地和创新实践基地。法律外语实践基地的建设要充分利用法律和外语双专业背景的师资队伍优势,借助信息化技术手段,将现代法律外语学术研究成果充分运用于法律外语人才培养过程中,以期在法律外语人才培养模式和实习实践管理机制方面具有高度前瞻性,在国内法科院校法律外语教育教学中处于领先地位,对全国高校法律外语教育院校起到示范和引领作用。

声　明　　1. 版权所有，侵权必究。
　　　　　2. 如有缺页、倒装问题，由出版社负责退换。

图书在版编目（ＣＩＰ）数据

中国政法大学外语教育论丛. 第一辑/张清主编. —北京：中国政法大学出版社, 2019.7
ISBN 978-7-5620-9125-7

Ⅰ.①中… Ⅱ.①张… Ⅲ.①外语教学-教学研究-高等学校-文集　Ⅳ.①H3-42

中国版本图书馆CIP数据核字(2019)第169988号

出 版 者	中国政法大学出版社
地　　址	北京市海淀区西土城路25号
邮　　箱	fadapress@163.com
网　　址	http://www.cuplpress.com （网络实名：中国政法大学出版社）
电　　话	010-58908435(第一编辑部)　58908334(邮购部)
承　　印	固安华明印业有限公司
开　　本	720mm×960mm　1/16
印　　张	20.25
字　　数	367千字
版　　次	2019年7月第1版
印　　次	2019年7月第1次印刷
定　　价	52.00元